기억 속의 현대사

기억 속의 현대사

초판 1쇄 발행 2025년 4월 23일

지은이 이종언
펴낸이 장길수
펴낸곳 지식과감성#
출판등록 제2012-000081호

교정 김나현
디자인 이현, 김희영
편집 이현, 김희영
검수 정은솔, 정윤솔
마케팅 김윤길

주소 서울시 금천구 벚꽃로298 대륭포스트타워6차 1212호
전화 070-4651-3730~4
팩스 070-4325-7006
이메일 ksbookup@naver.com
홈페이지 www.knsbookup.com

ISBN 979-11-392-2545-7(03810)
값 19,000원

• 이 책의 판권은 지은이에게 있습니다.
• 이 책 내용의 전부 또는 일부를 재사용하려면 반드시 지은이의 서면 동의를 받아야 합니다.
• 잘못된 책은 구입하신 곳에서 바꾸어 드립니다.

지식과감성#
홈페이지 바로가기

1960년대에서 2024년

앞으로 다시 있을지 모를 우리 5천 년 역사에서 가장 역동적인 시기

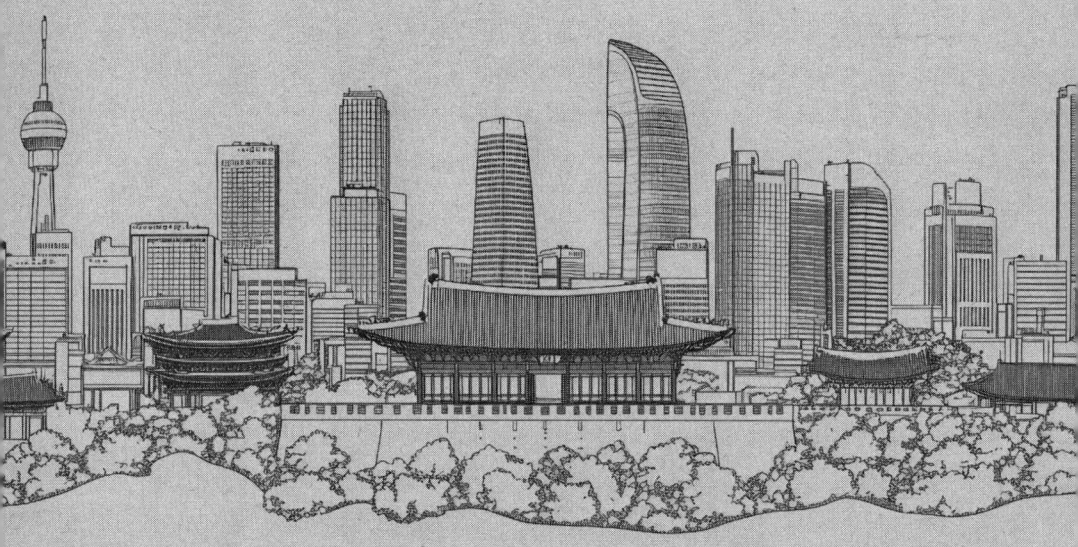

기억 속의 현대사

이종언 지음

해방된 지 불과 80년 만에 세계 10대 선진국에 올라선 대한민국,
우리 문화로 전 세계를 휩쓰는 대한민국

Prologue

나는 1960년에 대구에서 태어났다. 그리고 이제 35년의 사회생활을 정리하면서 미뤄 왔던 나만의 과제를 하나씩 풀어 가는 나이가 되었다.

어릴 때 선산에 묘사를 가면 고향 분들이 "천석꾼 집안"이라고 수군대곤 했다. 하지만 우리 조부님들은 대부분 해방 후 혼란기 한복판에서 좌익 활동으로 희생되면서 수를 다하시지 못하셨다. 할아버지 형제분들의 제사는 대구 10.1 항쟁이 일어난 추석 직전에 몰려 있다. 이런 참담함을 경험하신 아버지는 이승만 정부를 "불공대천지원수(한 하늘을 함께 공유하면서 살 수 없는 원수, 일반적으로 부모를 살해했거나 그 정도의 원한을 가진 경우를 말한다.)"라고 말씀하셨던 기억이 있다. 하지만 그럼에도 아버지는 어떤 이념적 색깔도 보이지 않으시면서 평생 존경받는 학자로의 삶을 사셨다.

어릴 때 기억이 희미한 외할아버지는 몽양의 측근으로 활동하셨다고 들었다. 신념에 투자하시면서 가족을 돌보지 않으신 외할아버지에 대한 원망에도 불구하고 어머니 역시 여학교 때 좌익운동으로 정학을 몇 번이나 당하셨단다. 대구 10.1 항쟁을 거치면서 우리 집안은 멸문지화를 당했고 외가 주변의 많은 분들은 월북을 하셨다. 비명에 가신 남편의 장례를 위해서 딸 하나와 남은 고모는 평생 시댁 가족들과 함께 월북한 아들을 그리워하시다가 100세를 앞두고 돌아가셨다.

1980년, 최루탄에 눈물 콧물 범벅에 목까지 쉬어서 들어오는 내게 아버지는 "너는 뭘 위해서 투쟁을 하느냐"라고 물으셨다. 나름 확신을 갖고 쉰 목소리로 열변을 토하던 나의 모습을 표정 없이 보시고 아무 말씀 없이 방으로 들어가시던 아버지는 당시 어떤 생각을 하셨을까?

역사학을 전공하신 어머니는 내가 어릴 때 이런 말씀을 하셨다. "일제강점기 후반 태어나서 해방과 함께 좌우익의 치열한 투쟁, 결국 동족상잔의 비극을 겪어 온, 우리 역사에서 가장 혼란스러웠던 시기를 살아온 사람으로서 몸으로 겪은 현대사를 기록으로 남기고 싶다." 하지만 지금 90대 중반이신 어머니는 이 계획을 실현하지 못하셨다.

부모님은 우리 역사에서 가장 고통스러운 시기를 살아오셨다. 그리고 나는 우리 역사에서 가장 역동적인 시기를 살아왔다. 고통의 시기, 산 역사를 기록하고 싶어 하셨던 어머니 대신 그 처절했던 부모님의 시절을 거름으로 해서 지금 이 자랑스러운 대한민국을 만들어 온 우리의 이야기를 기록하려고 한다. 지나면 역사가 되겠지만, 그리고 우리 아들딸에게는 이미 역사가 되어 버렸지만 온몸으로, 온 마음으로 시대를 겪은 사람들의 산 기록은 그 시대를 가장 잘 이해할 수 있는 역사가 될 것이다. 1960년대에서 2024년. 앞으로 다시 있을지 모를 우리 5천 년 역사에서 가장 역동적인 시기, 그리고 가장 자랑스러운 나라를 만들어 온 시기. GDP 70불에서 3만 5천 불을 한 시대에 이룩한 세계 유일의 세대로서 이는 소중한 기록이 될 것이다.

차례

004   Prologue

014   45년 해방까지, 독립운동사 소고
020   내가 태어난 1960년까지

당시 내가 본 세상 모습

026   1960년대
           - 혼란 속에서 희망을

038   1970년대
           - "잘 살아 보세, 우리도 한번 잘 살아 보세" 희망이 자신감으로 바뀌던 시대

056   1980년대
           - 암울했던 군사독재시절, 그 속에서도 세계로 도약하는 우리 산업

073   1990년대
           - 처음으로 경험해 보는 민주화 사회, 우리는 무엇을 위해서 싸웠던가?

086   2000년대
           - 국가 개조의 시대, 전화위복이 된 외환위기

097   2010년대
           - 경제, 문화, 외교에서 세계 10위권, 단군 이래 처음 경험하는 위대한
             대한민국

정치 현대사

- 104   1960년대
  - 기대와 불안의 시기

- 108   1970년대
  - 유신이라는 새로운 환경, 역사에서 보는 긍정과 부정

- 115   1980년대
  - 또 한 번의 군사독재, 치열했던 사회

- 121   1990년대
  - 싸워서 쟁취한 민주주의, 한 번도 경험해 보지 못한 민주주의

- 125   2000년대
  - 정치와 정치의 싸움

- 132   2010년대
  - 무능의 정치, 그래도 대한민국은 건재하다

- 138   2024년에 "우리의 정치"를 생각한다

- 147   베트남 전쟁 참전에 대한 소고

외교 안보 현대사

154 **1960년대**
  - 존재감 없는 대한민국

158 **1970년대**
  - 냉전 속의 한반도, 닉슨독트린에 의한 안보 불안

162 **1980년대**
  - 냉전이 종식되고 대한민국은 세계 속으로

165 **1990년대**
  - 세계 속의 대한민국

170 **2000년대**
  - 자신감이 붙은 외교, 진정한 한미동맹으로 거듭나다

174 **2010년대**
  - 대한민국, 세계의 선두에 서다

179 2024년에 "우리의 외교 안보"를 생각한다

경제, 산업과 무역 현대사

- 192 경제개발 5개년 계획
- 194 1960년대
  - 1차 경제개발 5개년 계획, 산업구조를 만드는 피나는 노력
- 197 1970년대
  - 경공업에서 중화학공업으로
- 205 1980년대
  - 3저 호황, 올림픽 특수
- 207 1990년대
  - 중화학공업의 완성, 그리고 새로운 도전
- 211 2000년대
  - 구조개편을 통한 선진국형 산업구조 완성
- 215 2010년대
  - 세계 10위권 무역국가
- 220 2024년에 "우리의 경제 및 산업"을 생각한다

교육 현대사

228   1960년대
         - 대한민국 교육제도의 기초를 디자인하다

232   1970년대
         - 고등학교까지 평준화 완료

235   1980년대
         - 다양한 졸속 정책들로 인한 혼란, 실패한 많은 정책들

237   1990년대
         - 선택적 교육 민주화

240   2000년대
         - 독재정부에서 계승되는 정부의 교육 통제

243   2010년대
         - 교육 자율과 통제의 반복, 교육독재는 아직도 계속된다

248   2024년에 "우리의 교육"을 생각한다

문화 현대사

254   1960년대
          - 가요와 영화가 국민의 위로가 되던 때

257   1970년대
          - 가요가 젊어진다, 포크의 전성시대

262   1980년대
          - 대학가요제, 그리고 영화에서 TV로

267   1990년대
          - K-POP의 씨앗을 뿌리다, 영화의 독립시대

272   2000년대
          - K-POP, K-Drama, 아시아를 휩쓸다

276   2010년대
          - 세계 속에 자리 잡은 K-Culture

280   2024년에 "우리의 문화"를 생각한다

농업 현대사

286 **1960년대**
 – 암담한 시절, 보릿고개의 농업국가

288 **1970년대**
 – 먹고사는 문제를 해결하다

295 **1980년대**
 – 새마을 운동, 농촌 환경을 개조하다

299 **1990년대**
 – 세계 속의 한국 농업, 경쟁이 힘겹다

302 **2000년대 이후**
 – 노인들의 농촌

사회간접자본 현대사

304 전기

307 원자력

310 다목적 댐

312 강남 개발

315 도로 건설

319 지하철

322 전화 및 통신

326 철도

328 Epilogue
   - 이 글은 왜?

45년 해방까지, 독립운동사 소고

 독립운동사를 보면 한편으로 이해는 되지만 안타깝고 또 한편으로는 "왜?"라는 의문이 많이 남는다. 이해가 되는 부분은 36년이란 세월이 개인의 신념을 지키기에는 너무 길다는 것이다. 안타까운 부분은 왜 그렇게 많은 파벌들이 필요했으며 나라를 구한다는 절박함에도 타협이 그렇게 힘들었나 하는 것이다.
 독립을 위한 노력과 희생은 해방 후 우리의 자부심을 유지하는 데 꼭 필요하다. 우리는 일제에 맹목적으로 순종하지 않았다. 그렇다고 이런 노력과 희생을 당시 전 백성들에게 강요할 수는 없다. 하물며 배정자를 친일파로 몰아서 처벌하는 것은 너무 뻔뻔하지 않은가? 그녀를 천민으로 학대한 조선은 그녀가 지켜야 할 조국이 아니다. 난생처음으로 인간적 대우를 해 주고 권력까지 쥐어 준 일본이 그녀가 지켜야 할 조국이다. 진정 마지막까지 버티면서 조선을 지키는 데 목숨을 바쳐야 할 사람들은 조선의 왕실과 사대부 양반들이었다. 그러나 해방 후 국민들은 배정자를 친일파로 단죄했지만 왕실과 양반들에게는 면죄부를 주었다.
 1910년 한일합방 조약이 이뤄지지만 사실상 일제 식민 통치는 그 이전부터 서서히 이뤄졌다. 이 과정에서 많은 의병들이 일본과 힘겨운 싸움을 했으며 항상 그렇듯이 이들 의병 대부분은 사대부가 아닌 일반 서민이었다.(왜 그들이 조국을 목숨 걸고 지키려고 했던가? 그냥 조국이니까?) 그러다가 1919년 고종황제 장례식의 울분과 미국 윌슨 대통령의 민족자결주의에 대한 잘못된 해석으로 3.1 운동이 일어났다. 여기서 윌슨의 민족자결주의를 강조하는 이유는, 당시 일반 백성들은 고종황제 장례식에서 느끼는 울분과 조국을 지켜야 한다는 사명감이 이유였겠지만 지도자들은 좀 더 멀리 보는 시각을 가진 자들이다. 미국이라는 강대국 대통령이 주장한 민족자결주의는 우리 해방의 길을 열어 주는 한 줄기 빛이었을 것이다. 이 자결주의가 1차 대전의 패전국 식민지에만 해당된다는 사실까지 간파한 지도자는 없었나 보다. 당시 일본은 1차 대전 패전국이 아니었다. 그렇게 우리는 한 줄기 희망을 안고 일제의 탄압을 피해서 북으로, 북으로 올라갔다. 1919년 4월 13일 임시정부가 수립되고 다음 해인 1920년 봉오동 전투와 청산리 전투가 있었다. 안중근 의사의 의거는 이보다 훨씬 전, 한일합방이 되기도 전인 1909년이었다. 우리가 아는, 그리고 자랑스러운 독립운동은 모두 희망이 있었던 이때 일어난 것이다.

러시아와 중국을 물리치고 나중에 미국과 맞서는 일본은 그리 호락호락하지 않았다. 게릴라전인 청산리, 봉오동 전투는 성공할 수 있었지만 이에 대해 본격적으로 보복하기 시작한 일본군을 상대하기엔 과유불급이었다. 일제 토벌을 피해서 러시아로 후퇴할 수밖에 없었다. 여기까지였다.

러시아에 도착하기도 전에 이들은 주도권 싸움에 여념이 없었으며 온갖 이념으로 나눠졌다. 물론 당시 러시아의 적백내전을 이용해서 일본과 싸우겠다는 의지는 높이 살 만하지만 이들의 독립에 대한 순수성은 여기서 의심받을 수밖에 없다. 그들에게는 이념이 먼저인가 독립이 먼저인가? 결국 자유시 참변이 일어나서 600명이 사망하고 917명이 체포된다. 당시 공산당의 교활함을 간파하고 미리 피했던 지청천 장군의 군대를 제외한 대부분의 독립군은 와해된다. 문재인 정부와 윤석열 정부 간의 의견 차이가 있었던 홍범도 장군에 대한 논쟁은 바로 이 자유시 사변에서 독립군을 사살하는 오하묵의 자유연대 쪽에 합류한 홍범도 장군에 대한 평가의 차이였다.

이것으로 끝이었다. 자유시 참변은 3.1 운동이 일어난 지 불과 2년 후인 1921년이었다. 그리고 그 이후는 조직의 이합집산으로 전개된다. 신민부, 정의부, 참의부 북만주 임시혁신의회가 하나로 통합되고 다시 북만주 임시혁신의회와 남만주 국민부로 나눠진다. 그리고 다시 북만주 임시혁신의회는 한국독립당, 남만주국민부는 조선혁명당으로 바뀐다. 물론 한국독립군과 조선혁명군이 여기에 포함된다.

자유시참변 이후 독립군의 몰락과 일본의 만주침략(1931년)을 위한 세력 확장으로 단독 활동이 불가했다. 물론 재편된 독립군의 활동이 없었던 것은 아니다. 한국독립당에는 지청천 장군이 지휘하는 한국독립군이 있었고 조선혁명군에는 양세봉 장군이 지휘하는 조선혁명군이 있었다. 이들의 활동은 만주국이 수립되는 1932년과 1933년에 잠깐 나타난다. 이 역시 단독이 아닌 한중 연합군의 활동이었다.

국내에서는 1926년 6.10 만세가 있었고 1929년 광주학생운동이 있었다. 그리고 우리 독립운동사에서는 노동운동도 독립운동에 포함시켜서 얘기한다. 21년 부산부두 노동자, 23년 평양 양말 노동자, 소작농들의 농성, 29년 원산파업, 30년 부산조선방직 파업 정도이지만 이들은 노동운동이었지 독립운동은 아니다. 심지어 소작농들의 투쟁 대상은 지주들이었다.

　임시정부는 상하이에서 난징으로 창사로 충칭으로 도망가기 바빴고, 그나마 장개석 정부의 도움으로 겨우 연명하는 신세였다. 이런 상황을 극복하고자 백범의 고육책이 1932년 이봉창 의거와 윤봉길 의거이다. 이 두 의사의 희생으로 답답한 우리 백성들의 속을 시원하게 해 주고 오늘날 "우리도 독립운동을 이렇게 했노라"라는 명분을 만들어 주기는 했지만 당시 이 의거가 진정 독립운동을 다시 촉발시킬 수 있는 환경이 될 수는 없었다. 그냥 지리멸렬한 상태였다. 하지만 알량한 권력 투쟁은 여전했다.

　여기서 혹자는 1937년에 있었던 보천보전투를 얘기 하는 사람들이 있다. 조용하다가 15여 년 후 뜬금없이 보천보전투가 등장한다. 보천보전투는 전투라기보다는 함경남도 갑산 보천보에 있는 주재소 즉 파출소 습격 사건이다. 주체는 동북항일연군, 정확히는 중국공산당 군대이며 이 중에서 1로군에 조선인들이 포함되어 있었다. 1로군 2군 6사의 사단장이 김성주(후에 김일성 사칭)이었고 4사의 사단장이 최현이었다.

　순사 3명과 보조원 2명이 있었지만 습격으로 민간인 2명이 사망했다. 그리고 30여 명의 일경 추격대가 이들을 추격함으로써 일본 추격 경찰 7명이 사망하고 항일연군 25명이 사망, 30명이 부상, 729명이 체포된 사건이다. 당시 워낙 조용했던 상황에서 이는 조선에서 대서특필이 되어서 알려졌다. 그리고 그 이후 북한 교육과정에서는 김일성의 위대한 독립투쟁 역사로 널리 알려져 있다. 파출소를 습격해서 두 명의 민간인을 사살하고 도망간 김성주가 주민들을 모아 놓고 연설을 했단다. 이이 대해서 함께 보천보전투에 참가한 김일의 반응은 "도망가기 바빴는데 뭔 연설은…"이었다. 위대한 김일성 장군의 유일한 업적이며 그나마 중국의 동북항일연군 1로군의 업적이다. 그리고 이 사건으로 인해서 동북항일연군 세력은 와해되고 조선인들은 러시아로 옮겨 간다.

  조국을 찾기 위한 선조들의 노력과 희생을 결코 폄훼해서는 안 된다. 하지만 있지도 않는 사실을 만들거나 과장하거나 왜곡하는 것은 진정 당시 우리의 독립지사들을 모독하는 행위이다. 어쨌건 우리에게는 안중근과 김좌진, 김경천, 지청천, 홍범도, 윤봉길, 양세봉, 최진동 등 훌륭한 전사들이 많았고 백범과 김규식, 안창호, 이승만 등 훨씬 많은 지사들이 있었다. 굳이 과장해서 독립지사들을 모을 필요가 없다. 그리고 독립을 위한 이분들의 노력을 평가하고 감사함으로 끝내자. 굳이 친일파를 만들어 내지 말자.

- 창씨개명은 모든 사람이 했다. 그런데 내가 굳이 거부하고 싶은 사람에 대해서 도요타 다이쥬, 다카기 마사오 같은 일본 이름으로 조롱하지 말자. 어쩔 수 없이 창씨개명 한 내 조상들을 욕보이는 행위다.
- 36년을 못 버텼다고 친일파라고 비난하지 말자. 묵묵히 그 시대를 살아갈 수 있었던 백성들과 달리 지도자들은 일제의 압력, 회유와 싸워야 한다. 36년간의 압력을 못 버텼던 최남선, 이광수를 친일파라고 비난할 권리가 우리에게는 없다. 오죽하면 독립선언서에 서명한 거의 모두가 친일파라는 것이 말이 되는가? 이는 그들 개인이 아니라 우리 조국을 욕되게 하는 행위다.
- 나라 잃은 책임은 조선 왕실과 사대부 양반들에게 있다. 을사조약에 서명한 행위가 을사오적을 비난하는 이유가 되어서는 안 된다. 그들은 이미 잃어버린 나라를 넘긴 형식적 대리인일 뿐이다. 다만 우리

가 그들을 비난하는 이유는 그 이후 일본의 작위를 받고 호의호식한 뻔뻔함 때문이다.

2024년의 대한민국은 경제적으로, 군사적으로, 문화적으로, 그리고 국제적 지위로 일본과 맞짱 뜰 수 있는 힘을 가졌다. 우리 독립투사들이 지하에서 일어나서 감격할 일이 아니겠는가? 그리고 이 힘은 우리 선배들, 그리고 우리 모두가 함께 이룬 업적이다. 이제 우리 대한민국은 존재만으로 일본에 위협이 되고 곳곳에서 일본을 긴장시킬 수 있다. 그런데 광복 80년이 지난 지금 뜬금없이 친일파 논쟁이 뜨겁다.

독립군 놀이는 그만하자. 독립군은 편하게 누워서 내가 정서적으로 싫은 사람들을 친일파로 매도하면서 스스로를 애국자인 척하는 그런 분들이 아니다. 나라 잃은 설움을 처절하게 애통해하면서 춥고 배고픈 타국에서 목숨을 초개같이 생각하던 분들이다. 그들이 지금 배부른 대한민국에서 독립군 놀이를 하고 있는 젊은이들에 공감하겠는가? 그냥 내 감정에 따라서 싸우기 위한 명분으로 나를 "뜬금없는 애국자"로, 상대를 "친일파"로 설정하는 게임일 뿐이다. 지금 이 시점에 일본의 어떤 부분을 긍정적으로 평가하는 것이 매국인가?

일제 초기 일본육사 출신의 김광서(김경천, 김일성) 장군과 지대형(지청천) 장군이 독립군의 지도자로서 일본과 싸웠다. 후기 일본육사 출신 박정희는 대한민국의 지도자로서 일본과 싸워서 이기는 발판을 만들었다. 모두 위대한 독립군 지도자이지 않는가?

내가 태어난 1960년까지

　전혀 준비되지 않은 상태에서 해방을 맞은 우리나라는 당시 2차 세계대전을 거치면서 변화된 전 세계의 급변 상황을 그대로 껴안는다.
　국가를 만들고 경영하는 모든 지식은 그 국가가 가지고 있는 환경 위에서 교육받고 경험한 사람들에 의해서 발전되고 계승된다. 일제 강점기에서 벗어난 1945년. 우리나라가 갖고 있던 경험은 조선왕조 말기, 즉 1910년에서 정지되었다. 고종황제 시대까지 쌓여 온 경험 이후 혼란기와 일제 강점기 총 50여 년간 우리의 경험은 만주와 연해주를 떠돌던 독립지사들의 정제되지 않은 전 세계의 이야기들, 그리고 일본 시스템에 의해서 교육받은 일부 지식층들이 고작이었다. 그래서 갑작스레 떠안겨진 국가 경영에 우리는 일본 시스템에서 만들어진 사람들을 이용할 수밖에 없었으며 그러므로 남북 모두 이들이 국가를 만드는 책임과 또 한편으로 그 의무에 따른 권리를 누렸다. 그래서 우리는 이 모든 절박함을 무시하고 친일파를 청산하지 못한 당시를 비난한다.
　미래 국가의 정체성을 민주주의 국가로 확정한 우리와 달리, 공산주의로 포장된 독재국가를 지향한 북한은 초기 국가 형성에 기여한 일본 지식층들을 "친일파"라는 이름으로 숙청하는 데 거리낄 것이 없었다. 북한은 초기 국가 건설에 기여한 일제 지식인을 친일파로, 남한을 적화하기 위한 전쟁에 기여한 남로당을 미제국주의 스파이로, 그리고 초기, 그들의 권력을 잠정적 반대세력으로부터 지키는 데 일조했던 김일성의 직간접 동지들을 교조주의 혹은 당파주의로 모두 숙청하고 마침내 세계 유례없는 일인독재 체제를 구축했다.

하지만 미군정과 이승만 정권에 의해서 그려진 "자유민주주의 국가"라는 선언적 정체성을 위한 일관되고 강력한 힘이 없었던 우리 대한민국은 이 정체성조차 대중적 합의가 필요했고, 당시 다양하고 얄팍한 이념을 갖고 있던 지식층들의 부동의는 국가적 혼란을 야기할 수밖에 없었다. 이러한 혼란과 저항 속에서 허약한 정부가 구성되었고 외부에서는 계속되는 혼란으로 소란스러울 수밖에 없었다. 이 혼란은 5년 뒤 동족상잔의 엄청난 비극을 갖고 왔고, 두개의 이데올로기가 경쟁하는 냉전 초기, 이 전쟁으로 인해서 우리 한반도는 이 이념 대립의 경계선이 되어 버렸다. 당시 정치인들의 목표는 알량했던 권력이지 국가의 미래가 아니었다. 전쟁이 끝난 후 그들 기회주의자들은 미국을 중심으로 하는 "자유민주주의"를 선택하는 것이 권력을 획득하는 데 유리한 상황이라는 변화된 환경에 동의하였다. 국가 정체성에 대한 혼란은 이제 기성 지식층이 아니라, 이념적 지식과 경험이 아닌 모호함을 물려받은 신흥 예비 지식층, 즉 대학생들에게 이어졌다. 원래 젊은 혈기는 모든 것을 부정하고 회의하는 데서 시작한다.

45년부터 60년까지는 혼란의 시대였다. 지금도 4.19를 계승한다고 주장하지만 과연 4.19가 단지 이승만 정권과의 투쟁인지, 혹은 그들이 쟁취하고자 했던 민주주의의 실체는 무엇인지 그 정의는 여전히 혼란스럽다. 그리고 5.16 군사정변이 일어났다. 분명히 박정희 장군이 주도한 쿠데타이다. 역사적으로도 국가 무력의 중심에 있으면서 야욕이 넘쳐서 주체할 수 없는 군인들에게는 흔히 있어 왔던 일이다. 특히 이러한 개인의 힘을 통제할 국가적 시스템이 완비되지 못한 국가들에게는 거의 필연적으로 감당해야 할 사건이었다. 카이사르와 나폴레옹을 보라.

우리 현대사에는 두 번의 군사독재가 있었다. 그 첫 번째가 5.16이며 또 한 번이 12.12이다. 국가 시스템이 늦게나마 갖춰지면서 12.12는 사후 군사 쿠데타에 대한 사회적 재정의와 제도적 처벌이 있었으나 그보다 먼저 일어난 5.16에 대한 처벌은 국민적 합의가 이뤄지지 않고 있다. 그 이유는 5.16에 의해서 탄생한 권력이 최소한 도덕적으로 부패하지 않았고 그들이 이룩한 성과를 부정하거나 외면할 수 없기 때문이다. 오히려 5.16 군사정권이 만들어 낸 대한민국을 전 세계가 인정하는 지금 우리가 그 정권을 부정하는 순간 반만년 역사에서 가장 자랑스러운 현재 우리의 시작을 부정하는 것이기 때문이다.

5.16은 군사 쿠데타인가? 우리 사회의 보편적 반응은 다음과 같다.

"군사쿠데타가 맞다. 그러나……"

나는 4.19가 발발한 해인 1960년생이다. 그리고 5.16 정권이 이룩한, 이들을 계승해서 경제적으로, 문화적으로, 그리고 정치, 외교적으로까지 세계 선두에 선 우리 대한민국의 역동적 60년을 온몸으로 경험하고 일부를 함께한 세대이다.

내가 은퇴한 2024년은 풍요가 넘치는 나라이다. 물론 풍요 속에서 태어난 세대는 풍요를 모른다. 그들의 세상은 태어날 때부터 그랬으니까.

우리 세대는 푸르른 산을 보면 눈물이 난다. 우리가 고사리손으로 나무 묘목을 심고 양동이로 물을 길어 와서 뿌리고 나무젓가락으로 송충이를 잡던 그 시절에는 50여 년 후 산이 이렇게 푸르르게 될 수 있다는 것을 몰랐다. 음식물 쓰레기를 보면서 가끔씩 생각한다. 음식물이 이렇게 남겨서 버려져도 되는 것인가? 쌀 한 톨조차 버리면 "지옥 간다"라 시던 어머니의 위협이 언제 사라진 것인가? 세계에서 가장 아름다운 나라 스위스, 우리가 직접 가 볼 수 있는 나라였던가? 나는 이미 스위스를 네 번이나 가 보고 마지막에는 스위스 전역 구석구석 일주를 했다. 자전거를 사 달라고 조르는 내게 아버지는 "나중에 차를 사 줄게."하시면서 거절하셨다. 하지만 내가 차를 갖게 되었을 때 아버지께서 말씀하셨다. "자전거는 위험해서 교통수단으로 권할 것이 못 된다는 완곡한 거절이었지, 정말 너희들에게 차를 사 줄 수 있을 것이라고는 상상을 못 했다."

KTX만큼이나 초고속으로 달려온 60년. 세계에서 유례가 없는 세대가 온몸으로 겪어 온 시간들을 한번 회상해 보고 싶다. 그래서 우리가 어떻게 이 멀리까지 오게 되었는지 되짚어 보고 싶다.

당시
내가 본
세상 모습

1960년대 – 혼란 속에서 희망을

1970년대 – "잘 살아 보세, 우리도 한번 잘 살아 보세"
　　　　　　희망이 자신감으로 바뀌던 시대

1980년대 – 암울했던 군사독재시절,
　　　　　　그 속에서도 세계로 도약하는 우리 산업

1990년대 – 처음으로 경험해 보는 민주화 사회,
　　　　　　우리는 무엇을 위해서 싸웠던가?

2000년대 – 국가 개조의 시대, 전화위복이 된 외환위기

2010년대 – 경제, 문화, 외교에서 세계 10위권,
　　　　　　단군 이래 처음 경험하는 위대한 대한민국

1960년대
- 혼란 속에서 희망을

　내가 태어난 1960년은 통계적으로는 인구 2,500만 명, 국가 총생산이 39억 달러, 실질소득이 인당 79달러로 연 10만 원 정도가 평균 수익이던 시절이다. 총생산이라는 통계가 국가의 경제력을 절대적으로 평가해 줄 수도 없고, 인당 소득 역시 당시 화폐 기준이라서 평가가 좀 애매하지만 어쨌든지 매우 가난했던 국가였다. 가을농사 수확물이 다 떨어지고 보리농사 수확물이 준비되기 전인 봄, 보릿고개. 굶어 죽지 않을 수 있었던 이유는 그나마 전쟁 후 미국의 원조 옥수수와 밀이 있었기 때문이다. 거지 나라였다.

　경제적으로만 가난했던 것이 아니다. 세계에서의 위치도 보잘것없었다. 외교라고 할 것도 없었다. 그냥 형식적으로 몇몇 나라와 외교수립이 되기는 했으나 전쟁을 겪은 가난한 나라에 대한 동정은 있었지만 독립국가로서 자존심도 지키기 힘든 외교력이었다. 외환이 부족해서 해외 나가는 일은 꼭 필요한 일을 위한 공무원이 아니면 거의 불가능했다. 해외여행은 현실에 존재하는 여행이 아니었고 해외 유학은 해외 현지에서 장학금과 생활비를 보장받을 수 있을 때나 가능했다. 출장이나 학술회의도 현지에서 모든 비용을 책임지는 초청장이 있을 때만 가능했다.

　농업 국가였지만 국민이 먹을 식량조차 자급할 수 없었다. 농지가 척박했고 비료는 없었다. 산은 민둥산이어서 매년 홍수로 피해를 입고, 수천 명의 이재민들이 발생해도 해외에서조차 도와주지 않았다. 그만큼 우리나라는 존재감이 없었고 도움의 물자를 수송해서 이들에게 전달할 인프라조차 부족했다. 보수가 생활을 보장하지 못했던 경찰이나 교사 등 공무원들은 알량한 권력을 생계에 이용했으며 변변한 사기업이 거의 없었던 산업구조는 취업률이라는 단어조차 생소했다. 농촌 처녀들은 도시 가정에 식모살이 나가서 입 하나를 줄이고 동시에 그녀들의 부모는 그녀들의 알량한 보수를 챙겨서 맏아들에게 올인했다. 그렇다고 그 맏아들이 바늘구멍을 통과해서 출세하고 가족들에게 보은하는 스토리는 영화에서나 볼 수 있을 만큼 "절박했으나 불가능했던" 소설이었다. 길거리에는 팔다리가 없는 상이군인들이 거지가 되어서 행패를 부리고 있었고 가끔씩 도둑이 들어와서 옷가지나 냄비 등을 훔쳐 가곤 했다. 뭐 달리 훔쳐 갈 것도 없었으니까. 어머니는 그들이 아편 중독자일 거라고 하셨다.

 간간이 나의 가물거리는 기억들이 시대를 검증하기 시작하는 시기다. 5~6살 어린애가 뭘 이해했을까 싶지만 당시의 시각적, 경험적 기억은 이후 세상을 어느 정도 읽을 줄 알게 되면서 구체화되는 팩트들일 것이다.

 당시는 동네 구멍가게와 재래식 시장이 대부분의 유통을 차지했다. 동네 구멍가게는 일본 모리나가 캐러멜을 흉내 낸 딱딱한 캐러멜과 산도라는 이름의 샌드위치형 비스킷(지금도 있는 "크라운산도"의 최초 버전), 그리고 알록달록 채색된 달콤한 액체가 들어 있는 투명 삼각 비닐 같은 것들이 있었다. 종합선물세트라는 것이 있었다. 여러 가지 과자들을 넣은 선물 박스 같은 것이었는데 가끔씩 집을 방문하시는 손님들이 선물로 갖고 오시면 그날은 신나는 날이다.

길거리 리어카에서는 번데기를 팔거나 멍게와 해삼을 그 자리에서 손질해서 팔았다. 겨울에는 요즘도 추억의 간식거리인 붕어빵의 이전 버전인 국화빵이 나름 고급 간식거리였다. 엿장수는 리어카를 끌고 골목을 다니면서 "고물 삽니다"를 외쳤다. 그럼 우리는 양은냄비나 고철, 신문지들을 모아서 바꿔 먹었다. 엿장수는 남자의 영역, 강냉이 장수는 여자의 영역이었다. 현금이 없던 애기들이 주 고객인 이 두 직종은 현금 대신 고물들을 받았다. 위생이란 개념은 없었다. 그렇게 식중독이 걸리면 며칠 앓다가 나으면 되는 것이었으니까.
  대구 같은 도시에는 병원들도 양과 질에서 부족하지 않았다. 페니실린 수준이지만 항생제들도 충분했고 맹장염 정도의 수술도 성공률이 꽤 높았다. 하지만 복막염으로 넘어가면 각서를 써야 했다. 약과 의료도구들은 아직 미국제에 의존했다. 아마도 전쟁 때 들어온 것들이 아직 쓰이고 있는 것이 아닌가 싶다. 의료보험이 되기 전이었으니까 의사는 가장 돈을 많이 버는 직업 중 하나였다.
  사거리에 신호등이 들어서기 시작하고 대중교통들도 그런대로 자리를 잡는 시기이다. 버스와 택시가 대중교통의 중심이었지만 특이하게 합승이란 이름의 마이크로버스와 전쟁 때 남겨진 짚(Jeep)도 영업용으로 돌아다녔다. 일반 버스 요금이 3원이면 마이크로버스는 4원이었고 일반 택시가 10원이면 짚은 8원이었다. 대도시 중심도로가 아닌 대부분의 도로는 먼지가 펄펄 날리는 비포장이었지만 대도시에서는 도로포장에 대한 민원들도 꽤 있었다. 어릴 때 외삼촌들이 주동이 되어서 "먼지 먹고 못 살겠다"라는 구호를 외치며 도로에 가구들을 내놓고 데모를 했던 기억이 있다. 군사정권이었지만 당시는 낭만이 있었다. 데모를 주동했던 외삼촌들은 저녁에 파출소에 끌려갔다가 통행금지 직전인 11시쯤 돌아왔다. 그리고 그다음 날 또 데모를 했다. 결국 그해 말 그 도로는 포장이 되었다. 현재 대구 명덕역에서 건들바위역 사이 도로이다.

집에서 잔치를 하면 거지들이 몰려들었다. 시장에 가면 항상 거지들이 바글거렸다. 거지는 단지 옷만 남루한 것이 아니라 팔이 하나 없든지 혹은 다리가 없어서 기어다니는 사람들이었다. 가끔 행패를 부리기도 해서 무섭고 피해야 하는 사람으로도 기억되었다. 하지만 어머니는 그들에게 항상 우호적이었다. 남은 밥을 깡통에 담아 주는 대신 상을 차려 주기도 하고 가끔씩은 액수는 모르지만 돈을 주기도 했다. 나중에 알게 된 것이지만 그들은 대부분 전쟁의 상이군인이었다. 전쟁이 끝난 지 10년 남짓. 62년 4월 원호처가 발족했지만 아직 국가는 그들을 돌볼 힘이 없었다.

어릴 때 집에는 식모가 있었다. 지금 생각하면 10대 중반의 어린 애들이었던 것으로 기억된다. 시골에서 온 여자애들로서 옷 보따리 하나 들고 와서 부엌일을 한다. 그러면 가끔 어머니라는 사람이 와서 돈을 받아 간다. 그만큼 시골은 미성년 여자애들을 도시로 몰아서 돈을 벌어 오게 해야 할 정도로 못살았을 뿐 아니라 남녀 차별도 심했다. 미성년에 대한 보호 개념도 아예 존재하지 않았던 듯하다. 그 애들이 버는 돈이 오빠의 학비로 소비되는 경우도 많았을 것이다. 식모 제도는 70년대 들어서 전국 곳곳에 공단이 들어서면서 사라졌다. 남의 집 살이 하던 어린 애들은 공장에서 숙식을 해결하면서 야학도 다니는 시스템으로 급속히 옮겨 간 것이다.

교육열은 우리 민족의 DNA에 깊게 뿌리박혀 있는 것 같다. 60년대 보릿고개를 못 벗어난 그 시절에도 교육에 대한 열의는 식지 않았다. 한편 학교는 당시 가난한 나라 알량한 사회보장 최후의 보루였다. 학교에서는 미국 원조 밀가루와 옥수수로 빵을 만들어서 배급했다. 밥 굶는 애들에게 최소 하루 한 끼는 보장한 것이다. 냉난방은 언감생심 꿈도 못 꿨다. 하지만 한겨울에도 고사리손을 호호 불어 가면서 전국의 학교들은 여전히 바쁘게 돌아가는 시절이었다.

유치원 입학식 때는 어머니와 같이 갔지만 그 후로는 혼자 걸어서 혹은 합승을 타고 갔다. 나중에 친구와 걸어서 갔다 오기도 했다. "넝마주이"라는, 길거리에서 휴지를 주워서 생계를 유지하는 사람들, 나무가방을 옆에 매고 "아이스케키!"를 외치는 애들, 리어카를 끌고 "고물 주고 엿 사세요!"를 외치는 아저씨도 만난다. 좀도둑도 많고 거리에 부랑아 같은 거지들도 많았다. 그런데 6살짜리 애들이 혼자 걸어서 유치원을 가는 것이 당연한 시절이었다. 그러다가 어느 날 합승에서 한눈팔다가 내릴 때를 놓쳤다. 어쩔 줄 몰라서 울고 있는 나를 어른 누군가가 파출소에 데려다줬다. 집에서는 애기 잃어버렸다고 난리가 났는데 다행히 파출소끼리 연결이 되어서 간신히 집으로 돌아올 수 있었다. 그리고 다음 날 또 혼자 유치원 등원을 했다

내가 다니던 국민학교(초등학교)는 국립으로 당시 대구에서 가장 경쟁률이 높은 학교였다. 국민학교 입학에 뭔 경쟁률인가 하겠지만 공립학교와 달리 당시 사립학교와 국립학교는 정원이 있어서 추첨을 통해서만 입학이 가능했다. 우리학교는 60명 3개 반이 운영되어서 한 학년에 총 180명이 정원이었다. 함께 학교 다니던 친구들 중에 의외로 서울말을 하는 친구들이 많았다. 대부분 아버지가 공무원 혹은 군인이란다. 그런 친구들은 아버지 따라서 전학도 잘 갔다. 전학 가면 일주일도 안 되어서 비슷한 애들이 또 전학을 와서 그 자리를 메운다. 어른들의 말을 엿들으

면 그들의 아버지는 경북도지사, 법원장과 검사장, 방송국사장, 육군, 공군대장 등이었다.

국민학교 2학년 때 K2 공군기지 견학을 갔다. K2는 대구에 위치한 공군사령부다. 버스 3대로 부대로 들어갔다. 낙하산을 구경했다. 과장이 좀 들어갔겠지만 접는 데 하루가 걸리는 어려운 작업이란다. 그러면서 낙하산을 펴는 모습을 보여 줬다. 비행기를 구경했다. 팬텀이라는 비행기인데 최근에 막 미국에서 들여온 세계 최고의 전투기란다. 그때는 그것이 무엇을 의미하는지 몰랐다. 비록 원조였지만 우리 공군이 최초로 제대로 된 첨단 전투기를 갖춘 시점이고 그걸 구경한 최초의 민간인이란 사실을 그때는 몰랐다. 역사적인 팬텀기가 최근에 퇴역식을 하는 것을 보면서 그 당시를 회상해 보았다. 친구 아버지가 사령관이었던 덕분에 이런 역사적 현장을 볼 수 있었다. 그 친구는 이듬해 서울로 전학을 가고 나중에 국방부장관까지 되신 친구 아버지의 소식을 뉴스를 통해서 가끔 듣곤 했다.

당시 빈부 격차는 심하지 않았지만 도시 국민학교에서는 친구들 간의 빈부 격차가 가감 없이 드러났다. 국립학교는 사립과 달라서 별도의 수업료나 월사금이 없다. 기본비용은 공립과 같다. 그래서 우리 학교는 부유층과 서민층 애들이 양분되어 있다. 부유층 애들은 부모의 치맛바람이 심했고 사교육이든 좋은 유전자 덕분이든 공부도 잘해서 존재감이 있었지만 서민층 친구들은 숫자는 반반쯤 된 것 같지만 존재감이 별로 없었다. 추첨에서 떨어진 친구들은 입학부터 학교에 수영장을 기부하고 들어오고 그 사건으로 교장선생님이 해임되는 일도 있었다. 촌지는 당연했다. 참관수업, 가정방문 등 선생님들은 학부모를 공식적으로 만날 기회도 많았다. 선생님들은 아마도 촌지에 비례해서 학생들을 차등 대우했다. 아주 노골적으로.

　공립학교에서는 아직 무료급식을 주는 시기였지만 우리는 빵과 우유 급식을, 신청한 학생에 한해서 유상으로 제공되었다. 당시 서민층에서는 이런 급식을 신청하는 것 자체가 부담이었다. 한 반에 50% 정도가 급식을 먹었는데 우유를 그냥 먹기가 힘들어서 소금을 갖고 다닌 기억이 난다. 여전히 가정환경 조사는 거수로 했다. "집에 자가용 있는 사람"이라 하면 3~4명이 손을 든다. 자가용을 타고 등교하는 친구들이 있었다. 운전은 당연히 운전기사가 했다. "아버지가 국민학교 나온 사람"하면 20명쯤 손을 든다. 이런 식이었다. 이런 관행은 80년대까지 연결된다. 80년대는 "집이 자가인 사람, 전세인 사람, 월세인 사람…"까지 추가된다

　반장이 되면 일단 반장 어머니가 학교 와서 선생님과 만난다. 그럼 선생님은 필요한 것들을 반장 어머니께 말씀드린다. 그다음 날부터 교실의 커튼과 가구가 바뀐다. 주전자와 각종 비품들도 새것으로 바뀐다. 소풍을 가면 반장 집에서는 차 한 대에 고급 맞춤형 도시락과 온갖 먹거리들을 싣고 와서 선생님께 드린다. 가을 운동회 때도 비슷하다. 그런데 매 학기 치르는 반장 선거는 항상 치열하다. 반장이 되는 그룹은 이미 정해져 있는데도 불구하고. 최소한 집에 자가용은 있어야 하지 않겠는가.

　68년에는 국민교육헌장이 선포되고 전국의 학교에서는 국민교육헌장을 외우는 목소리로 시끄러웠다. "우리는 민족중흥의 역사적 사명을 띠고 이 땅에 태어났다"로 시작되는 국민교육헌장은 당시에 무슨 뜻인지 왜 이걸 외워야 하는지 이유도 모르면서 매를 맞아 가면서 외웠던 기억이 난다. 지금도 반쯤은 기억하고 있다.

60년 4.19로 이승만 초대대통령이 하야하고 망명하였으며 이듬해인 61년 5.16 군사쿠데타가 일어나고 윤보선 대통령과 장면내각이 총사퇴했다. 그리고 그 이듬해인 62년 박정희 장군이 대통령에 당선되었다. 하지만 기록으로 확인될 뿐 나의 기억에는 존재하지 않는 정치상황이다.

가까이 외가가 있었다. 친가 외가를 막론한 온 집안의 맏아들이라서 외할아버지 사랑을 많이 받았고 외할아버지를 따라서 다방이란 곳을 다니기도 했다. 나중에 배운 지식과 당시의 기억이 혼란스럽게 섞였는지 모르지만 외할아버지께서 누군가와 다방에서 토론하시던 내용에서 그런 비판적인 것들이 많았던 듯하다. 외가나 고모 댁에 밤중에 북한에서 누가 내려와서 자고 갔더라 하는 말도 간간이 들었다.

담배를 즐길 권리가 절대적으로 보호받던 시절이다. 담배를 피우면서 길거리를 걸어 다니는 것은 예삿일이고 공공장소에는 항상 담배 연기가 자욱했다. 사무실이나 다방이나 어디든지 재떨이는 필수적으로 준비되어 있었다. 외할아버지 따라서 간 겨울 다방 풍경은 담배연기로 자욱했고 가운데에 갈탄 혹은 조개탄 난로가 놓여 있다. 수시로 신문팔이, 군밤장수들이 돌고 간다. 껌을 돌리고 돈을 거두는 거지들도 들어오지만 다방에서는 이들을 제지하지 않는다.

"잘 살아 보세, 우리도 한번 잘 살아 보세" 노래가 길거리 곳곳에서 들렸다. 방역트럭이 골목마다 돌면서 뿌연 소독약을 뿌리면 우리는 차를 따라다니면서 그 연기를 맞았다. 여름에는 모기가 많았다. 집 곳곳에 모기약을 치고 20~30분쯤 문을 꼭 닫아 뒀다가 들어가면 모기들이 죽어서 바닥에 떨어져 있다. 그럼 문을 열어 환기를 시키고 죽은 모기를 쓸어 담는다. 그러고 나서 방충망으로 가려진 창문을 열고 잠자리를 정리한다. 우리 집에는 일제 산요 선풍기 한 대가 있었다. 그나마 선풍기 있는 집이 드물었다.

경부 고속도로가 개통되었다. 당시에는 뭔지 모르지만 대단한 일이 생겼나 보다 했다. 한 달쯤 지나니까 고속도로를 달려 본 친구들이 등장한다. 고속도로에는 휴게소가 있단다. 그리고 휴게소에서는 각종 간식을 파는데 처음으로 핫도그라는 간식이 고속도로 휴게소에 등장했다. 맛있고 신기했다. 자가용은 귀한 시기였다. 고속도로가 생기면서 고속버스가 생겼고, 고속버스를 타고 대전이나 서울로 갈 수 있단다. 당시만 하더라도 대구에서 서울 가는 일은 상당히 큰일이었다. 갈 수 있는 방법은 통일호라고 불리는 7~8시간 걸리는 특급열차가 그나마 유일한 수단이었다. 그래서 고속도로와 고속버스 등장은 혁명적인 사건이었다.

버스에는 차장이 있었다. 10대 중반의 여성들이었는데 힘이 좋아서 아침에 콩나물시루 같은 버스에서 문에 매달려서 배치기를 한다. 그럼 꽉 찬 버스 속 승객들이 차곡차곡 채워진다. 목소리도 우렁차게 "오라잇!"하면 차가 출발한다. 고속버스 차장은 우아하다. 배치기를 할 일도 없다. 앞에 정해진 자리에 얌전히 앉아 있다가 버스의 출발과 도착을 알려 주는 역할을 한다. 사탕과 멀미약, 물을 주기도 한다. 버스 차장과 달리 유니폼도 깔끔하다. 폼 나는 직업인 것 같았다.

고속도로가 개통되면서 "마이카 붐"이라는 용어가 대중들에게 회자되기 시작했다. 고속도로가 산업의 동맥이라는 개념은 일반인들에게는 아직 없었다. 심지어 지식층이나 정치가들조차 그런 개념이 없었다. 부유층의 레저용 도로 정도로 생각했고 그래서 당시 야당 지도자들은 고속도로 지을 돈으로 서민들을 지원하자는 주장과 함께 도로에 누워서 항의하기도 했다. 대중은 이제 마이카의 꿈이 실현될 거라 기대했다. 이러한 성급한 기대에 맞춰서 퍼블리카라는 차가 잠깐 등장하기도 했다. 가족들이 차를 타고 고속도로를 달리는 광고와 함께. 하지만 당시 자동차 회사인 신진에서 만든 퍼블리카는 공랭식 2기통 790cc 엔진을 장착한 오토바이 수준이었다. 고속도로를 달리는 마이카 시대와는 거리가 있었으며 2,000대가 생산되고 절판되었다. 당시 고속도로로 상징되는 기간산업의 발전은 국민들에게 미래에 대한 꿈을 꿀 수 있게 해 줬으며 또 한편 그 성급한 꿈은 퍼블리카처럼 비현실적인 것이기도 했다. 서민들까지 혜택을 받는 마이카 시대는 이로부터 20여 년이 지나서 실현된다. 일반인들과 야당은 마이카 시대를 생각했겠지만 당시 고속도로의 우선 용도는 산업 물류를 위한 것이었다.

기차는 급행과 완행으로 나눠져 있었다. 정착역이 얼마나 많은가에 달렸다. 하지만 이름은 통일호, 청룡호 등 시기에 따라서 달라졌다. 어느 날 관광호라는 고급 열차가 등장했단다. 아주 비싸고 럭셔리하단다. 아버지가 서울 출장 가실 때 관광호 기차를 타고 가셨는데 학교 교직원들이 전송을 나와서 기차 옆에서 기념사진을 찍었다. 관광호는 나중에 새마을호라고 이름이 바뀌면서 좀 더 대중적인 기차가 되었다.

이 시기 박정희 대통령은 서독을 방문하면서 중화학공업 한국을 꿈꿨다고 한다. 박정희 대통령은 푈클링겐 제철소와 아우토반이 "라인강의 기적" 출발점이었음을 알고 있었다.

1873년 오픈한 독일의 푈클링겐 제철소는 100여 년간 유럽 철강산업의 중심이었다. 영국에 100년 뒤진 산업혁명을 푈클링겐 제철소를 통해서 반세기 만에 영국을 따라 잡았다. 그리고 푈클링겐 제철소는 전 세계 제철소의 모델이 되었다. 영국은 면화로 산업혁명을 리드했다면 독일은 철로써 산업혁명을 완성했다.

독일이 제철로 성공한 데는 풍부한 석탄 생산 덕분이었으며 또 한편으로는 체계적인 제철산업을 성장시킬 수 있는 국가주도 능력이 뒷받침되었기 때문이다. 이후 푈클링겐 제철소의 성공으로 독일은 철도를 만들었고, 중공업과 인프라가 함께 발달하면서 독일은 가난에서 벗어나는 데 성공했다. 이렇게 제철소는 중공업으로 가는 시작점이었다.

하지만 당시 박정희 대통령의 생각과 의지는 실현 불가능한 과욕으로 평가되었다. 제철소를 위한 차관을 얻는 데는 World Bank의 지지가 무엇보다 중요했다. 비록 World Bank로부터 직접 차관을 받지는 못하더라도 World Bank의 우호적인 평가만 있어도 큰 힘이 되는 상황이었다 하지만 평가는 우호적이지 않았다. 60년대 중반, 경제 평가단 방문에 의하면 제철사업의 경우 철광과 석탄 보유량이 너무 낮아서 현실성과 경제성이 없다는 것이다. World Bank는 한국의 빠른 성장에 대해서 회의적이었다. 한국의 목표는 전반적으로 너무 비현실적라고 판단했다.

그렇지만 이후 한국의 제철 성공을 보면서 World bank는 이렇게 평가했다. "한 나라가 중공업 사업을 키워 나가는 데 있어서 성공 확률은 매우 낮다. 하지만 한국은 물리적 인프라와 교육받은 인력이 잘 구성되어 있었다. 이것이 성공 요인이었으며 이 점을 미처 헤아리지 못했다."

1965년 존슨대통령 방문. 피츠버그 철강 공업지역을 찾아서 도움을 요청했다. 하지만 반응은 역시 부정적이었다. 미국은 한국의 중화학공업 투자에 대해서 전반적으로 회의적이었다. 너무 성급하다는 것이다. 자본이 부족한 상황에서 섬유 같은 노동집약사업에 집중해야 한다는 것이 당시 미국의 조언이었다.

하지만 박정희 대통령의 원대한 구상 뒤에는 박태준, 정주영, 오원철이라는 걸출한 인물들이 있었다.

1970년대
- "잘 살아 보세, 우리도 한번 잘 살아 보세" 희망이 자신감으로 바뀌던 시대

    70년대는 역동적인 시기로 기억한다. 대체로 국가 시스템이 안정화되는 시기였으며 경제자립의 기틀이 마련되는 시기였다. 안보적 측면에서는 가장 긴장이 고조되는 시기이기도 하다. 국제적으로 동서갈등이 첨예화되면서 베트남전에서 미국이 밀려나고, 중동에서는 이스라엘과 아랍 국가들 간의 충돌이 세계 경제를 휘청거리게 했다. 닉슨 독트린과 연이은 카터 정부의 공약에 따라서 미군 철수가 우리에게는 큰 문제로 부각되고 이에 번개사업이라는 프로젝트 명의 방위산업이 시작된다. 정치적으로는 유신헌법이 발표되면서 전국적인 저항운동이 일어난다. 그런 가운데 중동 특수로 기업과 국가는 재정적인 여유가 생기면서 중화학공업 육성의 실질적 기반을 닦기 시작했으며 거리에서는 「잘 살아 보세」라는 희망찬 노래가 울려 퍼지기 시작하는 시기였다.

    당시는 어떤 일이 일어나고 있는지 구체적으로 이해를 못 했지만 이 시기는 기적을 만들어 가던 때였다. 경공업에서 중화학공업으로 산업 구조가 바뀌면서 철강, 조선, 자동차, 전자, 화학 등 중화학공업의 기반이 갖춰지는 시기이다. 의료보험과 국민연금이 기획되어서 일부는 실행되는 등 어려운 가운데서도 국민복지에 대한 기초가 닦이고 있었고 세계적으로 막 개발되어 보급되기 시작한 부가세를 적용해서 투명한 세금제도를 만드는 노력과 금융 시스템을 현대화하였으며 인구 팽창에 따른 강남 개발, 그러면서 도시 팽창에 대한 보호 정책인 그린벨트, 중학교와 고등학교 입시 평준화, 도로와 교통, 전기, 통신 인프라 구축 등 오늘날 우리가 누리는 모든 시스템들이 기획되고 기반을 잡는 시기였다. 오늘날 우리가 세계에 당당하게 내놓을 수 있는 모든 자산들이 이 시기에 시작되었음을 확인하면서 놀라곤 한다.

공립중학교를 들어가면서 많은 변화를 느낀다. 국민학교 때도 마찬가지지만 교사의 권위는 절대적이다. 아직 군사부일체 유교사상이 남아 있어서 학생들에 대한 교사의 어떤 행동도 용납되는 시절이다. 잡담하면 맞고, 월사금 못 내면 맞고, 지각하면 맞고, 친구와 싸우면 맞고, 도시락 일찍 까먹으면 맞고…. 맞는 이유도 헤아릴 수 없고 체벌 방법도 헤아릴 수 없다. 아침에 선생님 인상이 저기압이면 그날은 좀 더 많이 맞는다. 물론 그렇지 않은 교사도 많다. 하지만 그런 시절이다. 국민학교 때는 부모님의 존재감이 있었는데 중학교부터는 그런 것이 없다. 국민학교와 달리 한 반에 70명이 넘는 학생들이 10여 개 반을 형성한다. 한 학년 인원이 700명이 넘는다. 그런데 학교와 부모님 간 소통이 되는 가정은 5%도 안 된다. 즉 촌지를 납부하고 선생님께 "우리애가 학교에서~"라는 관심을 보이는 가정이 그 정도라는 것이다.

중학교에는 사교육의 문제도 관심의 대상이 아니다. 하지만 고등학교를 들어가면서 분위기는 많이 바뀐다. 70년대가 그만큼 급박하게 돌아가던 시기이며 그래서 초반과 후반의 변화가 심한 것이 이유일 수 있다. 고등학교 때는 우열반이 있었다. 문과 1개 반 이과 2개 반이 특설반이란 이름으로 성적순으로 반을 구성한다. 그리고 우리 학교는 전체적으로 규모가 크고 건물도 많아서 1~3 전 학년 특설반을 한 건물에 모았다. 당연히 지금도 동기들 중에서 같은 반이 아닌 친구들은 얼굴조차 알 수가 없다. 특설반 내에서는 나름 경쟁이 치열하다. 모두 쉬쉬 하지만 사교육도 장난 아니다. 학부모들도 국민학교 때만큼은 아니지만 적극적이고 학교에 능동적이다.

당시도 고등학교는 대학 입시를 위해서 모든 과정들이 설계되어 있었지만 진학률이 20% 정도로 대학문이 지금처럼 넓지 않았다. 대부분의 대학은 특설반에서 들어가고 일반반은 지방 사립대에 겨우 몇 명 들어가는 상황이라서 학교의 모든 역량은 특설반에 집중된다. 학생 인권이란 것은 존재 하지도 않고 같은 수업료를 내더라도 균등 분배라는 개념도 없다.

고등학교 1학년 겨울방학이었던 것으로 기억한다. 당시만 하더라도 학교에 냉난방은 기대할 수 없었다. 감사를 대비해서 겨울방학 직전에 난로를 설치한다. 연료 예산은 전혀 없다. 그런데 특설반 중에서 60명까지 각 학년 한 반씩 뽑아서 겨울 방학 특강을 한단다. 그해 겨울은 유별나게 추웠다. 책상 아래에 촛불을 켜서 손을 녹이면서 공부를 해도 추워서 집중이 안 된다. 고민하다가 친구 두 명과 작당을 했다. 교실 뒤 청소

함에 있는 싸리비를 태웠다. 우리 반에 있는 싸리비를 다 태우고 옆 반의 싸리비를 모두 모아 왔다. 싸리비를 다 태우고 모자라서 교실 의자를 부숴서 태웠다. 아무리 추워도 학생으로서 절대로 해서는 안 될 짓이었다. 그렇게 한 달 수업이 끝나고 교실마다 의자 3~4개가 없어졌다. 나중에 개학 후 주동자 3명이 교무실에 불려 갔다. 실토를 하고 반성문 한 장씩 쓰고 나왔다. 3명 주동자 중 한 명은 전교 1등, 한 명은 생물 선생님 아들, 나는 사범대 교수 아들이었다. 내게 유리하든 불리하든 학교에서의 차별은 존재해서는 안 되는 것이었지만 당시는 이런 것들에 대해서 나조차 문제의식이 없었다.

보릿고개는 거의 사라졌다. 학교 급식도 자율 선택인 경우도 생겼다. 대도시 사립학교는 빵과 우유 등 선택적 급식이 이뤄지기도 했다. 물론 유료였다. 급식의 개념이 바뀌기 시작한 것이다. 어린 학생들에게는 아직 인권이란 개념이 없었다. 당시 교사의 수준은 천차만별이었다. 결석 없는 반을 만들기 위해서 담임교사가 장티푸스 걸린 학생을 집까지 찾아가서 등교시켰다가 조퇴시켰다. 그리고 이는 학교에서 모범 사례로 전교에서 칭찬을 받았다. 내가 다니던 중학교 바로 건너편에 외삼촌이 운영하던 병원이 있었다. 학교 교사들은 수시로 나를 불러서 "병원 갈 일 있으니까 외삼촌에게 잘 말해 달라" 하고 부탁한다. 물론 그 반대급부로 나는 학교에서 다른 학생들보다 훨씬 더 좋은 대우를 받았다. 당시도 여전히 체벌이 보편화되어 있고 다양한 이유로 체벌이 있어 왔다. 수업료를 못 내는 것도 체벌의 이유 중 하나였다. 아침 교사 조회 시간에 수업료 못 낸 학생들 명단을 교감으로부터 각 담임 선생님들이 받는다. 미납 학생들의 숫자로 반 순위를 매기면서 미납 순위가 높은 반 담임은 교감으로부터 스트레스를 받는다. 그러면 담임 선생님은 아침 조회 때 수업료 미납 학생들을 호명해서 불러 세운다. 매를 때리기도 하고 심하면 따귀도 때린다. 고등학교 때 우리 반은 항상 수업료 미납 1위였다. 내가 2년이나 경험한 키 작고 가무잡잡한 담임 선생님은 아침 학생 조회 시간 때 단 한 번도 수업료 얘기를 언급하지 않았다. 이런 스승도 있었다.

당시 학교는 노동력을 공짜로 쓰기에 좋은 조직이었다. 말이 민주주의 국가일 뿐 국가의 선언적 정체성과 법률 시스템에나 적용될 용어였다. 권력에 별 관심이 없던 일반인들에게는 크게 와 닿지 않은, 그냥 통제가 적은 방치된 삶을 의미하는 국가 시스템이었다. 그래서 노동력이 제도적으로 모여 있는 학교는 손쉽게 쓸 수 있는 노동 집단이었다. 군사 부일체의 유교 개념을 맹목적으로 따르던 당시 사회에서 학교의 요구에는 비판이 없었다. 그렇다고 학생들을 북한처럼 노력동원에 막무가내 이용하는 것은 아니었다. 그래도 민주주의 국가인데. 도시 행사가 있으면 학생들은 길거리에 나가서 태극기를 흔들었다. 당시는 뭔 전국적으로 축하할 일이 많았는지, 카퍼레이드 행사가 있으면 학생들은 도로에 도열한다. 민둥산에 나무를 심어야 한단다. 5월이면 단체로 산에 가서 묘목을 심는다. 마을까지 양동이를 들고 내려가서 물을 채워서 들고 온다. 그러면 나무 두세 그루를 축일 수 있다. 이렇게 해서 묘목이 뿌리를 내릴 수 있을지는 모르겠지만 아무튼 그렇게 나무가 잘 자라 주기를 기도하고 산을 내려온다. 일종의 소풍이기도 했다. 송충이가 나무를 갉아 먹는다고 해서 단체로 송충이를 잡으러 간다. 나무젓가락으로 송충이를 잡아서 봉투에 넣고 선생님 계시는 곳으로 갖고 온다. 모닥불에 봉투를 던져서 송충이를 태우고 또 빈 봉투를 받아서 산으로 올라간다. 그리 열심히 하지는 않는다. 그래서 또 소풍이다. 쥐를 잡고 파리를 잡는다. 집에서 잡은 쥐꼬리 20개를 내란다. 작은 성냥갑 두 개에 파리를 가득 잡아서 내란다. 쌀이 모자라다고 분식의 날이 생겼다. 혼식 장려가 있는 학교에서는 혼식이 강요된다. 점심시간마다 도시락을 검사해서 쌀밥을 싸 온 사람은 점심을 못 먹고 앞에 나가서 꿇어 앉아서 두 손 들고 벌을 선다. 도시락을 들고 벌을 서는 우스꽝스러운 모습도 기억이 난다. 분식의 날은 빵을 사 온다. 별미. 하지만 모두가 사 올 수 있는 것은 아니다. 도시 학교에서도 굶는 애들이 있다. 어쨌든 학교는 국가정책을 가장 잘 실행할 수 있는 조직이었다.

학교가 이렇게 노동착취, 정책집행 집단만은 아니다. 건강검진이 없던 시절 학교에서 매년 건강검진을 한다. 의사 선생님이 오셔서 강단에 모인 학생들을 진단한다. 남녀공학인 국민학교에서 모두 팬티만 입고 줄을 서서 검사받는다. 옆줄은 팬티만 입은 여학생들이 서 있다. 초여름이 되면 학교에서 예방주사를 맞는다. 장티푸스, 뇌염 예방주사는 매년 맞는다. 천연두 예방주사를 맞기도 한다. 대변을 갖고 오라고 작은 주머니를 준다. 재래식 화장실에서 대변을 종이 위에 두고 "엄마"를 부른다. 나무 젓가락을 갖고 와서 내 대변 한 조각을 봉투에 넣어 주시면 그걸 갖고 간다. 며칠 후 호명한다. 누구는 회충, 누구는 십이지장충. 각각 줄을 서서 구충제를 받아먹는다. 이처럼 학교는 쉽게 집행되는 가난한 나라의 복지 집행기관이기도 했다. 70년대 풍경이다.

60년대와 달리 희망이 보이며 고속도로를 비롯한 도로들이 포장되기 시작하고 민둥산에는 조림이 본격화되었다. 농업혁명이 시작되던 시기로 새마을 운동이 시작되었으며 다목적댐 공사와 같은 대규모 인프라 투자도 곳곳에서 일어났다. "수출만이 살길이다"라는 구호와 함께 민간기업들도 세계로 눈을 돌리기 시작하는 시기이기도 했다. 5.16 군사정변에 의해서 군사정권이 들어선 지 10년. 사회는 어느 정도 안정화되고 또한 정책적 방향성이 확립되어서 정부의 유도에 따라서 전 국민이 움직이기 시작한 사회 분위기가 조성되기 시작했다.

72년 유신헌법이 발표되면서 사회적 저항 분위기가 이 시대의 사회상을 대변한다고 하겠다. 계엄령과 잇따른 긴급조치에 따른 체포 구금으로 인해서 학생들의 시위는 많이 잦아들었지만 여전히 사회 전반에 걸쳐서 불안정적인 분위기가 팽배해 있었다. 하지만 전국적으로, 전 국민으로 보면 이러한 저항은 정치계와 지식층, 그리고 학생층들의 전유물이었고 일반 서민들은 관심 자체가 금방 식어 버렸다. 서울을 비롯한 대도시에서는 대학가를 중심으로 크고 작은 데모가 있기도 했지만 중소도시나 시골에서는 언제 그런 일이 있었냐는 듯 조용했으며 대도시에서조차 학생 데모에 대해서 "공부는 안 하고~"라는 시민들의 탓하는 목소리들이 적지 않았다. 서민들은 그만큼 먹고사는 문제가 절박했으며 한편으로는 "잘 살아 보세"의 희망 찬 분위기를 가라앉히는 어떤 행위들도 달갑지 않았던 것이다.

전쟁 후 베이비붐이 인구폭발로 이어지면서 주거부족 문제가 정부의 큰 과제 중 하나였다. 아직 대부분의 주거가 소박한 개인주택이 중심이었던 68년 정부는 대대적 시민아파트 건설 계획을 발표했다. 그러나 70년대에는 아직 아파트에 대한 이해 부족으로 일반 시민들에게는 와 닿지 않던 시절임에도 불구하고 서울은 69년 1만 5천 가구의 아파트 건설을 시작했다. 69년 6월에 착공해서 12월에 준공한 와우아파트가 70년 4월에 무너졌다. 불과 6개월 만에 지어진 아파트라는 데서만 보더라도 부실공사란 짐작을 충분히 할 수 있듯이 5층짜리 아파트가 지어진 지 1년도 채 되지 않아서 붕괴되면서 30여 명이 사망하고 40여 명이 부상당하는 사고가 발생했다. 그 이듬해인 71년 12월 25일 성탄절 아침, 서울 대연각호텔에서 화재가 발생, 166명이 사망하고 25명이 실종하였다. 70년대 들어서면서 흑백TV가 대중화되고 이 사고는 하루 종일 TV에 생중계 되면서 전 국민이 구조 활동을 안타깝게 보고 있었다. 원인은 프로판가스 폭발이었다.

어수선한 사회 분위기 속에서도 여전히 역동성이 꿈틀거리는 시기이다. 그러면서 한편으로는 수출 주도산업이 자리를 잡으면서 자본이 축적되고 개인들의 경제상황도 상당히 개선되는 시기이기도 했다.

경인, 경부 고속도로가 개통되고 국산 자동차 생산의 꿈이 이뤄졌다. 중동에서 들어온 자본이 중화학공업의 기반을 차근차근 닦아 가고 있었다. 포항에서부터 여수까지 동남해 화학단지가 조성되면서 미래의 화학산업을 예측하게 한다. "백만 불 수출 천불소득"이 하나의 슬로건이 되고 결국 77년 12월 기적 같은 수출 목표 달성 소식이 온 세상을 들뜨게 했다.

"수출만이 살길이다" 자원이 없는 우리나라는 수출하지 않으면 잘살 수 없단다. 그래서 수출을 해야 한단다. 주로 봉재와 가발, 농산물, 그리고 자원이 없는 나라에서 그나마 캐내는 석탄 철광도 수출한다. 미운 일본이 고맙게도 김, 성게, 송이버섯을 좋아한단다. 일본 사람들이 사 가는 순간 우리 백성들은 구경하기 힘든 것들이 된다. 해방된 지 30년이 지났지만 어느 면으로는 자발적 종속이다. 어쨌든지 수출만이 살길이라는데 수출하기 좋은 데가 일본이다. 우리의 고마운 우방 미국은 참 좋은 시장이지만 우리가 팔 것이 없다. 식생활도 다르고 멀기도 하고. 베트남전과 중동특수 등으로 자본이 어느 정도 갖춰진 70년대 중반부터 수출할 만한 공산품들이 만들어 졌다. 이제 미국 시장이 필요했고 미국 시장이 세계시장으로 나가는 진출로가 된 것이다. 하지만 미국 시장이나마 들어갈 수준의 공산품을 만드는 기술이 아직 부족했다. 자동차를 생산하는 것은 우리나라의 오랜 꿈이었다. 하지만 미국은 한국의 독자적 자동차 생산에 자본과 기술에서 모두 부정적이었다.

중화학공업 육성정책에 따라서 철강, 화학 등에 투자되었다. 박정희+박태준 두 천재의 작품인 포항제철이 순항을 했고 울산 여수 등에 화학단지가 연기를 뿜어내기 시작했다. 일반 서민들은 당시 이런 분위기를 잘 몰랐겠지만 천제 지도자의 능력에 군사독재 시스템에 의한 일방독주체제(물론 독재자의 판단이 틀렸을 경우 위험이 존재하는 도박이다.), 능력과 의지, 근성과 꿈이 충만한 기업들, 중동으로부터 벌어들인 당시로는 꽤 큰 자본, 미국과 일본 등 우호적인 기술 집약 국가들의 방심에 의한 기술 이전 및 절도 탈취. 자식교육에 목숨 거는 부모들의 맹목적 교육열의 결과, 여기에 환경적으로 베트남전의 결과에 따라서 더 커진 북한의 위협과 도덕주의 지미카터 미대통령의 압박정책, 존재감 없는 나라에 대한 전 세계의 무관심 등 모든 것들이 용광로에서 섞이는 시절이었다.

안보 측면에서 70년대는 매우 긴박한 시기였다. 60년대 세계 질서의 양대 산맥인 미국과 소련의 경쟁에서 미국은 인도차이나반도와 남미 등에서 열세를 면치 못했다. 이를 돌파하기 위해서 무리하게 베트남 전쟁을 야기했는데 이 역시 뜻대로 되지 못하면서 미국 내에서는 엄청난 반전 여론이 일어났다. 결과적으로 1969년 민주당의 존슨 대통령이 낙선하고 전쟁 종식을 기치로 내건 공화당 닉슨 대통령이 당선되었다. 잇따라 닉슨 독트린이 발표되었는데, 아시아 모든 국가들은 국가 방위를 자신들이 책임져야 한다는 것이며 한반도에서는 5년 내에 미군을 철수시키겠다는 내용이 별도로 언급되었다. 한편 북한은 62년 전 인민의 무장화, 전군의 간부화, 전국토의 요새화, 전군의 현대화를 내건 4대 군사노선을 완성하고 그들 나름 남침에 대한 자신감을 갖고 있었다. 당시 북한은 전차를 자체 생산하는 수준이었으나 우리나라는 모든 국방을 미국에 의존하던 시기였다. 닉슨 독트린은 우리나라에게는 날벼락이었다. 이런 절박한 상황에서 박정희 대통령은 자주국방의 구상을 구체화한 것으로 보인다. 국방과학연구소가 우여곡절 끝에 1970년 설립이 되었다. 그리고 이 시기부터 70년 전반은 남북한의 대치 상황에서 서로를 테스트 하면서 내실을 다지는 시기였다. 북한 역시 빠르게 성장하는 남한을 보면서 적화의 마지막 기회로 조급해하지 않았을까?

68년에 푸에블로호 납치 사건이 있었다. 같은 해 무장공비들이 청와대 몇백 미터 앞까지 접근한 아슬아슬한 순간도 있었다. 울진, 삼척, 심지어 전라도까지 무장한 공비 집단이 민가를 습격하면서 전 국민을 위협했다. 휴전선에서는 남·북한군과 미군들 간에 충돌이 났다. 76년에는 미루나무를 제거하는 과정에서 북한군들이 도끼로 미군을 죽였단다. 세계 최강의 미군이 항공모함을 한반도로 불렀다. 전쟁이 끝난 지 20년밖에 안 되었는데 또 전쟁이 나는 것이 아닌가, 전 국민이 가슴을 졸였다. 이러한 분위기에서 반공을 기치로 하는 정부의 반공정책도 국민들에게 또 다른 위협 대상이기도 했다. 관제대모가 거의 매일 일어나는 시절이었다. 간첩을 잡으면 상금으로 팔자를 고친다. 복권이 없던 시절 간첩신고에 의한 상금은 복권이었다. 하지만 복권과 마찬가지로 간첩은 그렇게 잡히는 것들이 아니었다. 어쨌든 이 시기는 대내외적으로 남북한 긴장이 고조될 수밖에 없는 시기였다

베트남전이 끝났다. 뉴스에서는 매번 우리가 이기고 있는 것으로 알고 있었는데 베트남이 공산화되었단다. 그럼 세계 최강인 미국이 베트콩과 싸움에서 졌단 말인가? 그런데 우리 군은 개선한단다. 이긴 싸움이 아니지만 미국이 진 거고 도와준 우리는 그나마 잘 싸워서 개선한단다. 용어의 혼란이기도 하다. 뭐 어쨌든 옆집 아저씨는 베트남전 참전해서 돈 벌고 그 돈으로 장가도 갔단다.

베트남 파병 군인들의 월급은 대략 월 40불 정도였다. 일부를 국가가 착취했다는 오해도 있지만 이는 절반가량을 저축해야 하는 규정을 오해한 해석이다. 실지 파병군인들은 그 돈을 거의 안 쓰고 저축했다. 의무

기간이 1년이었는데 그 기간을 채우고 돌아올 때는 1평방 크기의 귀국 박스가 주어진다. 이 박스에 주소를 쓰면 주소지로 배달되는 그런 박스였다. 이 박스에 가장 많이 들어간 것들은 전투식량인 C레이션이었다. 한국군은 이 박스에 PX나 혹은 사이공 현지 시장에서 다리미, 재봉틀, 선글라스, 라디오 등을 사서 넣었다. 심지어 탄피나 빈 맥주 캔, 구리선 같은 것들을 넣기도 했다. 모든 것들은 한국에 오면 비싼 값으로 재판매되는 것들이었다. 휴지에서부터 버터나 치즈, 라디오, 콜게이트 치약과 칫솔 등. 특히 큰 캔에 들어 있는 맥스웰 커피가 기억난다. 인스턴트커피밖에 모르던 우리의 눈으로 볼 때, 멕스웰이란 브랜드가 커피가 맞긴 한데 먹는 방법을 몰랐던 것이다. 잘 그라인딩이 된 원두커피였다.

　미국은 우방이지 동맹은 아니었다. 우리가 동맹이라고 할 만큼 줄 수 있는 것들이 없었으니까 우리 입장에서는 그냥 친구다. 아니 형님이다. 물론 미국 입장에서는 자기네 줄 맨 끝에 서 있는, 불쌍한 나라 정도였겠지만. 요즘 미국에서 "한국은 중요한 동맹"이라고 하는 말을 들으면 우리 세대는 또 눈물이 난다.

　여전히 실생활에서 미국 원조품은 많았다. 누나는 구제품 옷이라고 하는 예쁜 원피스를 입고 있었다. 구제품이 무슨 뜻인가 했더니 민간 원조품이란다. 미국 사람들이 입던 옷을 모아서 우리나라 고아원에 보내면 고아원에서는 그것들을 시중에 판다. 미제는 품질이 좋다. 입던 옷이라도 최고급이다. 60년대에는 설탕, 밀가루, 옥수수 등이 많았는데 70년대 들어오면서 현저히 줄었다. 원조가 줄었다는 것을 개인들도 느낀다. 60년도에는 집에 손님이 오시면 설탕물을 대접했는데 70년대에는 설탕을 아껴 썼다. 그래도 PX를 통해서 넘어오는 물건들이 많다. 그런

데 이것들은 부유층들의 생활용품이다. 수출만이 살길이듯이 수입은 망하는 길이라는데 생필품을 어떻게 수입하겠는가? 수입은 공산품을 만드는 원료에 한정된다. 그러다 보니 미군 PX는 부유층에서 당시 최고인 미제 생필품을 구입할 수 있는 좋은 유통경로이다.

주로 미군과 사는 여자들을 통해서 나온다. 우리의 아픈 역사지만 이들을 양공주라 부르면서 멸시했다. 하지만 좋은 미국 PX제품 공급처였다. 이 물건을 받아서 유통하는 상인들이 가정으로 배달해 준다. 소비자는 미리 필요한 물건을 주문하기도 하고 그러면 이 주문이 양공주를 통해서 그들과 사는 미군에게 들어간다. 미군은 불법으로 주문받은 물건을 사서 함께 사는 여자에게 준다. 이렇게 유통시스템이 만들어진다. 미군이 주둔하는 대도시에는 도깨비시장이라는 이름의 외제상품 시장이 있다. 물론 불법이다. 유통경로도 불법이고 당연히 세금도 내지 않는다. 하지만 수시로 단속을 받으면서도 시장은 건재하다. 갑자기 셔터들이 와르르 소리 내면서 신속하게 내려진다. 그리고 나서 5~10분쯤 후 단속반이 온다. 거의 닫혀 있거나 혹은 갑자기 국산 물건으로 바뀐 가게에서 뻔뻔스럽게 단속원들에게 큰소리치는 상인들과 잡담 몇 마디를 하고 돌아간다. 그러면 다시 시장이 열린다.

우리 집은 부유층까지는 아니지만 이런 물건들을 가끔씩 접할 정도의 경제력이 되었다. 부모님 모두 최고 지식인이고 사회 지도층이었지만 이런 시스템에 대해서 비판적인 시각을 갖고 계시지는 않았던 듯하다. 부유층들이 다니던 국민학교를 다녀서 역시 이런 생필품들을 많이 경험했다. 부자 친구 집에 가면 퍼모스트 우유와 아이스크림을 먹을 수 있었다. 소풍 가면 환타, 코카콜라 등 당시 우리나라에서는 드문 캔 음료들이 많이 나왔다. 우리나라는 칠성사이다 등 유리병에 담긴 탄산음료들이 팔리던 시절이다. 고3 때 어머니는 아침마다 미군 PX에서 나오는 스테이크를 하나씩 구워 주셨다. 나중에 알고 보니 햄버그 패티였다.

당시 사회는 변변한 직업군이 많지 않았던 터라 의사나 판검사, 대학교수 같은 직업의 자녀들이 단연 돋보였다. 아직 의료보험제도가 생기기 전이라서 개인병원은 수익이 꽤 높았으며 공무원임에도 불구하고 판검사들도 경제적으로 꽤 윤택했던 것으로 기억한다. 대학 교수들은 월급 생활 외 수익원이 있을 수 없다 보니 경제적으로는 중산층에 속했지만 명예직이라는 확고한 사회적 공감이 있었다. 기업은 거의가 중소기업 수준이었고 그래서 기업에 취직하는 것은 경제적으로 중산층에 속하기조차 쉽지 않았다. 공무원들에게 경제적 보장을 해 줄 여유가 안 되는 대부분의 저개발 국가들에서 공통적으로 나타나는 현상으로 교육을 담당하는 교사와 치안을 담당하는 경찰에서 특히 작은 뇌물 비리가 많았다. 사회를 유지하는 데 다수가 필요한 직종이면서 작은 권력을 갖고 다수의 시민들과 직접 접촉하는 직업이라서 국가에서 보장받지 못하는 보상의 일부를 시민들로부터 보충하는 사회적 분위기를 대체로 묵시적으로 이해하던 시기이다. 학교에서는 촌지에 따라서 노골적으로 차별하는 교사들이 많았고 경찰은 작은 뇌물이나 전화 한 통화로 경범죄는 적당히 넘어가는 사회적 분위기였다. 이러한 사회현상은 이후 기업들의 규모가 커지면서 국가 수익이 많아지고 이에 따른 질서가 제도화되기 전 90년대까지 남아 있던 관행이었다.

전후 베이비붐을 타면서 인구 증가가 국가경제에 부담이 된다는 측면에서 60년대부터 시작된 인구통제 정책은 70년대 들면서 그 절정에 이른다. 당시 산아제한 정책은 세계적인 흐름이었으며 "인구는 기하급수적으로 증가하는 반면 식량은 산술급수적으로 증가하므로 인구와 식량 사이의 불균형은 필연적이다"라는 토머스 멜서스의 주장대로 전 세계는 식량에 대한 우려를 인구 통제로 해결하려고 했다. 당시 식량 자급이 안 되는 우리나라는 이 정책에 민감할 수밖에 없었다. 특히 남아선호 사상이 강해서 성별을 선택해서 출산하려는 시도도 규제해야 했다. 불임시술을 국가가 적극 장려하고, 각종 표어들을 만들어서 홍보하는 것이 70년대 산아제한에 관한 나타나는 정책이었다. 국민들은 잘 따라 주면서 대체로 성공하는 정책으로 이어 나갔다.

59년 "가정의례준칙에 관한 법률"이 제정되었고 73년에 "가정의례에 관한 법률"로 이름이 고쳐졌다. 관혼상제 예식을 간소화하여 허례허식을 없애고 낭비를 줄임으로써 건전한 사회기풍을 진작하기 위한 목적으로 만들어진 법률이다. 지금 관점으로는 "참 별걸 다 간섭한다" 싶겠지만 당시는 그런 시절이었고 또 한편 전통적으로 내려오는 관혼상제 예식에 허례허식 요소가 많음에 따라서 그만큼 낭비가 심하고, 못살던 우리 살림에서 이런 것들까지도 아껴야 할 시절이었다. 문제는 단순 권장이 아니라 위반 시 처벌이 되는 법률이란 것이다. 그래서 참 말도 많았고 탈도 많았다. 결국 1999년에 "가정의례에 관한 법률"을 폐지하고 "건전가정의례의 정착 및 지원에 관한 법률"로 새로 제정함으로써 처벌이 없는 권장 형태로 서서히 소멸되었던 법이다. 이 법률이 관혼상제에 관한 절차와 내용을 너무 세부적으로 규정하여 비현실적이고 또 한편 권위주의적이란 점에서 문제가 있긴 했지만 현실적으로는 필요한 법이었다.

우리 집은 전통적인 영남사림 집안이며 나는 10대를 내려오는 장손이다.("파"나 "계"의 종손은 아니지만) 그래서 우리 집은 4대 봉사를 하는 집안이며 1년에 8번 기제사와 2번의 명절 차례 등 총 10회의 제례와 차례를 지낸다. 특히 8번의 기제사에는 집안 어른들이 모두 오신다. 밤 12시에 제사를 모시고 나서 음복(제사 음식을 나눠 먹는 식후 행사)을 한 후 잠을 잔다. 그리고 모두 아침에 돌아가시는데, 직장으로 가시는 분들은 도시락까지 싸 드려야 한다. 통행금지가 있던 시절이라서 제사가 끝나고 바로 갈 수가 없다. 한편 제사 준비에는 전과 떡, 탕, 등 최소 30~40가지를 집에서 손수 마련한다. 그래서 제삿날의 이삼일 전부터 준비를 해야 한다. 지금 생각하면 주방 시설도 안 좋던 시절 어떻게 이런 것들을 다 할 수 있었나 싶다. 그런데 가정의례준칙이 나오면서 기제사는 4대에서 2대로 줄이란다. 그리고 재수 준비도 간소화하란다. 아버지는 국립대학에 소속되어 계시니까 정부 시책을 충실히 따라야 할 공무원이다. 이렇게 우리 집 기제사는 반으로 줄어서 제주(당시는 아버지)의 조부모님까지만 제사를 모시고 제수도 상당히 간소화해서 지금에 이른다. 아마 이때 가정의례준칙이 없었다면 아직도 4대 봉사를 하고 있지 않았을까 싶다. 가정의례 준칙은 제사뿐 아니라 특히 혼례에서 많은 부분의 통제가 있었다. 기념품을 줄 수 없도록 해서 자연스레 식사로 대신하게 된 것도 이 시절부터다.

  77년 7월 국제기능올림픽 우승이라는 낭보가 들려왔다. 국제기능올림픽은 1950년부터 매 객년으로 개최되었으며 우리나라는 66년 15회 대회부터 참가하였다. 그해는 일본이 우승했으며 이후 영국 스페인 스위스 독일 등이 돌아가면서 우승을 해 왔다. 우리는 참가 7번 만에 우승을 맛본 것이다. 이후 우리는 2015년까지 19번을 우승함으로써 기능올

릴픽을 독식하였다. 이 기간 우승을 놓친 것은 93년 대만, 2005년 스위스 우승, 단 두 번이었다.

77년 11월 이리역 폭발사고가 있었다. 한국화약(지금의 한화 그룹)에서 싣고 가던 고성능 폭발물 40톤이 이리역에서 정차 중 폭발함으로써 59명이 사망하고 1,340명이 부상했으며 주변 가구 1,647채가 파괴되면서 7,800명의 이재민을 낸 대형 사고였다.

헌법유린과 민주주의 기본 권리까지 제한되는 사회에서도 데모하는 학생들에 대한 일반 서민들의 반응은 우호적인 시각으로 학생들을 숨겨주고 보호해 주는 층과 "이 시국에 뭔 데모?"라는 부정적인 층으로 이원화되고 있었다. 헌법 유린에 민주주의 기본권까지 통제되는 분위기 속에서도 식자층이 아닌 일반 서민들은 언론통제에 의해서 세상 돌아가는 모습에 대한 정보 접근이 제한적이었으며 그러므로 직접적인 불편함을 느끼지 못하는 것이 이유였던 것 같다.

언론통제도 심했지만 그런 가운데서 언론의 저항도 만만찮았다. 지금은 보수신문을 군사독재 정권에 협조했던 것으로 오해하고 있었지만 꼭 그런 것만은 아니었다. 조선일보, 동아일보, 한국일보 등 주요 일간지들의 논설위원은 군사독재 정권의 폭력을 아주 교묘하게 고발하기도 하고, 말 안 듣는 언론에 대한 광고 제한 압력이 들어가면 백지 신문을 발행하면서 저항하기도 했다. 이후 논조가 극과 극으로 바뀌기는 했지만 보수의 아이콘인 조갑재 씨를 비롯한 당시의 언론은 결코 현실 권력과 타협하지 않았다.

대구는 보수적이지 않았을뿐더러 반민주정권에 가장 격렬하게 저항한 지역이기도 했다. 특히 경북대학교는 4.19의 시발인 2.28이 일어난 곳이며 60년대 일본국교개설 반대, 70년대 유신반대 등 전국에서 가장 극렬하게 저항한 곳이었다. 하지만 이에 비해서 부산대학교는 대체로 조용한 곳으로 인식되고 있었다. 이러한 이유로 공권력도 방심을 했던지, 당시 부산, 마산 지역의 사태는 전혀 예상 밖이었다. 학생들의 민주화 운동에 시민들이 적극 호응함으로써 소요사태는 더욱 확대되었으며 결국 박정희 대통령이 시해 된 10.26의 원인이 되었다. 79년 10월 26일 박정희 대통령이 김재규 중앙정보부장에게 피격되면서 전국 비상계엄이 선포되었다. 나는 당시 대학교 1학년이었다.

1980년대
- 암울했던 군사독재시절,
  그 속에서도 세계로 도약하는 우리 산업

  80년대는 10.26에 이어 12.12 쿠데타로 만들어진 새로운 군사독재가 지배하던 사회에서 시작되고 이후 군사독재 정부가 문민정부로 이관되면서 마무리되는 10년이다. 강력한 공안정국 시대가 지속되고 꾸준한 저항조차 철저히 봉쇄되던 시절, 학생운동은 민주화 투쟁에 색깔이 덮여 이념논쟁으로 변모해 갔다. 탄압이 심하면 또 다른 방법들이 찾아지는 법. 오랜 탄압에 언론들이 보수화 되면서 한겨레신문이 등장했다. 한편 소련의 아프간 침공으로 80년을 연다. 이에 동서의 긴장은 극에 달하고 마침내 모스크바올림픽 보이콧 등으로 세계는 다시 동서 긴장에 돌입한다. 결국 자본주의와의 치열한 경쟁에 의해서 힘이 소진된 공산주의가 서서히 막을 내리면서 90년대로 진입하게 된다. 이때부터 유럽 서방국가들은 사회주의 정당들이 집권하기 시작하면서 사실상 양 이데올로기가 현실에서 섞이는 현상이 나타난다. 70년대의 긴박했던 안보 상황은 80년대 들어서 극단적으로 달리면서 88올림픽을 이후로 북한은 300만 명이 아사하는 고난의 행군으로 접어든다.

  80년대 초반의 사회 분위기는 혼란과 혼돈 그 자체였다. 12.12 쿠데타는 철저한 언론 통제로 신문이나 TV 등에서는 거의 언급되지 않았지만 소문은 빠르게 퍼졌다. 서민들은 여전히 별 관심이 없었고 다만 박정희 대통령의 부재가 안타까울 따름이었다. 그러나 지식층이나 국가정책, 정부 등에 관심이 있거나 관계 되는 사람들에게는 당시 전두환이라는 새로 등장하는 이름에 서서히 익숙해지면서 관심과 의문이 제기될 수밖에 없었다.

81년 비상계엄이 해제되었다. 456일 만이었다. 전쟁도 아닌 시기에 국민들은 1년 넘게 비상계엄 하에서 살아왔다. 그럼에도 불구하고 81년 국회의원 선거 결과를 보면 전두환 독재정권에 대한 적대적인 시민들이 그리 많지 않았던 듯하다. 여전히 국민들은 소란 속에서도 생계가 우선이었고 먹고사는 문제가 아직은 그리 녹록지 않은 상황에서 정치가 어떻게 되든 별 상관없었다. 내게 직접적인 규제나 피해만이 중요했다.

10.26 이후 "서울의 봄"이라고 하는 대한민국의 실체가 나타난 상황은 거의 무질서와 광란의 도가니였다. 전국 거의 모든 대학들이 데모로 매일을 보냈으며 수업조차 힘들었다. 당시 대학교 1학년이었던 나도 예외가 아니었다. 우리 세대 많은 사람들에게 물어보고 싶은 것은 이것이다. "그때 우리가 무엇을 위해서 투쟁을 했던가?" 당시의 관심사는 박 대통령의 갑작스러운 서거 이후 "누가 권력을 잡을 것인가"였는데 과연 누가 대통령이 되든 그 당시 국민들은 무슨 상관이었을까? 그냥 뉴스 한 자락을 장식하는 시사적 관심사였을 뿐인데. 고무신 하나 주면 찍어 주던 대통령, 국회의원이 아닌가? 당시 국민들이 박정희 정권 하에서 얼마나 비민주주의를 느꼈으며 그래서 얼마나, 어떤 민주주의를 갈망했을까? 일상에서 독재 유지를 이유로 가해진 일상적, 일반 서민들에 대한 규제가 별로 없었고 매일 개선되어 가는 생활환경을 보면서 일반 서민

들은 박정희 대통령 사전이나 사후의 변화를 크게 느낄 분위기가 아니었다. 그럼에도 불구하고 전국은 대학교를 중심으로 거의 무정부 상태가 되었다. 결국 이러한 무질서가 12.12에 빌미를 주지 않았을까?

박정희 대통령의 정치적 고향과 같은 지역이며 정치도시, 그리고 지금은 보수의 중심으로 알려져 있는 대구시는 그 중 가장 혼란이 심한 지역 중 하나였다. 원래 대구는 저항의 도시였다. 빨갱이의 본거지였고 군사독재에 가장 저항한 도시였다. 일제 국채보상운동과 4.19의 시작인 2.28을 기념하는 공원이 지금도 대구시 한가운데에 있다. 시대는 다르지만 대구 10.1 항쟁의 희생자는 광주 민주화운동 희생자보다 적지 않았다. 다만 차이가 있다면 지금도 대구는 추석 전에 제사가 많지만 그것이 시대적 불행이었고 그 시대를 산 우리 부모님들이 감당해야 할 비극이었다는 것으로 이해한다. 여순 군사반란, 제주항쟁 등 당시의 많은 비극이 지금 재평가 되고 있지만 같은 시기에 있었던 대구 10.1 항쟁은 어디서도 언급되지 않는다. 보상을 요구하기에는 가해자가 우리 모두였고, 하소연하기에는 되새기기 너무 아픈 역사이기 때문이다. 이승만 정권을 "불구대천의 원수"라고 정의해 온 아버지도 평생 비명에 가신 할아버지를 가슴에 묻고 사셨다. 어떻게 돌아가셨는지조차 장남인 내가 30대가 되어서야 겨우 들을 수 있었다. 남편을 사형장에서 잃고 시신 수습을 위해서 딸과 함께 남아서 100세 장수를 누리신 고모님도 단 한 번 누구를 원망하지 않고 다만 평생 북으로 간 아들을 그리다가 돌아가셨다. 항상 진보당을 지지해 온 고모에게 한때 이유를 물었다. 혹시나 가정사의 불행에 대한 원망 때문인가 해서. 고모의 대답은 간단했다. 북으로 간 아들을 만날 수 있는 가능성이 조금 더 높은 정책 때문이란다.

5.18 광주항쟁도 전국에서 광주가 외롭게 일으킨 민주화 운동으로 오해하고 있지만 당시 실상은 그렇지 않았다. 당시 5.18은 어디서든 터질 수 있는 분위기였다. 전국의 대학생들은 최루탄에 찌들어 살면서 낮에는 지붕과 담장을 뛰어넘어 도망 다니는 것이 일상이었다. 그러다가 광주에서 터진 것이다. 언론통제는 이전과 달리 완벽했다. 당시 언론을 통해서는 누구도 그 사건을 알 수 없었다. 5월 17일 비상계엄이 내려졌고 일반 국민들은 이미 그런 일상에 익숙해서 "또…"라는 반응, 그리고 "애들이 공부도 안 하고…" 정도의 반응이었다. 10월 유신 이후 수차례 경험한 계엄령이라서 계엄령을 발동해도 별로 신경 쓸 일도 아니었다. 대학을 중심으로 하는 민주와 운동은 여전히 들끓고 있었다. "전두환 퇴진"이라는 구호를 외쳤지만 당시 일반 시민들은 전두환이 누군지도 몰랐다. 결국 전국 대학에 휴교령이 내려지고 한 학기가 사라진, 대한민국 교육사에 다시없는 사건이 터졌다. 대학 입구에는 장갑차가 지키고 출입하는 사람을 통제했다. 교수이신 아버지조차 대학에 들어갈 수 없었다. 제5 공화국은 이렇게 전례 없는 당황스러운 독재 환경을 과시하면서 시작되었다.

　이후 제5 공화국은 군사독재가 무엇인지를 그대로 보여 주었다. 대학에는 "짭새"라고 우리가 비하한 사복경찰들이 상주했으며 저항세력들에게는 가혹했다. 소리 소문 없이 사라진 친구들도 있었다. 박종철, 이한열 열사 고문치사 사건, 부천 성고문 사건들이 모두 이 시대에 있었던 일이다. 대통령과 얼굴이 닮았다고 출연 정지되는 배우도 있었고, 권력형 비리도 수시로 터졌다. 이전에는 없었던 일이다. 지금은 한화콘도로 바뀐 명성콘도 그룹 사건, 장영자 사건, 영동개발사건 등 대형 권력형 비리가 수시로 터졌고, 진실을 확인할 수는 없었지만 시내 신호등이 영부인 집 안에서 공급한다는 등 이권 비리에 대한 소문도 끊임없었다.

언론에 대한 감시와 탄압도 유래 없이 가혹했다. 물론 언론탄압은 70년대 10월 유신부터 시작된 것이 그대로 확대, 연결되었다. 광고 탄압에 저항한 동아일보의 백지신문은 어떤 논설보다 강력했다. 일부 시민들이 자발적으로 응원광고를 내었고 기자들은 여기에 고무되어 언론 탄압에 대한 저항은 더욱 그 강도를 더해 갔다. 그러다가 많은 기자들이 해직, 투옥되었다. 해고당한 기자들은 블랙리스트에 올라서 관리되면서 사회 생활이 차단되었다. 80년대 들어서 그 수가 하나의 세력이 될 정도로 늘어났다. 이렇게 87년 12월 15일 신문사가 차려졌고 88년 5월 15일 창간호가 나왔다. 시민들의 자발적 후원금이 모자라는 자본금에 보태졌고 최대 주식 1%를 넘지 못하게 함으로써 개인 권력을 자본으로부터 철저히 차단하는 시스템을 만들었다. 한겨레신문의 시작이다.

정치 사회적으로 가장 비정상적이고 가장 암울한 시기였지만 산업 측면에서는 70년대 꿈틀대던 땅속의 마그마가 드디어 터지기 시작하는 시기였다. 독일과 베트남, 중동열사의 땅에서 노동력을 팔아서 벌어 온 피눈물 나는 자본이 70년대 중화학공업의 기반을 닦았다면 80년대는 꽃이 피던 시기였다. 76년 최초로 국내 독자모델로 개발된 현대 포니 자동차가 86년 엑셀이라는 이름으로 미국시장에 진입했다. 물론 포니의 수출은 78년도부터 시작되었고 83년 수출 누적 10만 대가 되었지만 미국 수출은 또 다른 의미가 있었다. 88년에는 100만 대 수출 실적을 달성했다. 72년 허허벌판인 울산의 사진 한 장으로 그리스 리바노스와 최초 수주 계약을 한 이래 80년대는 조선의 안정화 기반을 닦는 시기였다. 하지만 불황의 장기화로 매출 면에서는 크게 확대되지 못하고 90년대의 황금기를 기다리는 시기였다. 반도체는 80년도 하반기에 뜨기 시작했다. 기계와 중화학공업 제품들의 수출 비중이 전체 수출품의 50%에 도달했다. 흑백TV 등 가전제품들도 꽤 수출되고 있었지만 아직은 21세기 한국 가전이 전 세계 시장을 장악할 미래를 상상할 단계는 아니었다. 반도체도 전략 상품으로 정부 지원하에 꾸준히 발전해 갔다. 하지만 삼성의 메모리 반도체가 일본과 싸워서 이기는 그런 시나리오를 상상할 단계는 아니었다. 이런 모든 상황들을 볼 때 당시는 지속적인 발전 과정으로, 지금보다 좀 더 나은 미래를 상상했겠지만 스토리의 완결판을 알고 있는 우리가 볼 때 이 시기는 조만간 반도체와 가전, 조선 등에서 세계시장의 선두로 달려가는 예열 단계였던 것이다.

중화학공업의 또 다른 꽃인 방위산업은 확실한 내수시장을 기반으로 꾸준히 기술을 축적해 가고 있었다. 여전히 수출은 부품을 수입해서 완제품을 생산하는 형태가 많았으며 아직 봉제품 등 노동집약 상품들도 수출의 중요한 비중을 차지하고 있었다.

80년대 남북 대치는 폭력으로 발전한다. 83년 미얀마 아웅산 테러 사건으로 시작된다. 당시 동남아 순방 중 태국을 방문한 대통령과 국가수반들을 대상으로 북한이 일으킨 테러 사건으로서 부총리, 외무부장관 등 17명이 순직한 사건이다. 87년에는 북한 공작원 김현희 등에 의해서 대한항공의 KAL기가 공중에서 폭발해서 탑승자 115명이 전원 사망하는 사건도 일어났다. 83년에 소련 영공을 침범했다는 이유로 KAL 기가 미사일에 격추되기도 했다. 80년대 남북 체재 경쟁에서 뒤지기 시작한 김일성의 조급함이 만들어 낸 사건이며 결국 그들이 필사적으로 막고자 했던 88올림픽이 성공적으로 막을 내리면서 동서 냉전 종식과 함께 북한은 생존의 갈림길에 놓이게 된다. 그들과 함께 공존했던 나라들이 없어지면서 그들은 300만이 아사하는 "고난의 행군"에 접어든다.

강남개발 붐은 강남이라는 현대적 도시를 개발하는 결과뿐 아니라 강남의 토지 가치 상승으로 소위 졸부를 양산하기도 했다. 아파트를 중심으로 하는 건설 붐이 내수경제를 활성화시켰으며 88올림픽 시점을 전후로 건설 붐은 더욱 열기를 더해 갔다. 그만큼 시민들의 호주머니도 넉넉해졌다. 특히 80년대 후반은 세계적인 3저 현상(저유가, 저금리, 저달러 가치)으로 단군 이래 최대의 호황을 누렸다. 그리고 이 시기는 그동안 버티던 공산권이 무너지는 시기와 일치한다. 우리는 경제 호황과 함께 냉전 시 가장 엄격했던 북방의 문호를 적극적으로 열어 가는 시기이다.

동네마다 구멍가게라는 생필품 가게와 채소가게 같은 것들이 있어서 급한 식료품이나 생필품들을 구매하기에 적합했다. 오늘날의 편의점 같은 역할이다. 한편 대도시에 백화점이 있긴 했으나 서민들은 여전히 재래시장을 이용하였으며 별다른 유통 시스템은 없었다. 대체로 단순한 구성이었다. 여전히 철물점과 전파상이 동네마다 있었고 기성복이 대세이긴 했지만 이때까지도 맞춤형 양복이나 여성복을 선호하는 사람들이 많았고 또 가격도 기성복과 큰 차이가 없어서 동네마다 양복점 양장점이 있었다. 식당들도 있기는 했지만 외식이 대중화되지 않았고 그렇기 때문에 동네 식당은 어쩌다 중국식당 하나쯤이었고 대부분 중심상권에 위치한, 당시로서는 중산층 이상의 특별한 행사로서 방문하는 식당들이 많았다. 당시에도 여전히 동네 중국식당에서는 짜장면 짬뽕을 배달해 주었다.

60년대 후반부터 정책적으로 추진해 온 산아제한이 70년대는 '둘만 낳자'로, 80년대는 '하나만 낳자'로 바뀌었다. 70년대 구호는 "딸·아들 구별 말고 둘만 낳아 잘 기르자"에서 80년대 구호는 "잘 키운 딸 하나 열 아들 안 부럽다"로 바뀐 것이다. 남아선호사상은 여전해서 가능하면 아들을 원했고 이에 산부인과에서 태아 성별 확인하는 것이 금지되었다. 그러나 83년 드디어 출산율이 인구 대체율 수준인 2.1명 이하로 떨어지게 되고 이제 인구 감소 우려의 목소리가 나오게 되면서 출산정책은 수정되었다. 당시 산아제안을 홍보하는 데 참 많은 구호들이 끊임없이 만들어지고 널리 퍼졌다. 그중 하나를 소개한다. "덮어 놓고 낳다 보면 거지꼴 못 면한다"

  83년 KBS 「이산가족을 찾습니다」 생방송은 유네스코 세계 문화유산으로 등재될 만큼 사회를 뒤흔들었다. 오대양 집단 자살 사건과 지강헌 탈주사건, 그리고 계속되는 어린이 유괴사건 등은 80년대 대표적 사건들이다. 학생들의 민주화운동은 다양한 이념으로 채색되면서 이합집산을 거듭한 끝에 대한민국을 봉건주의의 연장으로 해석한 NL과 한국을 식민지 독점 자본주의로 해석한 PD 양 분파로 대립하는 상황에서 정리되었다. 이런 가운데 이들은 미문화원을 방화하는 등 과격하고 사회적으로 공감받지 못하는 행동들을 서슴지 않았다. 89년에는 임수경이 북 세계청년학생축제에 참가하기 위해서 방북하기도 했다.

  대학가는 80년 초 장갑차가 전국 대학의 교문 앞에서 버티면서 출입을 통제하던 시기를 지나고 나름 자유를 만끽하던 시기이다. 물론 끊임없이 시위가 있었지만 또 한편으로는 대학가요제를 비롯한 대학생 문화가 꽃을 피우던 시기이기도 하다. 다양한 동아리들이 만들어지고 활동을 하였고(당시는 서클이라고 표현했다. 동아리는 이후에 만들어진 용어) 아직 대학 진학률이 30%가 안 되는 시절이라서 대학은 여전히 지식인을 만들어 내는 전당이라는 자부심이 있었고, 그런 자부심 속에서 군사독재에 대한 저항뿐 아니라 서구문화에 대한 비판적 시각, 동서 냉전 사이 이념 연구 등 다양성이 이 시대 대학에 대한 가장 적절한 표현일 것이다. 데모만 하던 곳은 아니다. 77년 9월 처음으로 선보인 MBC 대학가요제는 80년대 전성기를 맞았다. 그만큼 대학교에는 잠재되어 있는 열기들이 정치나 사회적 문제뿐 아니라 대중문화에까지 차곡차곡 쌓여 왔다는 뜻이다. 대학가요제의 열기는 이후 강변가요제 등 유사 가요제들이 등장하면서 우리나라 가요계의 색깔을 바꿔 놓았다. 이들 수상자들 상당수는 이후 전문가수의 길로 들어서면서 이선희, 심수봉, 노사연, 배철수, 신혜철, 전유나, 조갑경, 이범용, 김동률 등이 가요계에 새바람을 일으켰다.

대학의 자유화 바람은 연극계에도 예외가 아니었다. 70년대 후반 추송웅의 「빨간 피터의 고백」은 80년대 중반까지 이어지면서 연극 시장을 뒤흔들었다. 이 외에도 극단 산울림의 「고도를 기다리며」가 아비뇽 페스티벌, 더블린 연극제 등 국제무대에 진출해서 한국의 연극에 대한 존재감을 과시하기도 했다. 80년대에 호암아트홀, 동숭아트센터, 계몽문화센터 등이 개관하여 이들의 활동무대를 제공했다. 당시 「뻐꾸기 둥지 위로 날아간 새」를 인상 깊게 감상한 기억이 있다.

고속도로에는 국산자동차가 달리면서 마이카 시대를 예고하고 있었다. 76년에 등장한 포니는 82년에 단종되었으나 이후 포니2 등 더 개선되고 다양화된 차들이 등장했다. 아직 자동차는 부유층의 전유물이기는 했지만 90년대 대우자동차의 르망 등 다양한 기종들이 등장하면서 진정한 대중 자동차 시대를 여는 준비를 차근차근 해 가고 있었다. 하지만 여전히 도로는 영업용 차량들이 훨씬 많았고 그리 붐비지도 않았다. 운전면허 붐이 일면서 아직 차는 없지만 일단 운전면허부터 따자는 분위기였다. 대학생이나 여성 자가 운전자는 아직 거의 없으며 당시 대학생으로 차를 갖고 나가면 사람들의 시선이 집중되곤 했다. 주택은 서서히 아파트가 확산되는 시기이다. 하지만 초기 아파트는 서민들에게는 부담스러운 주거 시스템이었다. 서민들에게는 아직은 로망이었다.

80년대 초 대학생이던 나는 겨울 방학 때면 항상 열흘 정도 국토순례를 했다. 대체로 동해안을 따라서 포항에서 속초까지의 코스였다. 20kg의 배낭에 텐트까지 메고 기차와 버스, 그리고 많은 길을 걸어서 이 코스를 매년 경험했다. 대구에서 포항을 간다. 여기서 버스로 한 시간 간격의 거리에 영덕, 울진, 삼척, 묵호(동해시) 강릉, 속초가 있다. 그리고 또 한 경로는 서울에서 중앙선과 영동선을 타고 영주를 거쳐서 강릉으로 가는 기차 코스다.

지금도 마지막으로 남아 있는 미개발 고속도로지만 당시 동해안은 도로 개발이 거의 되지 않았다. 그래서 동해를 따라서 만나는 도시들, 작은 어촌들은 소박하고 평화로우며, 한편으로는 거의 고립되어 있었다. 시외버스 정류장에서 내리면 그곳이 마을의 중심부다. 예외 없이 다방이 있다. 시골 다방은 도시와 비슷하기도 하고 다르기도 하다. 어두침침한 다방에는 두어 테이블에 손님이 앉아 있다. 그리고 내가 들어가면 얼른 아가씨가 와서 안내한다. 하지만 도시에서 온 대학생을 본 적이 거의 없다. 관행처럼 차 두 잔을 갖고 온다. 나는 그곳 정보를 탐색하고 옆에 앉은 아가씨는 기꺼이 찻값을 한다. 기껏해야 100호 미만의 동네라서 정보라고 할 것도 없다. 갈 만한 곳, 잘 만한 곳만 확인하면 된다. 그다음은 아가씨 떠드는 대로 들어 준다. 겨울의 동해는 평화롭지만 한편으로는 적막하다. 여름 한철 장사로 일 년을 사는 집들이 꽤 있다. 나는 항상 겨울방학을 이용해서 다녔다. 그래서 여인숙을 찾아가면 예외 없이 준비가 안 되어 있다. 이곳 여인숙은 여름 휴가철 민박용이기 때문이다. 일단 계약을 하고 바닷가에서 한두 시간 산책도 하고 앉아서 사색도 하면서 시간을 즐긴다. 그렇게 다시 여인숙에 들어가면 방바닥이 뜨끈뜨끈하게 데워져 있다. 버너와 코펠을 펼쳐서 저녁 식사를 한다.

영동선 강원도 경로에는 스위치백 구간이 있다. 다른 용어로 지그재그 레일이라고 하는데 경사가 가팔라서 가로 세로로 기차를 당겼다가 밀었다 하면서 올라가는 코스다. 2012년 폐쇄된 것으로 안다. 하지만 당시 이곳은 꽤 낭만적인 코스였다. 밤 10시쯤 청량리에서 출발하는 야간기차다. 서울에서 영주까지는 조용하다. 하지만 영주를 조금 지나면 광산촌이 나오고 조용했던 기차 내부는 시끌시끌해진다. 이 스위치백 구간이 광산촌 가장 한복판이다. 역시 광산촌 사람들은 시끄럽고 거칠었다. 담요와 온갖 보따리를 들고 기차에 올라서는 술병을 몇 개씩 옆에 두고 수다를 떤다. 그렇게 도계, 황지, 마차를 지나고 묵호항이 나올 때쯤이면 기차는 조용해진다. 코 고는 소리만 곳곳에 요란하다. 그렇게 잠시 지나면 언제 나타났는지 갑자기 바다 수평선에서 일출이 보인다. 겨울 새벽이 밝아 오는 시간, 기차는 동해안에 다다른다. 당시는 지명에 관심이 없었지만 그곳이 바로 정동진이다.

기차에서 내려서 택시를 타고 두타산을 향한다. 두타산 무릉계곡에는 아직 잠이 덜 깼다. 그중 한 집의 문을 두드려서 산채비빔밥을 주문하고 다시 두타산을 오른다. 왕복 한 시간쯤 거리를 돌아 내려와서 얼음 덮인 개울에 상을 받고 먹는 산채비빔밥은 꿀맛이다.

우리나라에도 꽤 오래된 노천온천이 있다. 울진에서 버스를 타고 또 한참을 걸어서 가면 멀리서 김이 모락모락 나는 온천이 보인다. 워낙 접근성이 안 좋아서 이곳에 오는 사람도 없다. 누군가 꾸며서 된 노천온천이 아니라 그냥 온천물이 나오는데 그걸 방치해서 노천온천이 된 것이다. 이곳에 들어가서 한참 뜨거운 온천을 즐기다가 마지막 버스 시간에 맞춰서 급하게 내려간다. 덕구온천이다.

도계에서 한 시간쯤 올라가면 아직 자리를 지키고 있는 화전민이 있다. 1976년 화전은 금지되어서 모두 이전했는데 이곳 세 집은 갈 데가 없었던지 여전히 그곳에 머무르고 있었다. 2천 원을 주고 저녁식사 포함해서 하룻밤 묵어가기로 했다. 저녁에 커다란 닭백숙이 나왔다. 평소 보던 것보다 두 배는 컸던 것 같다. 보기엔 거칠었지만 살은 매우 부드러웠다. 반도 못 먹고 상을 내놓았다. 너무 맛있는데 많아서 다 못 먹었다고 미안하다는 쪽지 하나 남기고, 깨끗이 털어 먹었으니까 남은 것은 버리지 마시라는 오지랖도 함께……. 두어 시간 후 문을 두드리더니 소쿠리 하나가 들어왔다. 감자가 한 소쿠리였다. 예의상 두어 개를 억지로 먹었고 역시 감사하다는 쪽지 하나 끼워서 내놓았다. 열두 시쯤 되니까 들통 하나가 들어왔다. 옥수수였다. 도저히 먹을 수 없어서 두어 개를 배낭에 넣어 두고 먹은 척하고 잤다. 다음 날 나올 때 인사를 했다. 어제 남은 감자와 옥수수를 자루에 싸 준다. 이미 배낭은 무거운데 어쩔 수 없이 어깨에 걸치고 내려왔다. 그리고 그걸 어떻게 했는지 기억이 나지 않는다.

동해에 원덕면과 근덕면이 있다. 경북과 강원의 경계다. 원덕면으로 들어가면 첫 번째 만나는 동네가 호산이다. 50여 호가 있었는데 학교도 있다. 마침 밴드 하나가 필요했는데 약국이 보였다. 배낭을 메고 온 도시의 대학생이 특이하게 보였나 보다. 내 또래의 여자애가 밴드를 내주면서 이것저것 묻는다. 어디서 왔냐, 이런 곳엘 무슨 일로 왔냐, 어디 묵느냐 등등…. 나름 친절하게 답해 줬더니 잠시 후 약국 문을 닫고 호산을 안내해 주겠단다. 어차피 아직 숙소도 준비 안 된 터라 반가웠다. 동네가 빤하다 보니 모두 친한 사람들이고 약국은 그나마 이 동네 지식인이었다. 어머니가 간호사라서 약국을 한다고 했다. 정확히는 조제가 안 되는 약방이었다. 그날은 소나기의 주인공이 되었다. 그리고 40여 년 후 다시 찾은 호산은 정신을 차릴 수 없는 혼란스러운 도시가 되어 버렸다.

  80년대 초 매년 즐겼던 이 배낭여행은 다시 볼 수 없는 기억 속의 추억여행으로 남았다. 한 시간의 버스와 한 시간의 도보로 겨우 갈 수 있던 불영계곡은 버스로 30분이면 충분하게 갈 수 있는 곳으로 바뀌었다. 대구에서 10시간이 걸리던 주왕산은 서울에서 세 시간이 채 안 걸린다. 이곳에서 태어나면 영원히 이곳을 벗어나지 못한다는 우리나라 최고 오지인 청송 진보는 안동에서 30분이면 갈 수 있다. 이렇게 80년대는 한반도 구석구석에 포장도로를 깔아서 오지가 없는 나라, 어디든 손쉽게 다닐 수 있는 나라로 변모시켰다. 그 옛날의 낭만은 이제 추억 속에서만 살아 있다.

  89년에 우지파동이 있었다. 지금은 기억하는 사람들도 별로 없겠지만 이 사건은 라면 시장에 엄청난 혼란과 변화를 가져다주었다. 사건의 본말은 "라면을 공업용 우지로 튀겼다"라는 투서에서 시작되었다. 이에 따라서 삼양라면을 비롯한 5개 라면업체의 대표 및 실무책임자 등 10

명이 입건되었다. 하지만 이 사건의 본질은 공업용 우지에 있었다. 공업용 우지라는 것은 정제 쇠기름의 원료로 미국에서 수입한 2등급 혹은 3등급 비식용 유지를 말하는 것이며 이러한 유지를 정재해서 식용으로 만든 후 라면이나 마가린 제조에 사용하는 것이었다.

이러한 해프닝에서 국민들의 기억은 "공업용 우지로 튀긴 라면"이었으며 공업용이란 단어는 시커먼 공장 윤활유를 연상하게 한다. 사건 발생 13일 만에 보사부에서는 8인 조사 소위를 구성했고 KBS와 MBC 등 방송사에서는 제품의 유·무해를 가려내기 위한다는 명분으로 학자, 검찰 전문가, 시민단체 등을 불러서 매일 토론을 벌였으며 심지어 "심층취재" "분석" 등의 단어를 써 가면서 사실상 융단폭격을 해 갔다. 소비자단체들은 성명을 통해 해당 업계의 사과와 제품의 전량 수거, 유통업자들의 해당 제품에 대한 진열 판매 중지, 사태 재발 방지를 위한 항구적 대책 마련 등을 촉구하였다.

보사부에서는 라면 341건과 마가린 쇼트닝 113건 등을 조사한 결과 규격에 어긋나거나 문제가 되는 것은 단 한 건도 없다고 발표했다. 이것이 결론이었지만 국민들은 "공업용 우지"라는 단어와 취재 및 알권리를 주장한 언론의 무분별한 의혹제기, 그리고 검찰의 무책임한 기소와 구속만 기억할 뿐이었다. 검찰은 구속한 10명에게 보석 결정을 내렸고 가장 큰 피해자였던 삼양라면은 8년에 걸친 싸움 끝에 무죄로 종결되었다. "심층취재"로 의혹을 가중시켰던 언론은 조용히 다른 프로그램으로 시청자의 관심을 돌렸고 시민단체는 역시 조용히 다른 먹잇감을 찾기 시작했다. 이렇게 라면 업체는 철퇴를 맞고 삼양과 농심을 제외한 모든 라면업체가 문을 닫았다. 라면을 최초로 국내에 도입한 삼양라면, 그리고 "라면은 삼양"이라는 공식이 절대적이었던 당시 이 사건 이후 삼양라면의 시장점유율은 26%, 공업용 우지에 영향을 받지 않았던 업계 2위 농심라면은 점유율 54%로 당당히 업계 1위로 올라섰다.

　80년대 후반기는 내가 미국에서 유학생활을 하던 시기이다. 미국 냄새가 물씬 나는 대도시였다. 유학 자율화 전이었다. 유학자율화는 88올림픽을 전후해서 전 세계에 문호를 개방하면서 우리도 유학, 여행의 문을 순차적으로 열면서 시작되었으며 이때는 그 이전이었다. 유학 자율화는 사실 외환 관리법과 연결되는 제도로서 이때부터는 학비와 최소 생활비를 달러로 바꿔서 나갈 수 있다는 의미였다. 1988년부터 고등학교 졸업자에 한해서 유학을 허용했다. 나는 물론 그 이전으로 학부 유학생은 거의 없었다. 유학을 받아 주는 학교에서나 혹은 국비, 풀부라이트 재단 등에서 장학금을 받는 조건으로 유학이 가능했던 시절이라서 대체로 대학원 유학이었다.

　이 시대 우리는 희망과 긍지가 넘쳤다. 독재와 싸워 이긴 대한민국, 전 세계를 대상으로 수출하는 힘 있는 대한민국, 미국 고속도로에는 엑셀(포니의 미국 버젼)이 달리고 가끔 TV 광고에도 나온다. 하지만 미국인들의 한국에 대한 인식은 우리의 기대와는 상당한 거리가 있었다. 함께 전쟁을 치른 미국조차 이 친구들의 첫마디는 South or North?였다. 자랑스러운 우리 산업에 대해서 그들의 인식은 "이름은 모르겠지만 최근에 싸구려 한국산 차가 나왔다더라" 정도였다. 가끔씩 어떤 친구들은 우리와 중국 애들과 언어가 통하지 않는 것에 대해서 이상하게 생각했다. 나는 그들에게 우리 역사를 강의해야 했다. 그러면 일본과는 통하지 않느냐고 한다. 그들이 듣기에 우리 발음이 일본어와 유사하다는 것이다.

유학 자율화 전이지만 미국 대학원에는 한국 학생들이 꽤 있었다. 그리고 의외로 중국 학생들이 많았다. 닉슨 독트린으로 미국이 중국과 우호적 관계로 전환한 지 15년이 지난 시기였다. 아직 영어에 익숙하지 않은 우리는 비슷한 입장의 중국 애들과 많은 대화를 나눴다. 서로 어설픈 영어로 당당하게 소통할 수 있으니까. 그들은 가난했지만 꽤 순수했다. 우리는 당시 부모님으로부터 경제적 지원을 좀 받을 수 있었다. 나는 어린 아들과 딸, 그리고 와이프와 한 가족이 아파트에서 살았다.(미국 아파트는 서민들의 주거 공간이다.) 그리고 국산차 엑셀 새 차도 한 대 샀다. 하지만 당시 중국 친구들은 4명이 한 방을 공유하고 학교 카페테리아는 엄두도 못 내는 형편이었다. 그만큼 경제력의 차이가 났다. 주말에 좀 일찍 하교를 하다 보면 줄서서 가는 중국인 친구들이 보인다. 학교 가까운데는 집값이 비싸서 중국 애들은 대부분 꽤 멀리 산다. 그들을 집까지 태워 준다. 천안문사태가 터졌다. 미국에 있는 중국 친구들은 모두 공산당을 비난하면서 그 상황에 대해서 울분을 터뜨린다. 민주화 과정을 거친 우리는 당당하게 그들에게 우리의 경험을 강의한다. 모두 귀를 쫑긋하게 해서 들으면서 우리를 우러러본다. 사실 그들은 예외 없이 당시 공산당 최고위급 간부 자제들이었으며 최고의 기득권층이었다. 하지만 모두 순수했고 애국심이 불타는 젊은이들이었다. 그들을 보면서 미래의 중국을 그려 보았다. 오늘날 중국은 당시 내가 상상했던 그 이상이며 이런 친구들이 앞장서서 만든 것이 아니었을까?

월마트나 씨어스에 가면 한국산 물건들이 꽤 있었다. 주로 많이 눈에 띄는 것은 흑백TV. 당시 흑백TV 수출 세계 1위였지만 미국은 이미 컬러TV 사회였다. 삼성 혹은 골드스타(LG 전신) 흑백TV는 어느 구석에 먼지가 자욱하게 쌓인 채로 한두 대 전시되어 있었다. 그다음은 씨어스의 공구였다. 오늘날은 거의 Made in China였지만 당시는 Made in Korea가 대세였다. 의류도 월마트에서 판매하는 것들은 Made in Korea가 많았다. 하지만 미국인들은 이런 물건을 통해서도 Korea를 의식하지 않았다.

 프랑스 친구들과 대화하던 중에 자랑스러운 대한민국을 소개했다. 우리는 별의별 것들을 다 만들어서 수출한다. 그들의 반응은 이랬다. 그 정도 생산기술이 된다면 굳이 왜 모든 걸 다 내수 생산 하려고 하는가. 중요한 것만 직접 생산하고 나머지는 더 못사는 나라에게 기회를 주는 것이 맞지 않겠냐. 당시 프랑스 애들의 시각은 내 나라에 대한 자부심이 넘치는 개발도상국 청년에게는 충격적이었다.

 당시 해외에서 한국은 이런 정도였다.

1990년대
- 처음으로 경험해 보는 민주화 사회,
  우리는 무엇을 위해서 싸웠던가?

90년대는 88올림픽 이후 우리나라가 세계 속에서 그 모습을 드러내는 시기이다. 당시까지도 대한민국에 대한 해외 사람들의 보편적 인식은 "한때 전쟁을 치른 나라"가 고작이었다. 남한과 북한도 구분하지 못했다. 그런 대한민국이 올림픽을 개최했고 그 모습을 전 세계가 TV를 통해서 본 것이다. TV에서 보이는 나라는 전쟁에 찌든 모습이 아니라 힘을 느끼게 하는, 웅비하는 신진국가의 모습이었다.

90년대의 가장 큰 변화는 이데올로기 경쟁이 막을 내린 것이다. 이데올로기 경쟁의 중심축에 있는 우리나라는 이러한 변화를 가장 먼저 느끼고 또 가장 신속하게 대응했다. 당시 노태우 정부는 이러한 요구에 충분한 능력을 발휘했다. 우리나라의 중화학공업 중심 산업이 꽃을 피우던 시기이기도 하다. 자동차와 조선, 반도체 등이 세계로 질주하고 화학, 기계 등 많은 산업영역에서 세계 선두를 목표로 달리던 시기이다. 남북 체재경쟁은 끝났고 이제 북한과의 경쟁이 아닌 세계속의 한국으로 거듭나기 위해서 방향을 선회한다. 그러다가 지나친 과속은 결국 외환위기라는 철퇴를 맞으면서 90년대가 마무리된다.

제5 공화국의 사생아라는 측면도 있지만 노태우 대통령의 제6 공화국은 6.29 선언으로 탄생한 민주정권이었다. 자유롭고 공정한 직접선거를 통해서 탄생한 정부였다. 그간 군사독재에 염증을 느낀 국민들이 다수였음에도 불구하고 노태우 후보가 대통령이 된 데는 김대중, 김영삼 두 정치가의 권력욕에 의한 어부지리적 요소가 컸다. 그리고 김영삼은 김종필과 함께 3당 합당을 선언함으로써 제6 공화국의 색깔을 좀 더 자유주의로 채색하면서 동시에 본인의 다음 순서를 보장받게 된다. 결과적으로 이 시기는 민주주의로 전환되는 과도기이다.

그리고 김영삼 대통령의 문민정부가 들어선다. 사회는 점진적으로 안정화되어 가면서 한편으로는 군사독재 시절 못 해 본 다양한 시도를 하는 시기이기도 하다. 미전향 장기수 이인모 씨를 북한으로 보내는가 하면 북한과의 정상회담을 추진하기도 한다. 민주화 과정에서 투쟁한 사람들이 사회 곳곳에서 새로운 이권세력으로 등장하기도 한다. 백담사로 귀양 갔던 전두환 전 대통령이 노태우 전 대통령과 함께 내란 및 불법자금 조성 혐의로 구속된다. 하지만 김영삼 대통령은 후보 시절 본인의 손을 뿌리친 박태준 포철회장과 그의 정적이었던 정주영 현대그룹 회장에게 정치 보복을 가하는 구태도 서슴지 않았다. 80년대에서 90년대까지 연결된 경제 호황의 후유증이었을까? 결국 외환위기로 문민정부는 막을 내리고 국가경제시스템의 붕괴라는 큰 짐을 떠안은 김대중 국민의 정부가 들어선다.

냉전이 종식되는 가장 큰 사건을 베를린의 동서독 장벽을 무너뜨린 것으로 얘기하지만 이에 못지않은 사건이 88올림픽이었다. 동서 냉전시대 외교력이 앞섰던 북한은 비동맹그룹(제3제국)의 맹주로 자리매김하고 있었다. 비동맹그룹은 양 이데올로기에 편입하지 않고 독자적으로 살아가는 국가들의 집단이지만 사실상 공산주의 쪽에 기울어져 있었다. 김일성은 이들에 대한 원조 등 적극적인 외교정책을 펼치면서 비동맹그룹에서 우리와 비교해서 절대적인 우위에 있었다. 여기에 공산주의 국가들을 포함하면 우리는 당연히 외교에서 밀릴 수밖에 없었다.

88올림픽은 이러한 외교력보다는 올림픽을 통한 질서가 화두였다. 소련의 아프간 침공에 반대해서 자유민주진영이 80년 모스크바 올림픽을 보이콧하면서 개최가 무산되었다. 이어 84년 LA 올림픽은 공산주의 국가들의 보복 불참으로 반쪽 올림픽이 되었다. 이제 88 서울올림픽에서는 서로 화해하고 정상화시켜야 하는 당위성을 미소가 공감한 올림픽이며 그런 이유로 김일성의 필사적인 반대와 방해 책동이 먹히지 않았다. 김일성은 이에 칼기 공중폭파 등 테러 공포로 올림픽을 물리적으로 방해하려고 했지만 그마저 그들의 국제적 입지만 약화시키는 결과를 갖고 왔다.

이런 가운데 그동안 북한의 무리한 투자와 노력으로 심은 남북한에 대한 상대적 이미지가 만천하에 드러났다. 미제국주의의 꼭두각시인 서울은 거지가 버글거리고 시민들은 압제에 찌든 가난하고 불쌍한 나라였으며 이에 비해서 북한은 김일성의 영도 하에 지상낙원을 만들어 가고 있었다. 최소한 아프리카의 많은 비동맹국가들은 이렇게 믿고 있었다. 올림픽에 참가는 하겠지만 치안이나 시설의 낙후를 이유로 자국의 크루즈를 선수 숙소로 이용하겠다는 나라까지 등장했다. 이런 분위기에서 서울올림픽은 화려하게, 그 어떤 우려도 기우라는 것을 확인시켜 주면서 성공적으로 끝났다. 거리에는 거지도 없었고 대한민국은 역동적이며 희망이 넘치는 나라였다. 이런 모습들이 전 세계에 실시간으로 중계되었다.

소련의 고르바쵸프는 미소 경쟁에서 힘겹게 버텨 왔던 소비재 경제의 한계를 인정했다. 빵 배급을 타기위해서 반나절 줄을 서는 서민들의 모습이 전 세계에 중계되어도 속수무책이었다. 마침내 동서독 장벽이 무너졌고 서울올림픽을 통한 남북 비교가 공산진영을 좌절하게 했다. 우리에게는 넘사벽이던 소련과 중국이 우리에게 손을 내밀었다. 잇따라 폴란드와 헝가리도 하루빨리 대한민국과 국교를 개설하고 싶어 했다. 고르바쵸프는 차관을 얻으러 방한하기로 했다. 하지만 차마 서울에서 정상회담을 할 수가 없어서 조용히 제주도로 왔다. 그렇게 차관을 얻어 갔다. 중국의 등소평은 조금만 더 시간적 여유를 달라는 김일성의 간청을 뿌리치고 한국과의 국교 수립을 할 것이라고 통보했다. 동서냉전의 붕괴는 독일뿐 아니라 한반도에서도 시작된 것이다.

이렇게 90년대 초기 북방정책은 시기적, 환경적 요소들과 맞물려서 눈부시게 전개되었다. 무능의 상징으로 물대통령이라고 비난받아 왔지만 사실상 유능하고 추진력까지 갖춘 마지막 군인 대통령 노태우의 업적이었다. 예측하지 못했던 시대적 소용돌이를 슬기롭게, 그리고 신속하게 통제하면서 새로운 시대, 새로운 외교의 장을 열어 가기 시작했다. 공산국가의 두 중심축인 소련, 중국과 대사급 국교 개설로 김일성을 경악케 하고 전 세계를 놀라게 했다. 잇따라 동유럽 국가들과 국교를 맺으면서 그동안 북한과 치열하게 싸워 왔던 우리나라 외교는 당당하게 세계 중심에 서게 되었다. 이 외에도 물대통령이라고 불리던 노태우 대통령은 조용히 그러나 엄청난 업적들을 이루면서 군사정권의 마지막을 화려하게 장식했다. 그의 공로는 이후 대통령들의 업적으로 포장되기도 했다.

올림픽을 전후로 점진적 외환 자유화 정책과 투자유치 정책은 이후 글로벌 경제의 초석이 되었다. 200만 호 건설을 내세운 노태우 대통령의 부동산 정책은 비록 비판적인 요소들이 있기는 했지만 이후 반복되는 부동산 정책 실패와 비교되면서 모범 정책으로 재평가받고 있다. 기존 산업의 첨단 산업으로 전환은 21세기 세계를 주도하는 자동차, 반도체, 조선 등의 기반이 되었다. 이에 덧붙여 인천공항 등 사회간접자본 투자에도 소홀히 하지 않아 이후 선진국 대한민국의 초석을 다졌다.

이 외에도 노태우 대통령은 분당과 일산 신도시를 개발하고 인천국제공항과 예술의전당을 건설하는 등 많은 일을 한 대통령이었다. 예술의전당 건설이 대통령의 업적으로 내세울 만큼 대단한 일인가 싶기는 하지만 나는 예술의전당을 갈 때마다 항상 국악관과 한국예술종합학교를 보면서 가슴이 뜨거워진다. 이런 공간이 우리 국악을 품위 있게 만들며 국악인들에게는 다양한 활동공간과 자부심을 느끼게 해 주는 것 같다. 이 공간이 없었다면 국악인들은 지금 어디서 어떻게 버텨 가고 있을까? 그리고 한예종이 만들어지면서 우리 예술인들이 우리의 능력과 우리의 자본으로 성장하게 되었다. 찢어지게 가난하던 시절에도 해외에서 공부하고 세계적인 피아니스트 바이올리니스트들이 심심찮게 있어 왔다. 이런 재능들이 이제 우리가 스스로 키워서 세계로 내보낼 수 있어야 하지 않을까? 손열음, 임윤찬, 김선욱 등이 한예종이 탄생시킨 세계적 스타이다. 음악 콩쿠르뿐 아니라 발레나 무용, 대중음악과 연예, 영화에 이르기까지 우리의 예술을 우리 힘으로 만들어 가는 세상이 이 시대에 만들어졌다. 교육부가 아닌 문화부의 대학. 이어령 장관님과 이강숙 교수님의 숭고한 열정이 무한히 감사하다.

꾸준히 노력해 온 중화학공업이 그 실체를 드러내면서 자동차, 조선, 화학, 전자, 휴대폰 분야에서 세계 선두그룹으로 진입하는 가슴 벅찬 시기이다. 특히 삼성전자의 메모리 반도체는 숨 막히는 경쟁을 통해서 일본을 따라잡는 기적을 이룩한다. 1987년 메모리 반도체 시장에서 일본의 점유율은 80%였다. 당시 누구도 삼성이 일본과의 메모리 반도체 경쟁에서 이길 것이라고는 예상 못 했다. 하지만 64KD RAM에서 배수로 늘어 가는 메모리 집적도 경쟁에서 삼성은 어느 날 일본을 따라잡았다. 그때부터 우리는 앞으로 달려가고 일본은 허덕이면서 뒤따라오다가 낙오하는 모습을 보였다. 그럼에도 불구하고 삼성 이건희 회장은 전 임직원을 지속적으로 긴장 시켰다. 임원들을 프랑크푸르트로 불러서 역사적 회의를 했다. "마누라와 자식을 빼고 다 바꿔라" 1993년 이건희 회장의 신경영 선언은 그 이후 세계 제일의 삼성을 열어 가는 시작이었다. 한편 인터넷 상용화의 세계적 흐름을 따라가면서 미래를 약속하는 통신 인프라를 구축하고 PC의 빠른 보급과 함께 인터넷 산업에서도 두각을 나타낸다. 모토롤라와 노키아, 에릭슨과 함께 휴대폰 4강 중 하나로 진입한 삼성은 고급 휴대폰 시장을 확장해 가면서 한편 대한민국이라는 이름을 전 세계 산업계에 각인시키고 있다. 포니 2차 버전인 엑셀이 미국 시장에서 일본 자동차들과의 경쟁을 예고하고 세계 조선경기의 회복은 국내 조선시장의 구조개편 기회를 제공해 주었다. 업체 수는 감소했지만 대형화되면서 설비 신증설이 활발하게 일어났다. 머지않은 조선왕국의 기틀이 마련되고 있었다.

  삼보컴퓨터 등 컴퓨터 하드웨어 산업이 새로운 영역을 만들고 있었지만 소프트웨어는 아직 이해가 부족했다. 상업용 소프트웨어가 차지할 공간은 아직 마련되지 않았으며 젊고 유능한 젊은이들의 취미 겸 사명감으로 소프트웨어들이 등장 하면서 조금씩 그 자리가 잡혀 가고 있었다. 안철수 씨의 백신과 한글과 컴퓨터의 한글워드프로세스가 이때 등장했다. 재야 개발자들의 활동은 눈부셨지만 그럼에도 불구하고 젊고 자본력이 없는 개인의 한계는 분명했다. 또한 쉽게 복사가 되는 소프트웨어가 산업으로 자리매김하기에는 인식이 부족했고 대중들의 도덕성은 지적재산의 가치를 스스로 받아들이는 수준에 미치지 못했다. 정부는 벤처 육성을 위한 다양한 정책을 내 놓고 정부 주도의 밴처 캐피털을 출범시키기도 했지만 아직 벤처 마인드는 보편화되지 못했다. 그런 가운데 메디슨, 미래 산업 같은 1세대 벤처기업들의 등장은 새로운 시대를 여는 듯 보였다.

학술망이던 인터넷이 상용화되면서 인터넷 관련 정책과 산업이 봇물 터지듯이 나왔다. 각 분야 공공성 데이터베이스 구축 사업들이 시행되고 포탈의 초기 버전들이 등장했다. 70년대부터 꾸준히 투자해 온 통신 인프라는 이 시기에 빛을 발한다. 고질적인 전화회선 적체가 해소되고 신청 하루 만에 전화가 개설되었다. 80년대 개발된 국산 교환기 덕분이었다. 이때부터 전화통신은 눈부신 발전을 거듭하면서 드디어 전국 시외전화를 자동화하기에 이르렀다. 하지만 인터넷은 아직은 기술기반의 통신기술이었을 뿐 하나의 산업과 문화가 될 것이란 사실에 대한 이해는 부족했다. PC통신이라는 젊은이들의 놀이터가 마련되면서도 소통의 새로운 시대가 열릴 것이란 사실에도 별로 주목하지 않았다.

기존 무역질서인 GATT 체계가 UR로 바뀌면서 세계 다자간 무역질서는 새로운 국면을 맞이한다. 우리는 이미 2차 산업 중심의 공업 국가였다. 자동차와 선박, 반도체, 화학, 기계 등이 주요 수출품이었으며 우리의 생명줄이었다. 현실적 판단으로는 농산물 등을 양보하고 이들 공산품 시장에서 최대한 유리한 선을 확보해야 했다. 하지만 이것은 산술적 계산이었을 뿐 현실에서는 중화학공업 중심 산업구조가 되면서 농민들은 소외된 사회적 약자가 되었으며 보호 대상이었다. 그리고 여전히 정치적 계산으로도 무시할 수 없는 다수였다. 농산물 시장을 지키기 위한 노력도 결코 소홀히 할 수 없었다. 새로 바뀐 다자간협상체계의 UR에서 우리는 새로운 질서에 적응하며 동시에 이 질서를 리드하는 역할을 담당해야 했다. 어느 집단도 손해 보지 않으려는 내부 갈등과 국가 간 이익을 최대한 보장받으려는 대외 경쟁 사이에서 많은 어려움이 있었으며 그런 가운데 서서히 새로운 질서들이 만들어져 갔다. 우리는 개별 국가들과 협상을 통해서 관계를 형성해 나가는 과정으로 진입한다. 품목별 개방에 대한 국내 생산자들의 저항, 그리고 수출에 있어서는 공격적으로 협상을 해 가야 한다. 수출 주도국인 만큼 공산품 수출이 중요했고 결과적으로 농업시장의 개방을 통해서 자급농업이 붕괴되는 결과를 낳았다. 한국 농업이 얼마나 취약했던가를 확인할 수 있는 기회이기도 했다.

고속도로 네트워크가 전국으로 깔리고 일반 국도도 거의 포장되고 있었다. 자동차 보급도 빠르게 확산되었다. 교통 단속은 교통경찰이 직접 담당했으며 고속도로에서는 함정 단속도 많았다. 건너편에서 오는 차에서 하이빔을 번쩍거리면 단속경찰이 숨어 있다는 친절한 안내다. 당시 면허증은 수첩식으로 접히게 되어 있어서 5천 원권 한 장 끼워 두는 용도라는 농담도 있었다. 실지로 고속도로에서 과속 단속에 걸리면 소위 담뱃값 혹은 커피값 요구 형식으로 협상이 되곤 했다.

수도권 인구급증은 강남 개발을 더욱 촉진시켰고 올림픽 이후 주택 공급의 뜨거운 열기는 아파트 숲들을 이뤘다. 노태우 정부의 "200만 호

건설" 약속은 1990년대로 계승되어서 분당과 일산 등 신도시 개발로 연결되었다. 대형 공사로 인한 자재부족 등 부실공사, 기반 시설 부족, 수도권 인구 유입 등의 문제점들에도 불구하고 집값 상승을 효과적으로 통제하였다.

88올림픽 전후로 유학 자율화가 되면서 서울 강남의 부유층 자제들 중심으로 유학 붐이 일었다. 물론 이전에도 국비유학이나 해외 대학들의 장학생 유학이 꾸준히 있어 왔으나 이들은 대체로 대학원 이상의 유학이었다. 90년대 유학생들은 80년대 부의 축적으로 경제적으로 여유가 넘치던 계층들의 학부 유학이었다. 이들 중 일부는 라스베이거스 카지노를 드나들기도 하고 미국 등 해외 현지 교민들도 눈을 찌푸리게 하는 일들도 많았다. 방학이면 압구정동은 이들 유학생들로 넘쳐 났다. 주로 한국교포가 많은 미국 서부 오렌지카운티에 많이 몰려 있었던 까닭에 이들을 오렌지족이라고 불렀다는 말도 있으며 수입오렌지에서 따 왔다는 얘기도 있다. 아무튼 당시 향락문화의 중심에는 항상 이들이 있었다. 유산을 목적으로 아버지를 살해한 박한상 사건은 이러한 삐뚤어진 문화와 가치관에서 발생한 존속살해 사건이다.

아직 학교에는 촌지가 여전히 당연하게 받아들여졌다. 학부모와 상담 시 서랍을 열어 두는 교사들이 있을 정도였다. 그만큼 학생들에 대한 노골적인 차별도 존재했다. 하지만 학교 시설은 많이 개선되어서 냉난방이 거의 불편 없이 제공되었고 유료지만 급식을 제공하는 도시 학교들도 많았다. 서울과 대도시에서는 사교육 열풍이 식지 않았고 학습지, 학원, 개인교습 등 모든 사교육들이 활성화되었다. 강남 발달과 함께 8학군의 교육열은 타 지역의 추종을 불허했으며 대치동이 이 시기에 사교육이 몰리는 지역으로 널리 알려졌다. 90년대 유학 자율화 바람으로 학부 유학생들이 늘기 시작했으며 중고등학생의 유학도 적지 않았다.

90년대 학교 현장에서의 변화는 전교조의 등장이다. 이후 이념적 편향성을 이유로 (일부) 부정적인 평가들이 있기도 하지만 당시 전교조는 민주화의 마지막 보루이며 학교 민주화의 희망이었다. 학교는 여전히 촌지와 체벌이 당연하게 받아들여지고 교사와 학생들은 군사부일체 사상이 유지되는 시절이었다. 아마도 이러한 교육에 대한 사회적 보수성이 학교 민주화를 막고 있었던 것 같다. 90년대 들어서면서 모든 계층과 영역에서 변화하던 민주화 열기가 학교로 스며드는 건 거의 90년대가 저물어 가는 시점이었다. 전교조에 가입한 교사들은 일단 촌지를 거부하는 것으로 행동했다.

1991년 낙동강 페놀 유출사건이 터졌다. 당시 PCB(Print Circuit Board)를 만드는 두산전자가 세정제인 페놀을 낙동강에 방류함으로써 낙동강물을 식수로 사용하던 경북과 대구 그리고 경남 쪽에서 이를 항의하면서 일어난 사건이다. 흔히 있을 수 있는 사건이지만 이는 우리 사회에 큰 변화를 줬다.

공교롭게 두산전자는 당시 맥주 시장을 거의 독점하다시피 하던 동양맥주와 같은 두산그룹이다. 맥주시장은 오비(동양맥주)와 크라운(조선맥주) 맥주 두개가 시장을 장악하고 있었으며 동양맥주의 점유율이 70%를 넘었다. 그런데 이 시장에 진로주조가 미국의 쿠어스맥주를 갖고 와서 한판 싸움 준비를 하고 있었다. 조선맥주는 진로의 쿠어스맥주를 막지 않으면 그나마 20~30%의 시장도 잃어버릴 위험에 처해 있었다. 쿠어스맥주는 미국 로키산맥의 신선한 물로 생산하는 것으로 유명하다는 데서 조선맥주는 선수를 치기로 했다. 즉 "물이 좋은 맥주 하이트"를 들고 나온 것이다. 로키산맥 물에 대응할 우리의 천연 암반수가 광고의 핵심이었다.

마침 페놀 유출사고로 식수에 대한 경각심이 고조된 상황에서 천연 암반수로부터 물이 넘쳐흘러 나오는 하이트 맥주 광고는 엄청난 반향을 일으켰다. 아직 출시도 되지 않은 진로의 쿠어스(후에 카스 맥주)가 아닌 이미 시장을 장악하고 있던 오비맥주를 쳤다. 그만큼 깨끗한 천연 암반수 물을 주제로 한 광고가 엄청난 힘을 발휘한 것이다. 이후 맥주시장은 완전히 개편되어서 결국 동양맥주는 두산그룹에서 외국계 회사로 매각되었다. 같은 두산그룹의 고만고만하던 두산전자가 두산그룹의 핵심 사업체이던 동양맥주를 망가뜨린 사건이었다. 사건은 그만큼 대중에게 식수의 중요성을 확인시켜 주었으며 이때부터 생수 산업이 등장하는 계기가 되었다. 이제 수돗물을 마시는 세상에서 생수를 사서 마시는 세상으로 바뀌기 시작한 것이다. 소비자경제도 이제 물 정도는 사먹을 수 있을 여유가 되기도 했다.

90년대는 군사독재의 마지막 흔적이 사라지고 93년 김영삼 대통령의 문민정부가 들어섰다. 그리고 95년에는 경제학자인 조순박사가 서울시장이 되었다. 그 이후 사고가 참 많았다. 그 중 가장 큰 사고는 삼풍백화점 붕괴사고일 것이다.

삼풍백화점은 강남개발의 상징 중 하나였다. 법원이 강남으로 옮겨 오면서 법원을 중심으로 삼풍아파트를 포함한 고급 상권이 형성되었으며 그 한가운데에 삼풍백화점이 있었다. 나는 그때 아주 짧은 시기 어쩔 수 없이 개인사업을 하고 있던 시기였으며 내 회사는 바로 삼풍백화점 건너편에 있었다. 당시만 해도 명품이란 개념이 없던 시절 삼풍백화점은 당시 신세계백화점이나 현대백화점에서 볼 수 없는 고급 상품들이 꽤 많았다. 그리고 백화점에 막 식음료 고급화를 하던 시기에 이 역시 상당히 앞서서 도입했기에 좋은 식당이나 카페들도 많았다. 카페 라리(CaféLalee)는 삼풍 2층 구석공간에 테이블 3개를 놓고 시작했다. 거의 매일 가던 곳이라서 점원과 바리스타 모두 친했다. 어느 날 커피를 주문했더니 케이크를 함께 갖고 왔다. 압구정동에 2호점을 낼 예정인데 커피와 케이크를 함께 세트로 파는 것을 고려하고 있다고, 시식과 평가를 요구받았다. 지금도 커피와 케이크를 함께 파는 카페들이 많은데 그때 삼풍백화점 2층의 아주 소박하고 존재감 없던 카페 라리에서 시작된 것이다. 그리고 이 카페 라리는 이후 서울 전역에 꽤 유명한 카페 프랜차이즈로 발전했다. 이처럼 삼풍백화점에서는 알려지지 않은 고급 브랜드 혹은 고급 브랜드로 성장할 많은 것들이 도사리고 있었다.

하지만 이 백화점을 운영하던 회사는 이를 감당하고 키워 갈 도덕적 성향이 모자랐다. 주변 법원을 중심으로 변호사 등 부유층들이 몰리면서 백화점에 계획 없던 고급 헬스클럽을 만들면서 맨 위층에 수영장까지 만들었다. 물론 사전에 건물을 지을 때는 계획에 없었을 것이며 공학적 계산도 하지 않았을 것이다. 결국 이러한 무리수가 건물이 무너지는 황당한 사고를 겪게 만든다. 나는 그날 평소처럼 백화점 식당가에서 점심을 먹고 라리에서 커피를 한잔한 후에 잠깐 외근을 갔다가 회사로 들어갔다. 직원들이 백화점이 무너졌다고 난리다. 무슨 말인지 알아들을 수가 없었다. 백화점이 어떻게 무너지나?

그날부터 퇴근 후 직원들은 자원봉사자로 현장에 나가서 구급대원들을 도왔다. 김밥을 싸서 나르기도 했다. 그때 후에 민주당 대표가 된 정동영 씨가 MBC 아나운서로 현장 중개를 한 기억이 있다. 며칠 동안 구조작업은 TV를 통해서 중개가 되었고 한 명이라도 더 구조되기를 전 국민들이 안타깝게 바라면서 TV를 보고 있었다. 하지만 당시는 삼풍백화점 대표의 부도덕과 무책임을 비난했지 김영삼 대통령이나 조순 서울시장에게 이 책임을 묻는 이는 없었다.

　93년 부안 서해 페리호가 침몰해서 292명의 사상자를 냈다. 바다낚시를 즐기러 온 낚시꾼들이며 구명조끼조차 제대로 비치되지 않아서 희생자가 커졌다. 같은 해 무장 탈영병이 도심에서 총기난동을 벌여서 시민 1명이 사망했다. 94년에는 성수대교가 무너져서 29명이 목숨을 잃었다. 95년에는 대구 지하철 공사장 가스폭발사고로 101명이 사망하는 등 300여 명의 사상자를 내었다. 99년에는 화성 씨랜드 청소년수련장 화재사고가 발생해서 유치원생 등 23명이 참변을 당하기도 했다. 이때 유달리 사고가 많아서 당시 국민들은 김영삼 정부를 "사고공화국"이라고 조롱하기도 했는데 이 시기 사고로 사망한 피해자는 총 1,448명이다.

2000년대
- 국가 개조의 시대, 전화위복이 된 외환위기

 2000년대는 사회적으로 천지개벽하는 시기다. 외환위기를 맞으면서 많은 국민들은 한 번도 경험하지 못한 국가부도 사태에 대해서 과연 어떤 미래가 닥칠지 불안과 걱정으로 좌불안석이었다. 그리고 지금 우리는 그 이후의 대한민국을 본다. 와환위기는 그동안 숨차게 뛰어오면서 미처 못 챙겼던 것들이 쌓인 결과였을 뿐 아니라 미래로 나아가는 대한민국이 스스로 개혁을 해야 하는 부담을 덜어 주는 혁명적 사건이었다.
 외환위기를 거치면서 사회적 구조조정이 일어났으며 선진국형 시스템으로 변모했다. 다행히 IMF가 제안한 3차 산업 중심의 산업구조가 아닌 우리가 그동안 닦아 온 2차 산업 중심의 선진국 시스템이었고 금융과 서비스 등 이를 지원하는 3차 산업 시스템은 새로운 시대를 준비하는 데 부족함이 없었다. IMF는 그들의 권고안이 잘못되었음을 인정하고 사과했다.
 1998년 김대중 국민의정부는 구제 금융으로 정의되는 외환위기 상황에서의 경제 공황으로 시작되었으며 혼란스러운 경제를 재건하는 데 역량을 총동원했다. 그렇게 2001년 IMF에 부채를 조기 상환 하면서 외환위기에서 벗어났다. 외환위기를 극복하고 IMF의 관리에서 졸업하면서 대한민국은 다시 웅비하기 시작하였다. 외환위기를 조기에 수습하면서 그 과정에서 급진적 구조조정이 일어났다. 금융시스템이 선진적으로 발전했으며 산업이 노동집약적 공산품 중심에서 첨단제품으로 무게중심이 빠르게 옮겨졌다. 기업들은 군살을 줄이고 실속 있는 경영구조를 갖고 갔다. 현명한 사람이나 국가에게 위기는 항상 기회다.

밀레니엄 2000년은 전 세계의 축제로 시작되었다. 그냥 새로 맞는 2000년이기 때문이었다. 물론 밀레니엄버그라는 무시무시한 IT계의 협박에 떨기도 했다. 메모리가 비싸던 시절 컴퓨터 OS는 자릿수 하나라도 아끼기 위해서 연도를 4자리가 아닌 2자리로 설정했다. 그런데 2000년이 되고 보니까 두 자리 00이 자칫 1900년으로 인식되어서 많은 문제가 야기될 것이라는 협박이었다. 비행기가 추락하고 미사일이 날아다니고 공장은 멈추고 금융은 마비되고… 하지만 그냥 조용히 끝났다. 물론 대비 못 한 곳에서 사소한 문제들이 일어나긴 했다.

IMF 스탠리 피셔 수석 부총재는 "대한민국이 IMF 관리체제를 졸업했음"을 공식 선언 하면서 우리의 2000년은 시작되었다.

하지만 외환위기를 극복하는 과정에서 나타난 후유증들도 만만찮았다. 그중에서 신용카드 남발은 과도한 소비를 유도하여 해외 명품들이 줄줄이 국내 시장에 진입하는 계기가 되었다. 벤처기업에 대한 구체적인 이해가 부족했던 국민들은 벤처투자가 황금알을 낳은 거위라고 착각하고 벤처 회사들 앞에서 돈을 싸 들고 줄을 섰다. 벤처기업들은 사업모델 하나로 투자를 유치하느라 그들 본연의 일을 외면했고 결과적으로 룸살롱이 번성하고 고급 외제차들이 도로를 덮는 황당한 일들이 벌어지기도 했다. 투자를 위한 접대에 전념하다 못해 룸살롱을 인수하는 웃지 못할 일들도 다반사였다.

이러한 왜곡된 현상은 2000년대 중반 그 열기가 식으면서 엄청난 신용불량자들을 낳았으며 2000년 초기 투자유치에 여념이 없었던 벤처기업들은 흔적도 없이 사라져 버렸다. 하지만 당시 확인된 웃지 못할 상황으로, 이렇게 들어간 돈들은 가장 빠르게 돈다는 것이다. 외환위기는 단지 외환 부족으로 인한 일시적 상환능력 부재로 발생된 것이며 국내 제조업 중심의 생산기반은 건재했다. 하지만 심리적으로 위축된 소비자들이 지갑을 닫음으로써 시장경제의 위기를 갖고 온 것이다. 결국 남발한 신용카드와 룸살롱으로 들어간 투자자금들이 빠르게 돌면서 내수시장을 활성화하는 데 기여하고 외한위기를 극복하는 데 한몫을 한 것으로 해석해도 크게 틀리지 않을 것이다. 이 시기 명품 패션, 액세서리 브랜드들과 유럽산 고급차들이 국내로 물밀 듯이 들어왔고 신용도에 대한 꼼꼼한 확인 없이 발급받은 카드를 가진 여자들이 명품가방 한두 개 사는 데는 별 부담을 느끼지 않았다.

정치적으로 2000년은 김대중, 노무현, 그리고 이명박 대통령으로 연결된다. 김대중 대통령을 이어받은 노무현 대통령은 당시 예상을 깨고 이회창 후보를 누르고 당선되었다. 청문회 스타, 젊은 고졸의 흙수저 대통령 등 참신함이 많았고 그래서 국민들의 기대도 많았다.

하지만 노무현 대통령은 준비되지 않은 힘없는 대통령이었다. 민주당이 여당이 되었으나 노무현 대통령은 민주당을 탈당하고 열린 우리당에 입당함으로써 소수의 열린 우리당이 여당이 된다. 이상과 현실 사이에서 많은 갈등이 있었고, 그의 주변에는 정책을 힘차게 밀어줄 힘이 없었다. 결국 그를 탄생시킨 민주당에 의해서 탄핵 국면을 맞게 되고 탄핵이 부결되면서 오히려 전화위복이 된다. 그러나 이제 다수당이라는 힘을 얻었음에도 여전히 정국을 끌어가는 정치적 역량의 한계로 많은 합리적이고 개혁정책들이 성공하지 못하고 국정지지율이 12%까지 떨어지는 사태에 이르기도 했다. 퇴임과 함께 600만 달러와 명품시계 등 뇌물 사건으로 조사를 받게 되면서 스스로 목숨을 끊는 불행한 역사를 만들게 되었다. 이후 이명박 대통령이 당선되었으나 초기에 광우병 소동 등 국민적 저항을 경험하면서 상당히 위축된 분위기에서 국가를 끌어가면서 2010년대로 넘어간다.

여당과 야당이 하루아침에 뒤집어지고 대통령을 배출한 당이 자기 대통령을 탄핵하는 등, 정치는 여전히 혼란스러웠지만 국내 산업이나 시민들은 정치에 크게 휘둘리지 않을 정도로 성장하고 성숙했다. 2007년에 애플 아이폰이 나오면서 스마트폰 시대가 열렸다. 기존의 휴대폰 강자인 모토롤라, 노키아, 에릭슨 등이 모두 애플 아이폰에 당황하고 있는 동안 유일하게 삼성은 스마트폰 시장에 빠르게 뛰어들어서 애플과의 경쟁 구도를 만들었다. 반도체는 여전히 강세이고 자동차 시장에서 기아를 흡수한 현대는 탄탄대로를 달리면서 빠르게 성장하고 있었다.

1990년대 불황기를 거치면서 2000년대 들어서 한국 조선은 드디어 수주량, 건조량, 수주잔량 등 전 분야에 걸쳐서 세계 1위에 등극하면서 세계 조선업계를 선도하게 된다. 유통은 기존의 시장거래에서 온라인거래로 서서히 이동하면서 플랫폼이 정교해지고 결제시스템의 안정성이 강화 및 개선된다. 소비자보호법도 강화되어서 온라인 거래를 더욱 촉진시킨다. 물류도 빠르게 성장해 간다. 이렇게 2000년은 전자상거래 산업이 성장과 안정을 동시에 실현하는 시기이다.

외환위기를 겪은 후 2000년대 무역은 시장개방과 자본이동의 확대,

그리고 기술 확산에 따른 산업 내 무역의 확대 등에 힘입어 높은 성장세를 이어 갔다. 특히 FTA 환경 하에서 지역경제통합이 활성화되면서 역내 무역이 급증하는 양상을 보인다. 2000년대는 중국이 세계의 공장으로 부상한 시기이기도 하다. 지리적 이점과 기술적 우위를 바탕으로 저임금과 시장 확보를 목적으로 하는 투자가 급증하는 동시에 원자재와 소재 중심으로 대중국 수출이 호조를 이루는 특징을 보이고 있다. 하지만 아직 중국 인민들은 가난했다. 중국 동북아 조선족들은 "잘사는 대한민국"을 그들의 희망으로 여겼다. 조선족 친척이 오면 정체 모를 한약을 잔뜩 사 온다. 그러면 가슴 따뜻한 우리는 비싼 값으로 쓸데없는 한약을 사 준다. 취업해서 몇 년간 돈을 모으면 연변에 가서 부자가 된다. 그래서 한국에 일하러 오려고 줄을 서는 조선족들이 수는 헤아릴 수 없었으며 한국은 그들의 로또 나라가 된 것이다. 등소평은 박정희 개발정책을 모델로 따라 가겠다고 세상에 공표함으로써 달라진 우리의 위상을 느낄 수 있었다.

세계최초로 CDMA가 상용화되면서 2000년대는 무선통신망 구축 고도화를 이룩해 나간다. 2002년 전자정부가 공식 출범하고 초고속인터넷 서비스가 개시되면서 초고속통신망 가입자 1,000만 명 돌파 기념행사를 가졌다. 2005년 지상파 DMB 서비스를 오픈했으며 2009년 IPTV 서비스를 시작하는 등 다양한 서비스들이 개발, 제공되었다.

2002년 서울과 동경에서 공동 개최된 월드컵은 한국을 열기의 도가니로 만들었다. 월드컵 역사상 최초로 대한민국이 4강에 진출하면서 전국민이 한마음이 되는 경험을 했다. 거리응원이 생활화되고 붉은악마가 한국 응원단의 고유명사가 되었다. 그리고 2000년대는 한류가 세계 속에 자리 잡는 시기이다. 「겨울연가」, 「대장금」, 「천국의 계단」 등 드라마가 일본과 중국 등 아시아를 휩쓸고 HOT, 보아, 클론, 동방신기 등 많은 가수들이 전 세계 팬클럽들을 끌고 다녔다. 하지만 K-POP이 전 세계의 대세가 되는 것은 2010년 강남스타일 이후이며 아직은 아시아를 중심으로 세계를 바라보는 문화강국으로의 발돋움 단계이다.

북한과의 체제 경쟁은 끝났다. 2000년 김대중 대통령과 김정일 국방위원장, 그리고 2007년 노무현 대통령과 김정일 국방위원장의 남북정상회담이 있었다. 1998년에 시작된 금강산관광은 2008년까지 10년간 운영되었다. 2003년 개성공단을 착공했으며 2005년부터 업체들이 입주하기 시작했다. 테러와 비방이 난무했던 남북관계가 대화와 협력으로 바뀌는 듯했다. 하지만 남북정상회담에 대가성 불법 송금 사건이 터지면서 김대중 정권의 실적이 불량거래의 결과로 확인되고 현대아산 정몽헌 대표의 투신자살과 박지원의 구속 등으로 끝났다.

고속도로는 노선번호 기준 총 28로서 전국을 거미줄처럼 엮어 놓았으며 강원도와 경상북도의 험준한 지역까지도 교량과 터널을 이용해서 손쉽게 통과할 수 있도록 했다. 과거 접근성이 어려워서 고립되곤 했던 지역들이 모두 개방되고 전국은 일일권으로 발전했다. 중앙 고속도로, 내륙 간 고속도로, 서울-양양 고속도로를 보면서 21세기 우리나라 토목공사 기술에 격세지감을 느낀다. 경부선 상행선 추풍령 휴게소에는 위령비가 있다. 경부 고속도로 공사 중 사고로 사망하신 77분을 기리는 위령비다. 한계령 휴게소에도 위령비가 있다. 당시 이 도로를 건설하던 제13사단 공병대의 희생자를 기리는 위령비다. 이처럼 70~80년대 우리는 목숨을 던져 가면서 앞으로 나갔다. 이후 중앙고속도와 내륙 간 고속도로 구간의 험준한 계곡 사이에 어마어마한 교량과 터널 공사하는 모습을 보면서 70~80년대 열악한 환경, 부족한 기술과 자본을 목숨으로 대신한 그 숭고함에 눈시울이 뜨거워진다. 그때는 그렇게 불가능을 가능하게 한 시대였다.

  자동차 보급도 2000년 1,200만 대에서 2010년 1,800만 대로 이 기간 가구당 1대 이상의 자동차를 소유하게 되었다. 서울 부산 대구 인천은 2000년대 이전에 지하철이 개통되어서 여러 노선들이 가동되고 있었으며 대전, 광주 등이 2000년대 지하철을 도입함으로써 전국 6개 도시에 지하철이 운영되고 있었다. 97년 도로에 무인단속기가 도입한 이래 고속도로와 일반 도로까지 과속 혹은 신호위반 단속을 위한 CCTV를 빠르게 도입함으로써 교통치안의 부조리를 제도적으로 방지하기 시작했다. 교통위반 스티커를 커피 한 잔과 교환할 수 있는 시대는 막을 내렸다.

  대중들은 별로 관심이 없을지도 모르지만 이 시기는 공유경제의 개념이 사업으로 실현되는 시기이다. 2001년 호텔스닷컴이, 2008년 에어비앤비가 등장했다. 이 외에도 미국 등 자본주의와 인터넷이 발달한 나라는 공유경제 사업들이 우후죽순으로 생겨났다. 공유경제의 본질은 소비자 포탈에 있다. 전통적인 사업의 경우 호텔을 운영하려면 호텔을 먼저 짓고 그 호텔을 홍보한다. 하지만 이를 공유경제 개념을 적용하면 호텔을 지을 필요가 없다. 거꾸로 호텔을 사용할 소비자를 모으고 호텔들을 연결해 준다. 일종의 수수료 사업 같지만 마케팅이 지배하는 사회에서는 호텔을 판매하는 데 가장 강력한 사업모델이다. 인터넷이 상용화된 지 10년 만에 공유경제가 기존의 모든 사업들을 뒤집는 태풍을 일으킨 것이다. 이 시기 우리는 유통에서 이런 모델들을 적용해서 이미 지마

켓이나 옥션 등이 활성화되고 있었으나 여행서비스, 자동차 금융 등 다양한 서비스 업종에서의 공유경제는 활성화되기 전이었다. 대한민국의 거대한 공유경제 플랫폼인 카카오는 99년 상장했지만 이 시기 아직은 플랫폼 규모를 키우면서 기회를 엿보고 있는 태풍전야이다.

 90년대 냉전체제가 무너지고 소련의 붕괴로 소비에트 연방을 구성하던 중앙아시아, 발틱 국가들이 독립하고 동유럽 공산국가들이 자본주의로 돌아서면서 구상무역에 의존하던 북한의 경제는 준비 없는 공황사태를 맞게 된다. 90년부터 배급체계가 무너진 북한 주민들은 한 번도 경험해 보지 못한 상황에 부딪치면서 공산당에 순종하던 사람들부터 무너지기 시작한다. 평양 지역에만 최소한의 배급제를 유지하면서 평양 외 지역의 학자와 고급관리 등 당에 충성했던 사람들은 곧 배급이 나올 것을 믿으며 서서히 아사해 갔다. 국경지대 사람들은 중국과의 교역을 통해서 먹고사는 자본주의적 방식을 터득했고 이때부터 장마당이 열렸다. 그러나 교역을 할 능력도 자본도 없는 많은 수의 사람들은 무작정 중국으로 넘어갔다. 이렇게 90년대 고난의 행군을 시작으로 북한의 탈북 행렬이 줄을 이었다. 대부분 탈북자들의 정착 목표지는 중국이었다. 하지만 중국은 불법 탈북자들에 대해서 가혹했고 그곳에서의 삶도 녹록지 않았다. 많은 여자들은 중국 시골의 장애인이나 노총각들에게 팔려 가는 신세가 되고 남자들은 도시의 저임금 노동자로 착취당했다.

 당시는 중국이 대한민국을 이상적 모델로 해서 막 자본주의를 도입하던 시기이고 북한 사람들이 대거 몰려간 조선족 동네는 한국에 노동자로 가는 것이 팔자를 고치는 방법이었다. 한국에 2~3년 노동자로 가면 집 몇 채를 살 수 있었다. 어쩌다 한국에 친척이라도 한 사람 찾으면 그

친척은 정체 모를 한약이나 용도도 알 수 없는 중국제 상품들을 비싸게 사 주고 일자리까지 찾아 주는 고마운 사람들이었다.

이미 중국으로 넘어간 사람들과 아직 북한에 남아서 살길을 찾는 국경지역 사람들은 당시 조선족들의 인생역전 국가인 대한민국을 알게 되고 그렇게 해서 많은 탈북자들이 대한민국으로의 대장정을 선택하게 된다. 90년대 후반부터 시작된 탈북 행렬은 압록강이나 두만강을 넘어서 중국 대륙을 넘은 후 몽고 혹은 태국을 통해서 오는 험난한 경로였다. (몽고 루트는 이후 폐쇄되었다.) 우리는 2000년 이들을 한국 사회에 정착시키기 위한 시스템을 구축하면서 하나원을 개설, 매월 수백 명의 탈북자들을 한국에 정착시켰다. 종교단체를 포함해서 개인 자격으로 이들의 구출을 돕기도 했다. 북한 국경을 넘어서 먼 중국 대륙을 거쳐 태국까지 도착하는 브로커 비용이 당시 300만 원이었다. 구구절절 사연이 적힌 서류들이 오면 거기서 자금 여력만큼 구출할 사람을 선택하면 그 돈이 브로커에게 전달되고 선택된 사람을 구출해 온다. 가끔은 오다가 적발돼서 북한으로 다시 송환되기도 한다. 당시는 북한도 워낙 상황이 안 좋다 보니 관리가 잘 안 되었던지 그렇게 잡혀간 사람들이 다시 탈출해서 한국행을 시도하기도 했다. 2010년 말 COVID-19가 발발하기 전 약 3만 명의 탈북자가 한국에 정착했다.

키르기스스탄은 1991년 소련연방으로부터 독립한 나라다. 당시 한국이 상당히 앞서서 진행하던 전자정부에 대한 중앙아시아 국가의 도입 타당성을 조사하고 지원하는 프로젝트로 2년쯤 현지에서 일을 한 적이 있다. 구소련으로부터 독립한 지 10년쯤 되는 시기였다. 이 나라도 어느 날 갑자기 소련이 무너지면서 아무런 준비 없이 독립을 했다. 물론 우리처럼 분단되고 전쟁하는 그런 비극은 없었지만 아무튼 10년이 지난 그 시기도 여전히 혼란스러웠다. 이때 느꼈다. 나라 하나 만들기가 이렇게 어렵구나.

지금은 의원내각제이지만 그때는 대통령제를 채택하고 있었다. 아카예프 대통령은 91년 독립과 함께 대통령이 되어서 15년간 장기집권을 하다가 2005년 레몬혁명으로 축출되었는데 내가 본 그는 온갖 가족 비리를 거리낌 없이 저지른 무소불위의 대통령이었다. 정부는 무능하고 국가는 가난한데 국민들은 자존심으로 똘똘 뭉쳐져 있었다. 자동차는 외국인 번호판이 따로 있었다. 이유는 금방 확인이 되었다. 차를 타고 시외를 나가면 10~20분 간격으로 검문소가 있고 모든 검문소에서 검문을 당한다. 이유도 설명 안 해 주고 무조건 대기하란다. 기사가 $5불짜리 한 장 달란다. 그렇게 통과하고 다음 검문소가 기다린다. 화가 나서 $100을 줄 테니 뒤의 검문소에 모두 연락해서 통과시켜 주고 나눠 먹으라고 했다. 기사가 제대로 통역을 했는지 모르겠지만 자기들은 서로 그렇게 연결을 할 수 없단다. 그렇게 또 5달러 지폐 한 장만 갖고 갔다.

우리 직원들은 일단 영어 소통이 되어야 하므로 키르기스에 있는 American University of Central Asia 출신들이다. 미국에서 지원해서 만들어진 대학으로 중앙아시아에서 가장 우수한 학생들이 가는 학교이다. 그런데 이 학교에 입학하기 위한 조건이 고등학교 내신이란다. 그리고 내신은 어머니 치맛바람과 촌지에 비례한단다. 인정하고 싶지 않은 현실이지만 치맛바람에 촌지를 뿌리는 부모를 가진 애들이 공부를 잘하고 그 이상 높은 성적이 될 확률이 높다는 것은 세계 어디서나 확인되는 현상이다.

비슈케크의 거리를 걷다 보면 40년 전 시간여행을 온 것 같은 느낌이 든다. 사람들이 살아가는 모습이 나의 60년대와 너무 닮았다. 잊힌 그때 모습이 떠오를 때가 많았다. 심지어 경찰과 교사의 뇌물과 촌지까지. 갑작스레 독립한 나라가 겪은 과정들은 모두 비슷한가 보다. 준비 안 된 나라가 독립을 하면 최소한 치안 유지와 교육은 필요하다. 그런데 그 많은 경찰과 교사를 운영할 재원은 없다. 결국 자체적으로 해결하는 것이 유일한 방법이며 경찰은 외국인들에게 뇌물을 받으면서 치안을 유지하고 교사는 돈 많은 집안 부모로부터 촌지를 받으면서 교사로서 학생들 교육을 한다. 돈 없는 나라에서 무조건 부정과 비리를 욕할 일이 아니다.

레몬혁명이라고 멋있게 이름 붙여진 시민혁명. 그 내용을 들여다보면 장기 집권한 비리 권력에 대한 또 다른 권력욕 집단이 시민들을 선동해서 일으킨 별로 아름답지 못한 소동이었다. 시민들은 도시를 파괴하고 특히 나 같은 외국인들을 테러하면서 강도짓을 했다. 결국 경쟁권력이 집권하고 또 다른 비리와 부패가 반복된다. 그 혼란 속에서 나를 지켜 준 직원들, 그리고 교통통신부의 아이다 모두 잊지 못할 고마운 친구들이다.

신생국 시절 대부분의 나라에서 독재자가 나타나고 온갖 비리와 부정이 만연한다. 이는 아직 통제할 힘과 시스템이 없기 때문이다. 국가 지도자에게 시간을 줘야 할 것 같다. 우리는 이런 상황을 50년 만에 모두 해결하고 선진국 반열에 들어섰다. 대부분의 근본적인 부정부패는 거의 사라졌다. 삶이 경제적으로 힘든 국민들을 국가가 먹여 살리는 복지시스템이 탄탄하게 갖춰져 있다. 50년, 이런 나라가 우리나라 말고 또 있을까?

2010년대
- 경제, 문화, 외교에서 세계 10위권,
  단군 이래 처음 경험하는 위대한 대한민국

  정치적으로는 이명박 정부의 후반기, 그리고 박근혜 정부가 들어서고 이후 탄핵정국을 거치면서 문재인 정부로 2020년을 맞이한다. 이미 OECD에 가입해서 당당한 선진국 반열에 들어섰다. UN 분담금 10위권에 들어가면서 무역도 세계 10위권으로 올라섰다. 단군 이래 가장 부유하고 가장 화려한 조국을 만들었다.

  2011년에는 무역 1조 달러를 돌파했고 2012년에는 5년간 경제성장율 17%를 달성하면서 세계 7번째로 20K-50M 클럽에 가입한다. 인구 5천만 이상 GDP 2만 이상 국가를 의미하는 것으로 명실상부한 강대국이 된 것이다. 그리고 2017년에는 인당 GDP 3만 달러를 넘어선다. 2015년에는 수출 대상국이 248개로 늘어서 우리 물건이 들어가지 않는 나라가 거의 없을 정도로 확대되었다. 2012년에는 한미 FTA가 발효된다. 당시 FTA 체결국은 52개국이었으며 이들 국가와의 무역이 전체의 70%를 넘었다. 2010년에는 쿠팡이 등장하면서 이전에 지마켓과 옥션 등으로 구성된 전자상거래 시장의 새로운 국면을 예고하였다. 갤럭시S가 출시되면서 본격적으로 스마트폰의 애플과 삼성 양대 시장을 형성하게 된다. 산업계의 엄청난 반대에 부딪쳤음에도 불구하고 주 5일 근무가 정착되면서 시민들의 생활 여유가 이전보다 훨씬 좋아졌으며, 염려하던 기업들의 경쟁력 하락은 크게 문제가 되지 않았다.

기후 변화는 우려했던 현상들이 전 세계적으로 다양한 지역에서 다양한 형태로 나타나고 있었다. 특히 온난화에 의한 엘니뇨 혹은 라니냐 현상으로 지구 곳곳에 폭우가 내리고 텍사스주와 같은 아열대 지방에 폭설이 내리는 등 이전에 경험하지 못한 다양한 재난들이 일어났다. 2011년 중부지방을 강타한 폭우는 상반기 강수량 1,750mm를, 6월 22일부터 7월 17일까지 802mm를 기록하면서 급기야 우면산 사태를 야기했다. 평년 연 강수량의 40%가 불과 나흘 만에 쏟아졌다. 강남과 우면산 인근 아파트 2천 가구가 정전되었으며 저층 아파트 일부가 산사태에 매몰되기도 했다. 2010년에는 수도권에 근래 37년 이래 최대의 폭설이 내렸다. 서울의 적설량은 28cm이었다. 당시 폭설 속 도시 현장에서 중개한 박대기 기자의 투혼이 대중들로부터 관심을 받기도 했다.

2012년 중동지역에서 처음 감염자가 발생한 메르스 호흡기 질환이 2015년 우리나라에서 환자가 발생함에 따라서 온 나라를 흉흉하게 했다. 186명이 감염되어서 38명이 사망했다. 2002년 사스가 유행한 이래 10년 만이다.

2014년에는 팽목항에서 세월호가 침몰해서 304명이 사망하는 사고가 있었다. 수학여행 가는 고등학생들이 주로 피해를 보게 되어서 전 국민이 안타까워했다. 7개월의 수색작업이 진행되었으며 사고에 대한 원인과 후처리 미비로 인해서 결국 대통령에 대한 책임론이 대두되었다. 같은 해 판교 야외 공연장에서 환풍구가 무너지면서 환풍구 위에서 공연을 구경하던 사람들이 추락하여 16명이 사망하고 11명이 부상을 입었다. 2015년에는 영종대교에서 106종 추돌사고로 2명이 사망하고 130명이 부상을 입었다. 이듬해 2016년에는 영국 옥시사가 판매한 가습기 살균기에 독성이 있는 것이 확인되었다. 그동안 동일한 살균기에 의해서 1,550명이 넘는 사망자가 발생했으며 공식 피해자는 4,000명이 넘는 것으로 알려졌다. 5년에 걸쳐 이뤄진 소송에서 결국 옥시측은 무죄로 판결되었다. 2017년에는 제천 스포츠센터 화재사고로 29명이 사망하고 36명이 부상을 입었다.

2016년 부정청탁 및 금품수수의 금지에 관한 법률, 일명 김영란법이 제정되었다. 공무원을 비롯한 공공업무 종사자와 교육을 담당하는 사람들을 대상으로 정의되었다. 이 법이 제정됨으로 해서 뇌물과 관행적 선물에 대한 경계가 분명해지면서 사소하게 취급되던 가벼운 뇌물과 특히 교사들의 촌지 등이 현저히 개선되었다.

2016년에 경주에 리히터규모 5.8의 강력한 지진이 발생했다. 이듬해인 2017년에는 포항에서 역시 강력한 지진이 발생했다. 이로서 우리나라는 지진 안전대가 아니라는 인식이 확장되었으며 특히 경주는 방사능 폐기물 처리 시설이 있는 곳이라서 지진에 대한 관심이 집중되기도 했다.

2016년에는 사드배치에 대한 사회적 논쟁이 있었다. 당시 사드에 대해서 중국 측의 강력한 항의가 있었으며 잇따라 국내 일부 반대파와 사드 배치가 확정된 성주 지역 주민들이 합세해서 이에 저항 하면서 사회적 논쟁이 가열되었다. 미국산 쇠고기 수입 반대 시위 때와 마찬가지로 확인되지 않은 괴소문과 잘못된 이론들이 국민들을 혼란스럽게 하면서 이후 오랫동안 사드 배치 및 가동을 지연시켰다.

문화적으로는 K-POP이 세계를 뒤흔든 시기이다. HOT와 GOD,

2000년대의 동방신기 등이 아시아 시장을 장악하고 글로벌 팬클럽을 끌고 다니는 시기이긴 했지만 2012년 강남스타일은 K-POP의 인기를 전 세계로 확대하는 계기가 되었다. 2013년에는 방탄소년단이 데뷔했다. 하지만 이들이 세계적으로 알려지기 시작한 것은 2010년대 후반기였으며 이때는 다가올 화려한 미래를 준비하던 시기였다.

2010년대 10년 동안 천만 관객 영화 20편이 개봉되었다. 영화의 새로운 전성기를 맞는다. 「7번방의 선물」, 「명량」, 「국제시장」, 「신과 함께」 등이 이 시기에 흥행했으며 2019년 개봉한 「기생충」은 전 세계를 강타했다. 「겨울왕국」, 「인터스텔라」, 「아바타」 등도 국내 영화시장을 뒤흔들었다. 2011년 TV 채널이 다양해 졌다. 공중파와 케이블이 서로 경쟁하면서 드라마의 전성기대가 열렸다. 「응답하라」 시리즈와 「도깨비」, 「시크릿가든」, 「해를 품은 달」, 「별에서 온 그대」, 「상속자들」, 「태양의 후예」, 「미스터 션샤인」, 「사랑의 불시착」 등이 드라마로 안방을 사로잡았으며 일부는 아시아 유럽, 북남미 등에서 인기를 끌었다. 한류의 전성기를 여는 시대였다. 2016년에는 넷플릭스 한글판이 오픈되었다. 이미 2010년 문화콘텐츠 수출액이 32억 달러였으며 2015년에는 58억 달러로 늘었다.

2010년 김연아가 벤쿠버 동계올림픽에서 금메달을 획득했다. 이미 세계적으로 인정받는 선수였지만 이 시기 최고의 전성기를 구가했으며 광고가 바로 구매로 연결되는 최고의 광고모델로 광고주들이 줄을 섰다. 4년 후 김연아는 소치올림픽에서 다시 은메달을 획득했다. 2011년에는 대구 세계 육상선수권대회가 열렸고 2014년에는 인천 아시안게임, 2018년에는 평창 동계올림픽이 개최되었다. 2016년에는 이세돌과

알파고의 세기의 바둑 대결이 있었다.

　냉전시대 외교에서 격세지감을 느끼는 시기이다. 세계 속의 한국은 이제 경제와 함께 문화로도 자리매김하게 된다.

　2010년 G20 회담이 서울에서 개최되었다. 전 세계를 리드하는 국가인 G20의 정상들이 모이는 다섯 번째 회의였으며 한국은 의장국가 자격이었다. 미국을 비롯한 세계 강대국들과도 어깨를 나란히 하는 동맹국으로 자리매김하기 시작했다.

　북한과의 관계는 이제 체재 경쟁을 넘어섰다. 우리는 선언적으로 남북 평화통일을 주장하지만 사실상 우리가 지향하는 것은 흡수통일에 가깝다. 다만 흡수통일에 의한 후유증과 그 엄청난 부담을 염려하는 것일 뿐 북한 체재를 인정하면서 통일을 구상하는 것은 아니었다. 당연히 이를 의식하는 북한은 냉전 때와 다른 입장에서 각종 도발을 해 왔다. 2010년 천안함이 침몰했다. 같은 해 북한은 연평도를 포격해서 해병 2명이 전사하고 6명 중상 10명 경상의 부상을 입었다. 우리 측 대응사격으로 북한의 피해도 상당했으리라 추측한다.

　2011년 김정일이 사망하고 김정은이 집권했다. 집권 후 2013년 고모부인 장성택을 처형하고 2017년에는 형인 김정남을 암살했다. 2016년에는 4차 및 5차 핵실험을 했으며 이에 우리는 개성공단 가동을 중지시켰다. 2018년에는 판문점에서 문재인 대통령과 김정은의 정상회담과 4.27 판문점선언이 있었다. 한편 2018년과 2019년 싱가포르, 베트남, 판문점에서 각각 북미정상회담이 있었지만 사실상 별 실효적인 결과는 없었다.

　주택 문제는 문재인 정부의 계속되는 실책으로 2010년 후반 최악의 상황이 되었다. 노무현 정부의 실책을 그대로 답습했다. 주택문제를 유산자와 무산자의 갈등으로 해석했다. 다주택자와 고가 주택자를 규제하는 데 집중하면서 정작 주택 공급 확대에는 소홀했다. 문재인 정부의 부동산 정책은 규제지역 확대, 재건축 안전진단 강화, 민간택지 상한가 부활로 이해 할 수 있다. 한편 박근혜 정부의 부동산정책은 양도세/취득세 면제, LTV, DTI 규제완화, 재건축 연한 완화, 공유형 모기지 확대 등이었으며 주로 규제를 완화하며 시장 질서를 지원하는 정책이었다. 문재인정부의 친환경 에너지정책은 친환경에너지의 확산 못지않게 탈원전 정책에 집중함으로서 원전 시장이 일시적으로 몰락하는 결과를 갖고 오기도 했다. 2010년대 기간 동안 이명박 박근혜 정부 때 신고리 1, 2호와 신월성 2호기가 추가되었다. 2010년 도로 총 연장선은 88,775km 였으며 2016년 108,780km로 늘어났다. 자동차 등록 대수도 2016년 21,803,000대로 2인당 1대 정도로 늘었다. 2016년 도로 포장 비율은 92.12% 이다. 2010년 해저터널 포함 총 연장선이 8,200m인 거가대교가 개통되었으며 2015년 총연장 2,870m인 울산대교가 개통되었다.

정치
현대사

1960년대 – 기대와 불안의 시기

1970년대 – 유신이라는 새로운 환경, 역사에서 보는 긍정과 부정

1980년대 – 또 한 번의 군사독재, 치열했던 사회

1990년대 – 싸워서 쟁취한 민주주의, 한 번도 경험해 보지 못한 민주주의

2000년대 – 정치와 정치의 싸움

2010년대 – 무능의 정치, 그래도 대한민국은 건재하다

2024년에 "우리의 정치"를 생각한다

베트남 전쟁 참전에 대한 소고

1960년대
- 기대와 불안의 시기

5.16으로 시작된 박정희 대통령의 시대는 5.16 이후 유신헌법까지와 유신헌법 이후 10.26까지 2개의 시대로 나뉜다.

4.19 시민혁명으로 이승만 자유당 정권이 퇴진하고 윤보선 대통령과 민주당 장면이 이끄는 내각이 출현했다. 하지만 민주당 내에서 윤보선 중심 구파와 장면 중심 신파간의 심각한 대립이 있었고 당시 많은 정책에서 이 두 집단은 서로 의견을 달리했다. 결국 윤보선 중심의 구파가 신민당으로 독립하면서 대립은 더욱 심화되었다. 이러한 이유로 장면 정권은 당시 당면한 개혁 정책을 실현하는 데 많은 어려움을 겪지 않을 수 없었고 사회는 여전히 혼란 그 자체였다. 이러한 사회적 분위기 속에서 박정희 장군을 중심으로 하는 5.16 군사 쿠데타가 일어났다.

혁명세력들은 군사혁명위원회를 조직하였다. 반공과 경제 두개의 축을 핵심으로 하는 혁명공약을 발표하면서 실질적인 국가운영을 맡았다. 이후 국가재건 최고회의를 구성하고 국회를 해산했으며 중앙정보부를 만들면서 본격적인 군정을 실시했다. 사회정화사업으로 3.15 부정선거 관련자들과 부정축재자 그리고 당시 사회의 불안을 가중시키던 정치깡패 처벌 등을 실현하였다. 이 외에도 군사정부는 여러 가지 개혁정책들을 만들기도 했다. 이후 그들은 62년 제5차 헌법을 개정하고 그들의 본연의 업무로 돌아가기로 한 약속을 번복하고 민주공화당을 창당한 후 제5대 대통령에 출마하여 당선, 제3 공화국을 출범시켰다.

혼란 속에서 군사쿠데타로 집권한 제3 공화국은 정당성 확보가 시급했다. 이에 반공과 경제발전을 정권의 핵심 과제로 내걸었지만 민생과 직결된 경제발전을 위해서 필요한 자본을 확충하는 데 어려움이 있었다. 두 개의 이데올로기에 의한 냉전이 본격화되는 시기, 미국은 소련에 대응해 한국과 일본, 미국의 3각 동맹을 제안했고 이러한 동맹을 실현하기 위해서 한국과 일본 간의 화해를 요구하였다. 미국의 요구뿐 아니라 우리 입장에서도 일본과의 국교 개설이 필요했던 상황에서 한일 회담을 개최, 1962년 김종필과 오히라 마사요시 간 비밀 회담을 통해서 협의가 시작되었고 잇따라 배상금에 대한 합의가 이뤄졌다. 배상금으로는 조선에 투자한 모든 개별 재산을 포기하고 현물 포함 무상 3억 불과 차관 연 3천만 불을 10년간 제공하기로 하였다.

미국의 베트남 파병 요청에 대해서 우리는 6.25 미국 참전에 대한 보은과 자유민주주의 수호 명분으로 파병을 결정하고 1965년부터 73년까지 총 32만 명을 파병하였다. 이의 대가로 한국은 미국으로부터 많은 혜택을 받으면서 경제성장을 위한 자본의 발판을 마련했다.

당시 베트남 파병에 대한 합의는 66년 3월 7일 주한 미국대사 W.G. Brown과 이동원 외무부장관 간에 이뤄졌는데 이를 브라운 각서라고 하며 대략 다음과 같은 내용들로서 안보와 경제, 수출시장 개척, 고용확대 등 당시 우리가 절실했던 모든 것들이 포함된다.

① 추가파병에 따른 비용은 미국정부가 부담한다.
② 한국군 육군 17개 사단과 해병대 1개 사단의 장비를 현대화한다.
③ 베트남 주둔 한국군을 위한 물자와 용역은 가급적 한국에서 조달한다.
④ 베트남에서 실시되는 각종 건설·구호 등 제반 사업에 한국인 업자를 참여시킨다.
⑤ 미국은 한국에 추가로 AID차관과 군사원조를 제공하고, 베트남과 동남아시아로의 수출증대를 가능케 할 차관을 추가로 대여하며, 기타 경제개발 목적에 사용하기 위한 신규차관을 제공한다.
⑥ 한국이 탄약생산을 늘리는 데 필요한 자재를 제공한다.

이상 합의에서 확인할 수 있듯이 베트남 파병을 통해서 우리는 경제적 수익과 국군 현대화 등 두 가지 목표가 있었으며 결과적으로 이는 성공적이었다. 파병 군인들은 모병제인 미국 방식의 일정한 급여를 받아서 한국으로 송금하였을 뿐 아니라 많은 기업들이 베트남 사업에 진출하였다. 한진그룹은 베트남에서의 물류사업으로 급성장한 기업 중 하나였다.

독일과 광부, 간호사, 노동자 파견을 조건으로 독일 정부로부터 차관을 약속받는 것과 함께 이들이 송금한 돈은 당시 우리 정부가 절실했던 건설 기반 자금이 되기도 했다. 63년 12월 광부 1진 123명을 시작으로 72년까지 7,936명을 송출했다. 한편 69년 독일 병원협회와 간호사 파송

계약이 체결되고 1977년까지 총 11,057명을 송출했다.

  60년대 제3공화국은 베트남 파병과 독일 인력송출, 일본 식민지 배상금 등으로 산업 발전을 위한 자본을 확보했으며 자원도 기술도 없던 우리나라의 당시 암담한 상황을 극복하는 데 결정적인 뒷받침이 되었다. 자신감을 가진 정부는 2차 경제개발계획을 성공적으로 마무리하면서 1969년 대통령의 3회 연임을 포함하는 제6차 개헌안을 상정하였다. 당시 경제성장과 함께 무장공비와 푸에블로 사건 등 북한과의 긴장도가 극에 달하면서 국민들의 동의를 받기가 용이했다. 결국 3선 개헌안은 야당과의 합의 없이 여당이 다수인 국회에서 통과되고 이후 국민투표에 붙여져서 가결되었다. 3선 개헌안에 따라서 치러진 71년 선거에서 박정희 후보는 김대중 후보를 근소한 차이로 누르고 대통령에 당선되었다.

1970년대
- 유신이라는 새로운 환경,
  역사에서 보는 긍정과 부정

　72년 10월 17일 대통령 특별선언 발표와 함께 국회해산 및 정치활동 금지 등 헌법 기능의 일부를 중단시키고 비상계엄을 선포했다. 10월 27일 새 헌법을 개정 공고하고 12월 27일 드디어 유신헌법이라고 불리는 새로운 헌법을 개정하였다. 이 헌법은 체육관에서 대통령을 선출하는 간접 선거가 핵심으로 대통령 장기집권의 길을 연 사건이다. 박정희 정권의 전기 10년에 이룬 자신감으로 후기 10년을 강도 높은 독재 시스템으로 디자인한다.

　통일주체 국민회의라는 선거인단을 뽑아서 이들을 통해서 대통령을 선출하는 간선제였고 대통령의 임기는 6년에 출마 횟수를 무제한으로 하였다. 또한 대통령이 국회위원 1/3을 추천하게 하고 국회 해산권을 부여했으며 대법원장, 헌법위원장 임명권을 대통령에게 주어서 삼권분립을 보장하는 헌법의 기본권을 무시하고 대통령에게 무소불위의 권력을 부여하였다. 이후 박정희 대통령은 통일주체국민회의 간접선거를 통해서 이뤄진 8대 선거에서 다시 대통령으로 당선되었다.

　당시 정부는 통일을 대비한다는 명목의 통일헌법으로 이의 당위성을 홍보하는 데 열을 올렸다. 야당과 대학생들은 이에 필사적으로 투쟁했고 지식층들은 무언의 저항도 했지만 이 엄청난 사건의 무게로 볼 때 서민들이 느끼는 사회 분위기는 대체로 정부의 의도에 따라가는 분위기였다. 오늘날 같은 정치적 지방색도 별로 없었다. 농촌은 당시 여당인 공화당 지지가 절대적이었고 서울과 대구 부산 등 대도시에는 야당이 강세였다. 도시에서조차 서민들은 "잘 살아 보세"를 외치면서 정부와 함께 열심히 앞만 보고 달려가던 그런 시절이었다.

가장 저항이 심하던 곳은 당연히 대학이었다. 전국 거의 대부분의 대학에서 소요사태가 일어났는데 당시 국립대학교 교학처장 보직(당시는 교무처장, 학생처장으로 나뉘기 전이었다.)을 맡으셨던 아버지는 거의 매일 학생 데모로 인해서 퇴근을 못 하셨고 가끔은 학생들이 집에 와서 며칠씩 머물기도 했다. 나중에 알고 보니 학생간부들로서 체포를 피하기에 가장 좋은 곳이 우리 집이었던 것이었다.

10월 유신헌법 개정 이후 대학을 중심으로 하는 사회 소요사태와 이를 막으려는 정부의 긴급조치로 서로 힘겨루기를 하던 시절이다. 74년 1월 긴급조치 1호를 발표했는데 유신헌법에 대한 평가 자체를 금지시키고 위반하는 사람에게는 비상 군법회의에서 심판한다는 내용이었다.

73년 일본에서 유신반대 운동을 벌이던 김대중 씨를 납치했다. 75년 5월 13일 긴급조치 9호가 발표될 때까지 불과 17개월 동안 9번이나 발표되면서 사회적 저항을 원천 차단하는 데 주력했다. 결과적으로 학생들의 소요사태는 잦아들었으나 소멸되기보다는 지하로 잠입해 들어가는 결과를 낳았다. 정치계에서는 여전히 저항이 심했다. 76년 3월 김대중, 윤보선, 함석헌 등 민주구국선언문 발표하기도 했다. 정의구현사제단이 만들어진 것도 이때이다.

74년 민청학련 사건. 긴급조치 4호 발표 이후 75년 4월 9일 인혁당 사건 관련자 9명에게 사형을 구형한 사건이다. 5.16 군사정권이 들어선 이래 수시로 공안사건들이 터졌지만 사형이 구형되거나 한 경우는 이 사건이 처음이었다. 밤에 전화를 받은 아버지께서는 침통한 표정을 지으시면서 어머니와 조용히 얘기를 나누시던 기억이 있다. 당시 아버지 제자였던 여정남 씨와 도예종 씨의 사형 구형 소식을 접한 때였던 것으로 기억하는데 아버지나 지인들을 통해서 듣기로도 경북대 학생회장 출신인 여정남 씨와 시인 도예종 씨 두 사람은 서로 모르는 관계였다고 한다. 그런 분들이 인혁당이라는 좌익 정당을 함께 결성했다는 이유로 7명을 사형시킨 이 사건은 우리나라 사법 역사상 최악의 사건으로 평가된다. 군사정권이 들어서서 초기에는 학생 데모가 어느 정도 낭만도 있었고 또 주동자들조차 하룻밤 고생하면 풀려나는 그런 분위기였는데 유신헌법 이후 특히 인혁당 사건을 거치면서 반정부 투쟁은 그 성격이 달라졌다.

74년 8.15 광복절 기념식에서 조총련계 문세광에 의해서 영부인이 피격된 사건은 당시 TV로 그대로 생중계되면서 전 국민을 경악시켰다. 북한 규탄 관제데모가 전국을 덮으면서 반정부 분위기가 약화되는 효과가 생겼다. 그래서 당시 일부에서는 이를 조작사건으로 의심하기도 한다. 사실인지는 확인이 안 되지만 이 시기부터 소요사태를 잠재우기 위해서 공안사건을 조작해서 계속 터뜨렸다는 소문들이 돌기도 했다.

조선일보와 동아일보는 독재정권, 특히 유신헌법으로 장기독재를 꾀하는 정권을 대상으로 처절하게 싸웠다. 광고탄압에 맞선 동아일보는 백지 신문을 발행하기도 했으며 일부 지식층 시민들은 동아일보에 광고를 실어서 격려하기도 했다. 많은 기자들이 해직되거나 투옥되었다.

가발 수출 업체였던 YH무역이 79년 회사 폐업을 함에 따라 YH무역 노조의 항의 과정에서 YH노조 소속 근로자 187명을 해고하였다. 이에 항의하여 노조들은 야당인 신민당 당사에서 농성을 벌였으며 경찰의 강제 해산 과정에서 노동자 1명이 사망하였다. 이 사건으로 김영삼 총재가 박정희 정권을 공개적으로 비난했고 이에 정부는 김영삼 총재를 국가모독을 이유로 국회위원직에서 제명하였다. 이로써 오히려 김영삼 총재의 존재감은 높아졌으며 특히 그의 정치적 고향인 부산과 경남 등지에서 지지 기반이 돈독해졌다.

　긴급조치의 서슬 퍼런 분위기 속에서 여기저기서 저항운동들은 끊이지 않았다. 10.26의 원인이기도 한 79년 부산, 마산 민주화 운동. 부산대학에서 시작되었고 부산 시민들까지 가세하면서 군사독재의 서슬 퍼런 시절, 한 지역을 뒤흔들었다. 부산대학은 가장 조용했던 국립대학이었고 부산시민들은 가장 정부 정책에 호응하던 시민들이었다. 이에 대해서 여러 해석이 있겠지만 나의 해석은 이렇다. 당시 부산은 우리나라에서 가장 활력이 넘치는 경공업 중심 공업도시였다. 그런데 70년대 급증한 자본이 경공업이 아닌 중화학 공업 쪽으로 몰리기 시작했다. 이미 경공업 쪽으로 자리 잡은 부산은 그 수혜를 보지 못했다. 중화학공업은 포항에서 울산, 그리고 부산을 통과해서 마산과 여수 등 해안도시에 집중된다. 농업국가에서 공업국가로 바뀌는 과정에서 부산은 70년대부터의 중화학공업 육성정책에 의한 소외감 같은 것들을 느꼈을 것이다. 물론 김영삼 야당총재의 정치적 입지가 강화됨에 따라서 그의 지지기반이 부산, 마산에서 지역 민심이 그를 향했던 것도 중요한 원인이었을 것이다.

　10.26의 원인이 부산마산 민주화 투쟁이라는 얘기들이 있다. 사실을

확인할 수 없지만 부산마산 민주화 항쟁이 일어나던 79년 박정희 대통령은 그의 심복 중 하나인 김재규 정보부장에 의해서 피살되었다. 이로써 박정희 정권의 20년은 막을 내리고 새로운 시대가 도래한다.

이미 친가와 외가 등 집안 내력이 뻔한 우리 집안의 분위기는 군사쿠데타로 시작된 정권에 절대 우호적이지 않았다. 10.26 밤의 사건이 다음 날 아침 일찍 보도되면서 어머니는 내가 있던 2층 방으로 뛰어 올라오면서 "박정희가 총 맞아 죽었단다!"를 외치던 집이다. 하지만 나는 당시의 사회 전반을 읽고 싶고 이를 위해서 당시 다수의 서민들로 구성된 우리 사회의 모습을 정확히 표현하고 싶다. 독재정부는 여전히 민생에도 총력을 기울였고 그런 노력의 대부분은 독재 유지를 위한 행위와는 또 다른 노력이었다. 먹고사는 문제가 가장 중요했던 당시 다수의 서민들은 그들의 정권에 대한 신뢰가 있었고 영부인을 국모라고 생각하고 대통령을 국왕이라고 생각하는 봉건적 가치관도 일부 존재했다. 그래서 당시 선거에서는 여당이 대체로 이겼고 영부인과 대통령 두 번의 장례식 때 전 국민의 다수는 진심으로 슬퍼하고 애도했다.

독재자 개인의 경제적 비리가 거의 없었던 박정희 대통령은 아주 특이한 독재자였다. 사욕보다는 국가적 사명감이 훨씬 더 컸다는 평가에 대체로 동의한다. 그 저변에는 개인 비리도 없었고 사후 자녀들을 위한 준비조차 변변찮았다는 사실이 크게 영향을 미치는 것 같다. 유신헌법 이후 독재의 강도가 강해지기는 했지만 전반적으로 일반 서민들이 독재 체제를 느끼기에는 이후 제5 공화국을 경험한 우리 세대의 판단으로는 그 강도는 약했다. 그래서 박정희 정권에서 인혁당 사건은 그 정권을 지지하는 세력들에게조차 참 안타까운 사건으로 평가되고 있다. 대부분 공안 사건들도 과장된 부분들이 있었고 이러한 과장된 발표가 정권 반대에 대한 여론의 관심을 돌리기 위한 의도였음을 굳이 부정하지는 않는다. 하지만 전혀 근거 없는 날조는 아니었으며, 독재의 부정적인 면을 가리기 위한 언론통제가 있었지만 그래도 어느 정도의 융통성도 있었다. 사회적 규제는 두발이나 치마길이 단속, 마약 단속 등 당시 사회적으로 어느 정도 합의와 공감이 뒤따라지는 것들이었다. 당시 두발 및 미니스커트 단속, 영화에서의 애정표현 등에 대한 기준은 최소한 당시 기성세대의 합의에 의한 것이었으며 또한 당시는 X 세대라는 용어가 생기기 훨씬 전, 부모로부터 독립하지 않은 미혼 청소년들의 가치관은 그들 부모 세대에 의해서 먼저 검열되었다. 당시 사회적으로 묵시적 합의가 있었던 이런 조치들까지 굳이 군사정권의 독재 수단으로 해석할 필요는 없을 것이다.

"법은 보호할 가치가 있는 정절만 보호한다." 54년 70여 명의 여자를 간음한 박인수 사건에서 피해 여성에 대한 판결이다. 오늘날 이것을 두고 황당한 판결이라고 하지만 그건 70년이 지난 오늘날 사회적 기준에서의 해석일 뿐 당시 이 판결은 사회적 보편적 가치에 따른 것이었다.

문화적 검열 역시 독재 수단으로 이용되기보다는 당시의 사회적·이념적 기준을 지키기 위한, 나름 명분에서 사회적으로 동의하는 계층들이 적지 않았다. 현재 시점에서 당시의 가요, 영화 검열을 반민주화라고 정의하면서 군사독재의 정권유지 수단으로 해석하지만 당시를 살아온 사람으로서 그런 규제는 전통과 현재의 경계에서 충분히 있을 수 있는 가치관의 변화 과정에서 좀 경직된 관리 방식으로 해석하는 것이 맞을 것이다.

도덕주의 정책을 앞세운 지미 카터 미국 대통령은 후진국들의 인권에 대한 관심이 한국 대통령과의 갈등을 야기하면서 미군 철수 카드로 압력을 넣기도 했다. 실제로 미군 철수가 일부 이뤄졌으며 한편으로는 땅굴 발견 등 안보 상황은 여전히 긴장도를 늦출 수 없었다. 시민들은 또 다른 긴장과 위협을 느꼈다. 한편 "이러한 위기에 웬 민주화 저항운동"이라는 압력이 정부 주도로 여론화되기도 했다. 이 외에도 인혁당 사건과 육 여사 피격 사건 등 사회를 흉흉하게 하는 사건들이 많았던 반면 TV 보급이 빠르게 확산되고 정부의 언론 홍보가 강화되면서 지하철이나 고속도로, 다목적댐 등 사회 인프라를 비롯한 국가발전으로 포장된 소식들을 쉽게 접하게 되고 일반 서민들은 하루하루 바쁘면서 희망찬 날들을 엮어 가는 시기였다. 정치적으로 소란스럽고 안보 면에서 긴장되고 그러면서 수출주도 산업의 가능성을 보면서 더 나은 미래를 기대하던 매우 복잡하면서도 묘한 시대였다.

야당 정치가나 사회운동가가 아니면 몸으로 느끼는 자유의 규제나 통제도 크지 않았고 학생운동도 초기에는 낭만적인 요소도 많았다. 최소한 고문 사건 같은 것들도 크게 확대된 것은 없었다. 서슬 퍼런 정보부(혹은 안기부)에서도 정치가나 특정 사람들에 대한 가혹한 행위들이 가끔씩 들렸지만 그 역시 수염이 뽑혔다는 등 진위가 의심스러운 것들이었다. 하지만 80년 벽두부터 보고 느끼는 제5공화국은 진짜 군사독재가 어떤 것인지를 그대로 보여 주었다.

1980년대
– 또 한 번의 군사독재, 치열했던 사회

    10.26 이후 기간을 "서울의 봄"이라고 한다. 하지만 사회는 그야말로 혼란의 도가니였다. 야당의 김대중, 김영삼 두 지도자는 서로 다른 꿈을 꾸면서 정치적 기반을 닦아 나갔다. 박정희 대통령의 핵심 세력이던 김종필도 정치적 공간을 타진해 갔다. 그러다가 결국 12.12 쿠데타에 의해서 한순간 무산될 수 있는 위기에 빠진다.

    10.26으로 박정희 대통령이 서거하고 당시 최규하 총리가 남은 임기 동안 대통령 권한대행으로 대통령직을 위임받았다. 그리고 그해 12월 무소속으로 제10대 대통령에 취임했다. 선거는 유신헌법에 의한 간접선거로 시행되었다. 당시 나의 기억으로 최규하 대통령은 1차 오일쇼크 때 중동 특사로 나가면서 처음 인지했던 관료였다. 일본 동경사범학교를 졸업하고 미군정청을 거쳐서 정부 여러 기관들을 경험했으며 일본과 말레이시아 대사를 거쳐서 외무부 차관과 장관을 역임했다. 그러다가 총리로 발탁된 후 10.26으로 대통령 권한대행과 잇따라 새로운 대통령이 준비되지 않은 상황에서 79년 12월 6일 10대 대통령으로 선출되었다.

    하지만 당시는 12.12로 전두환 장군이 실권을 장악하고 있던 시절이었다. 이듬해인 1980년 8월 16일 외압에 의해서 대통령직을 사임하고 1980년 8월 27일 다시 간접선거에 의해서 전두환 11대 대통령이 등장하였다.

그해 10월 제5 공화국 헌법이 선포되었다. 이듬해 81년 국회의원 선거에는 여당인 민정당이 90석을 확보, 야당인 민한당과 국민당이 합친 75석보다 많았다. 무소속 18명이 있었지만 결국 여당이 국회까지 장악하면서 최악의 군사독재 문을 열었다. 1981년 2월 25일 12대 대통령으로 전두환이 당선되고 88년 2월까지 집권하였다.

앞에서 여러 번 언급했듯이 80년대 전두환 대통령 전 기간은 정치적, 사회적으로 혼란의 시기였다. 5.18 광주 항쟁에 대한 대중적 관심을 돌리기 위해서 뜬금없이 국풍81이라는 관제 축제를 열기도 했다. 축제의 주제를 "전국 대학생 민속 국학 큰 잔치"로 명명하면서 전국의 초중고교생을 비롯한 많은 사람들을 동원했다. 당시 가장 황당했던 것은 국풍81의 스폰서가 고려대학교 민족문화연구소라는 것이었다. 그러나 이러한 관제 축제에 대한 효과가 12.12 군사쿠데타와 5.18 광주항쟁에 상처 입은 국민들의 마음을 돌릴 수는 없었다. 그냥 그렇게 정부는 정부대로 국민은 국민대로 저항하고 탄압하면서 시간은 흘렀다.

권력을 잡으면 그에 대한 책임이 따른다. 우리나라 건국 후 총 13명의 대통령이 있었고 그중 3명이 군인 출신이었다. 그리고 4명이 재임 중 임기를 마치지 못하고 도중하차했으며 4명이 진보적 성향을 가진 대통령이었다. 하지만 모든 대통령의 도덕성이나 권력을 잡는 과정에서의 정당성과 집권 후 그들의 업적은 전혀 상관관계가 없다. 이런 점에서 군사독재 정부 시절 대통령들은 유능하든지 운이 좋든지 어떤 이유에서든지 경제적, 외교적 성과는 결코 무시할 수 없다.

전두환 대통령을 지지하는 사람들은 그의 경제 대통령으로서의 성과에 높은 점수를 준다. 집권과 동시에 그는 거의 매일 우리나라 최고 경제 전문가들을 초빙해서 경제 과외를 받았다고 알려져 있다. 그리고 특히 스탠포드 경제학박사 출신인 김재익 박사를 가장 총애했으며 그를 청와대 경제수석으로 임명한다. 그리고 "경제는 경제 전문가에게"를 선언하면서 경제 정책에 대한 절대적 권한을 그에게 부여했다. 이러한 그의 방침은 집권 말기까지 유지되었다. 후반기 세계 경제에서 3저 현상으로 유사 이래 호황을 누리면서 전두환 정권을 경제적으로 성공한 정권으로의 정의를 더욱 강화시켰다. 그는 경제뿐 아니라 여러 면에서 유능한 인재를 유치하는 데 유능했으며 비록 도덕적으로 문제가 많은 정권이었지만 적지 않은 행운도 따라 주었다.

제5 공화국의 정통성 결여는 국내뿐 아니라 미국과의 관계에서도 상당히 껄끄러운 문제였다. 그래서 취임과 동시에 미국에 거슬리는 모든 정책들은 스스로 알아서 정리하면서 미국의 눈치를 봤다. 먼저 박정희 대통령이 핵개발을 추진했던 원자력연구소를 에너지연구소로 격하시켰으며 83년 한국을 방문한 미국 레이건 대통령과의 면담에서 공식적으로 핵개발 포기를 선언했다.

또한 통행금지를 해제하고 두발, 치마 단속 등을 중단하는 등 민생과 관련된 많은 규제들을 해제하고 사회악을 해소한다는 명목으로 삼청교육대를 만들기도 했다. 하지만 이러한 노력에도 태생의 부당성에 대한 사회의 저항은 줄어들지 않았다. 이러한 분위기는 87년 호헌조치에도 줄어들지 않았다. 기존 헌법에 따라서 후임자를 선출하고 권력을 이양하겠다는 호헌조치 발표와 함께 사회는 벌집을 쑤신 상태가 되었다. 마침 박종철 고문치사. 부천 성고문 사건 등과 맞물려서 호헌철폐를 요구하는 목소리가 결국 6.10 항쟁을 불러왔다. 강경진압에 대해서는 주변인들조차 반대했다. 유혈 사태가 일어날 가능성이 높고 머지않아 개최될 올림픽에도 나쁜 영향이 미칠 것이라는 것이 이유였다. 결국 그의 후계자인 노태우가 전면에 나서서 대통령 직선제를 수용하는 6.29 선언이 발표되었다. 이로서 유신헌법 이후 지금까지 계속되어 온 선거인단에 의한 간접선거 방식이 철폐되고 전 국민의 직접 선거로 대통령을 뽑게 되었다.

 6.29 선언과 함께 당시 야당의 두 지도자는 대선체제에 돌입한다. 당연히 두 야당 지도자가 합의해서 단일후보를 낼 것이라는 국민들의 기대와는 달리 두 후보는 양보 없이 팽팽하게 맞섰다. 직선 개헌이 실현되면 불출마하겠다고 선언한 김대중 후보는 "6.29는 전두환의 자발적인 선언이 아닌 국민들의 압력에 의한 것이므로 본인의 불출마 선언 조건에 해당되지 않는다."라는 궤변까지 하면서 결국 두 김은 서로 대결 구도로 간다. 한편 1987년 11월 29일 이라크 바그다드에서 출발한 KAL85(대한항공)가 인도양 상공에서 폭발했다. 김정일의 지령에 의한 북한 공작원들의 테러였다. 이 사건은 당시 선거를 앞두고 40%의 지지율을 유지하던 통일민주당 김영삼 총재에게는 치명적이었다. 결국 87년 대선은 노태우 36.6%, 김영삼 28%, 김대중 27%로 노태우 후보가 당선되면서 복잡한 구도를 이어 간다.

 대선 결과에서 짐작할 수 있듯이 여당은 과거와 같이 단독으로 정치를 끌고 갈 수 있는 힘을 확보할 수가 없었다. 1여 3야(3김) 체제에서 민주정의당은 과반을 확보할 수가 없었고 결국 3당 합당의 야합이 이뤄졌다. 김영삼과 김종필 두 야당 거물이 여당인 민주정의당과 민주자유당으로 합쳐졌다. 이로써 거야가 형성되면서 이후 정국은 좀 더 안정적으로 운영된다. 하지만 13대 대선은 경상도 기반의 김영삼과 전라도 기반의 김대중, 그리고 충청도 기반의 김종필이 지역색을 분명히 드러낸 선거로서 3당 합당은 결국 전라도의 고립이라는 지형을 만들었다. 5.18로 인한 지역감정이 3당 합당으로 인해서 더욱 노골화되는 결과를 가져왔다.

흔히 박정희 정권의 호남 차별이 지역감정의 원인이라고 주장하는 사람들이 많다. 하지만 당시 정치 판도를 볼 때 박정희 정권에 대한 호불호는 지역적 차이보다는 도시와 농촌간의 차이로 나타났다. 물론 농업국가에서 공업국가로 변화하는 과정에서 곡창지역인 호남 쪽이 개발 과정에서 좀 늦어진 것은 사실이나 박정희 정권은 농촌 개발에도 소홀하지 않았고 그러한 이유에서인지 호남에서도 지지도는 절대적이었다. 물론 당시 호남 사람들에 대한 차별이 없었던 것은 아니었지만 이의 원인을 굳이 군사정권에서 찾지 않았다는 것이다. 하지만 5.18 이후 영호남의 지역 간 감정은 극에 달했고 3당 합당으로 고립된 호남은 또 한 번 소외감을 느끼게 되었다. 전두환 정권은 5.18 이후 영호남 지역감정을 희석시키고자 대구와 광주 간 88 고속도로를 개통하기도 했지만 별 효과는 없었다. 급조된 88 고속도로는 왕복 2차선으로 지리산 지역을 관통하는 험한 지형으로 인해서 사고가 많기로 유명하기도 했으며 당시 영·호남 간 산업 교류가 별로 없었던 터라 고속도로의 효용성도 별로 없었다.

군사정권의 사생아로 태어난 노태우 대통령은 물통령이라고 할 만큼 인기가 없었다. 물론 카리스마 없는 연설 스타일과 항상 "보통 사람입니다. 믿어 주세요"라고 하는 그의 모습이 더욱 그를 무능한 대통령으로 비춰지게 했을 것이다. 그러나 당시 냉전시대가 막을 내리고 새로운 세상이 열리는 시점에 노태우 대통령은 조용히 이 세기의 변화를 국가의 이익 극대화 방향으로 이끌어 갔다. 소련과 중국, 그리고 동유럽 국가인 폴란드와 헝가리 등과 재빠르게 국교를 맺고 외교의 지평을 현저히 넓혔다. 88올림픽을 전후로 100만 호 건설을 목표로 부동산 정책을 강력하게 밀고 나갔다. 신도시 분당과 일산이 이렇게 개발되었으며 종합토지세, 택지소유상한제, 개발이익 환수 등 토지공개념법이 이때 만들어졌다. 이후 헌재에서 위헌 판결을 받고 이 법들이 많이 수정되기는 했지만 당시까지는 가장 진보적인 부동산 정책이었으며 이후 많은 대통령들이 부동산정책에 골몰했지만 거의 효과를 보지 못하고 부작용만 키워온 상황들과 비교할 때 노태우 정권의 부동산 정책은 놀라운 것이었다. 이 외에도 작게는 인천국제공항과 예술의전당 등이 이 시기에 기획되거나 만들어졌다. 한편 73년 박정희 정권에서 기획된 국민연금제도가 당시 오일쇼크로 실행이 무기한 연기되면서 노태우 정권이 이를 받아서 시행하기도 했다.

1990년대
- 싸워서 쟁취한 민주주의,
  한 번도 경험해 보지 못한 민주주의

93년 14대 김영삼 대통령이 선출되었다. 5.16 이후 처음으로 별 잡음 없이 치러진 직접선거였다. 90년 3당 합당 선언 후 3당 통합당인 민주자유당 대표최고위원으로 추대되면서 이미 가장 먼저 준비된 후보였다. 14대 대통령선거는 순수하게 김영삼, 김대중 두 후보의 경쟁이었다. 물론 양김 사이에서 현대그룹 정주영 회장이 등장해서 나름 선전을 펼치기는 했지만 양김의 대결에서는 찻잔 속의 태풍이었다. 김영삼 후보 41.9% 김대중 후보 33.8% 정주영 후보 16.3%였다.

3당 합당을 거치긴 했지만 순수한 민주정부로 자리매김 하는데는 이의가 없는 정부였다. 그동안 재야에 묻혀 있거나 군사독재에 항거하던 많은 개인과 단체들이 제도권에 진입하는 시기이다. 김영삼 대통령은 12.12 쿠데타의 주역이며 아직까지 군부를 장악해 오던 하나회를 청산하고 금융 실명제를 전광석화처럼 밀어붙였다. 또한 전두환, 노태우 두 전직 대통령을 구속시켰다. 그의 대일 외교에서 주목하고 싶은 것이 하나 있다. 위안부 문제에서 "물질적 보상은 요구하지 않는다. 진실을 밝히는 것이 중요하다"라고 선언한 것이다. 또 하나의 중요한 그의 업적은 김일성과의 남북정상회의를 성사시켰다는 것이다. 대부분 최초의 남북

정상회담은 김대중 대통령과 김정일 국방위원장 간의 만남이라고 기억하고 있지만 1994년 미국 지미카터 대통령과 김일성 간의 만남에서 김일성의 요청을 김영삼 대통령이 수락함으로써 양 정상의 만남이 확정되었다. 하지만 정상회담이 계획된 날의 한 달도 남기지 않은 날 김일성이 사망함으로써 정상회담은 무산되었다.

최초의 순수 민주정부를 이끈 14대 김영삼 대통령은 경제와 외교, 대북정책과 대일정책 등에서 예측을 불허하는 말이나 행동으로 주변을 당황하게 하기도 했으며 이로서 정책적으로도 매끄럽지 않은 일들이 많았다. 결국 말기에 외환위기를 극복하지 못하고 IMF 구제금융을 신청해야 하는 판을 다음 정권으로 넘기게 되면서 그의 치적에 치명적인 오점을 남기게 된다.

15대 김대중 대통령은 한나라당 이회창 후보와 치열한 경쟁을 거쳐서 당선된다. 15대 대선은 한마디로 합종연횡으로 점철된 선거였다. 김대중 후보는 당선될 시 공동정부 운영을 약속하고 김종필 후보와 단일화에 합의한다. 이회창 후보는 조순후보와 단일화를 한다. 그리고 김영삼 후보를 닮았다고 알려진 이인제 후보가 국민신당으로 참여한다. 김대중 후보와 이회창 후보는 각각 40.27%와 38.74%로 근소한 차이로 김대중 후보가 대통령에 당선된다.

김대중 대통령의 가장 큰 업적은 외환위기 극복이었다. 이는 그만큼 그가 맡은 대한민국이 어려운 상황이었다는 것이며 외환위기라는 엄청난 상황이 그에게 다른 여유를 주지 않았다는 것이다. 아무튼 경제 전반의 구조조정이 있었고 그 과정에서 국내 10대 재벌그룹 중에서 대우그룹과 쌍용그룹, 그리고 동아건설이 해체되는 비운을 맞는다. 많은 기업과 기관들이 해외로 팔려 나갔다. 이런 과정을 겪으면서 취임 후 3년 만에 IMF에 차입금 전액을 상환한다. 드디어 외환위기를 졸업하게 된다.

당시 아까운 그룹사들이 무너져 가거나 해외로 매각되면서 전 국민의 안타까움이 가끔 음모론으로 발전하기도 했다. 특히 당시 재계 3위 대우그룹의 경우 대통령에게 미운 털이 박혔다는 등 터무니없는 소문들이 돌기도 했다. 당시 대우그룹은 공격적인 경영으로 자금사정은 하루하루를 버텨 내기 힘들 정도로 안 좋았던 것으로 알고 있다. 그럼에도 불구하고 김우중 회장이 쌓아 왔던 인맥과 그의 세계경영에 대한 성과는 그렇게 버려지기에는 너무 안타까운 것들이었다. 갑작스레 찾아온 위기를 수습하는 데 있어서 모든 사정들을 구석구석 살피기는 힘들었겠지만 대우그룹과 김우중 회장의 엄청난 성과를 어떻게든 국가적 자산으로 흡수할 수 있는 방법을 찾아 보지 못한 것은 지금도 안타까운 일이다.

동아건설은 리비아 대수로 프로젝트라는 20세기 최대 토목공사를 담당하고 있었다. 리비아 내에 1만 년 전부터 축적된 대량의 지하수가 발견되었고 이 지하수를 농경지로 퍼 올리는 거대한 프로젝트로서 당시 가다피 대통령은 인류 8대 불가사의 중 하나가 될 것이라고 선언한 바 있다. 1, 2차 공사만 100억 달러가 넘는 공사였으며 특히 당시 리비와의 외교적 관계가 원만치 않은 상황에서 기업의 힘으로 이룬 성과였다.

이처럼 21세기를 바라보는 이 때 우리 기업들은 이미 정부나 국가적 지원 없이 스스로의 힘으로 세계로 뻗어 나가는 저력을 발휘하고 있었다. 이런 시점에 외환관리를 제대로 못해서 발생된 위기상황은 물론 너무 과속으로 달렸던 기업들의 책임도 없지는 않겠지만 정부가 최소한의 관리 책임을 다하지 못한 점을 지적하지 않을 수 없다. 그러나 아쉽게도 외환위기를 성공적으로 극복한 데 대한 자찬은 요란스럽지만 정작 외환위기에 대한 철저한 원인 분석과, 이에 희생된 기업들이나 국민들에 대한 국가적 책임에 대한 얘기는 별로 들리지 않았다.

김대중 대통령의 업적에서 대북정책은 햇볕정책으로 명명된다. 하지만 전반적인 대북정책에 대해서는 논란이 있다. 최초로 남북 정상회담을 개최했고 남북 간 화해의 길을 열었다. 하지만 나중에 금전이 오간 불법적 거래라는 사실이 밝혀져서 애꿎은 현대그룹 정몽헌 회장이 자살하고 이후 남북 관계에서는 항상 거래 얘기가 나오면서 당시 정상회담이 순수한 통일을 위한 발걸음이 아니라 북한의 핵개발 자금을 지원하는 결과를 갖고 온 것이라는 비판이 끊임없이 계속되었다.

김대중 대통령은 2000년 우리나라 최초로 노벨상을 수상했다. 일부는 로비설을 주장하지만 노벨상의 성격이 로비가 긍정적인 영향을 줄 상이 아니란 점에서 이런 주장은 터무니없다고 하겠다. 또한 햇볕정책의 순수성에 대한 비판에서 노벨상이 잘못된 것이라는 주장에 대해서도 노벨 위원회에서는 "햇볕정책이나 남북 정상회담 한 가지가 노벨상 수상 선정 이유가 아니다. 그의 민주화 전 과정을 평가한 것이다"라고 밝혔다.

2000년대
- 정치와 정치의 싸움

    2002년 16대 대통령 선거에서는 노무현 후보가 당선되었다. 21세기 처음으로 치러지는 대통령 선거로서 15대 선거에서 간발의 차이로 낙선한 이회창 후보와 노무현 후보 간의 경쟁구도로 진행되었다. 선거운동 초반에는 이회창 후보가 유리할 것이라는 예측이었다. 하지만 어려운 환경 속에서도 새천년민주당의 노무현 후보의 전략이 의외의 상황을 끌어갔다.

    새천년민주당은 국내 정치사 최초로 국민경선을 통해서 후보를 선출했다. 노무현 후보는 호남에서 시작된 국민경선에서 돌풍을 일으키며 결국 대통령 후보로 최종 낙점되었지만 한나라당에서 확고한 인지도를 유지하고 있는 이회창 후보와 달리 노무현 후보는 당내에서도 끊임없이 공격을 받고 있는 상황이었다. 김대중 대통령의 힘이 절대적이었던 당에서 노무현이라는 신진 진보 인사가 설 자리가 그리 녹록지 않았던 것이 당시의 상황이었다. 이러한 노무현 후보의 정치적 파워는 대통령이 된 이후 계속 그의 발목을 잡는 결과를 가져온다.

    선거운동이 시작되고 김대중 대통령 아들들의 비리가 터지면서 노무현 후보의 대중적 지지율도 급락한다. 이에 지방선거 결과를 바탕으로 재신임을 묻겠다는 공약을 했고 결국 지방선거에서 참패하여 재신임 과정에서 다시 재신임을 받는다. 하지만 이에 각 계파들의 반대에 부딪치면서 당에서 그의 입지는 더욱 약해진다.

2002년 월드컵의 유례없는 성공 분위기에 힘입은 정몽준 후보가 등장하면서 노무현 후보의 지지율은 다시 반토막이 난다. 이에 노무현 후보를 반대하던 당의 인사들은 후보 단일화 추진 협의회(후단협)을 만들어서 노골적으로 정몽준 후보를 지지하면서 일부 의원들이 탈당한다. 하지만 이때부터 노무현 후보에 대한 대중적 동정심이 발휘된다. 김민석 최고의원의 탈당은 오히려 노무현 후보의 지지도를 높여 주는 효과를 발휘한다.

이후 노무현 후보는 정몽준 후보와 단일화를 추진했다. 이미 이회창 후보가 절대적으로 앞서 있는 상황에서 노무현 정몽준 두 후보는 단일화의 필요성을 서로 느꼈던 것이다. 결국 노무현 후보 쪽으로 단일화가 되었고 이 이벤트는 노무현 후보의 지지도가 이회창 후보를 따라잡는 계기가 되었다.

한편 이회창 후보 두 아들의 병역면제에 의혹이 제기되면서 소위 병풍 사건이 터진다. 야당은 전직 부사관을 내세워서 병역 비리에 대한 녹음 테이프가 있다고 주장하며 지상파 3사를 통해서 문제를 제기하게 된다. 녹음 테이프는 대화의 진위를 확인할 수 없는 조잡한 것이었음에도 KBS 9시 뉴스를 통해서 대대적으로 보도함으로써 이는 사실적 사건으로 인식하게 하고 그 결과 이회창 후보는 지명도에 치명적인 손상을 입는다. 이미 전과자인 김대업은 이후 이 사건에 대해서 수사관을 사칭한 것이 밝혀져서 구속되고 이후 대법원에서 무고와 명예훼손 등으로 유죄를 선고받았다. 한편 이를 기획한 설훈 의원도 집행유예를 받고 노무현 대통령의 특별사면으로 풀려났다. 하지만 정치권의 협잡이 여기서부터 시작된다. 이후 선거철이 되면 많은 공익 제보자들이 갑자기 여기저기서 나타나곤 한다. 그들의 주장이 사실인지 거짓인지는 중요하지 않다.

선거 직전 정몽준 후보와 이인제 후보의 노무현 지지 철회는 노무현 후보를 지지하는 층의 단합 효과를 가져오면서 결과적으로 노무현 후보 48.9% 이회창 후보 46.4%로 선거가 마무리되었다. 이회창 후보는 두 차례 선거에서 모두 간발의 차이로 패배하는 비운을 맞았다.

이런 우여곡절 끝에 당선된 노무현 대통령은 대통령 당선 후에도 그 후유증을 계속 안고 갈 수밖에 없었다. 하지만 선거 과정에서 그의 계파를 중심으로 지지 세력에 의해서 만들어진 "노사모"라는 친노그룹은 우리나라 최초로 팬덤 정치의 모습을 보여 주면서 권력의 위기 때마다 활약을 했다.

참여정부라고 명명된 정부의 정책들은 나름 참신한 면들이 많았다. 반미주의자라고 알려진 그는 "미국에 할 말은 한다"라는 말로써 SOFA 불평등 협정, 미군 장갑차 여중생 압사 사건 등을 두고 미국과 정면 대응 하곤 했다. 하지만 정작 미국과의 관계에서 그는 이라크파병이나 한미 FTA 체결, 주한미군기지 용산 이전 문제 등에서 합리적이고 우호적인 결론을 만들어 내면서 미국과의 관계를 성공적으로 이끌었고 결과적으로 한미동맹의 새로운 장을 열었다는 평가를 받는다.

당에서 확고한 입지를 다지지 못했던 그는 취임 2년차에 그를 탄생시킨 당으로부터 탄핵을 당한다. 이때 노무현 대통령을 지지하는 의원들로 새로 구성된 열린우리당이 출범하였다. 탄핵 심판은 헌법재판소에 의해서 기각되고 결과적으로 정치권의 지지도와는 별개로 대중적 지지도가 월등히 올라갔다. 이를 계기로 열린우리당은 제1당으로 올라서면서 새로운 여당이 된다.

이후 노무현은 처음으로 제1당의 지지와 높은 국민 지지도로 정국을 끌고 갔지만 이후 정국은 그리 효율적이거나 안정적이지 못했다. 2006년 지지도는 5.7%까지 떨어졌으며 2007년에는 열린우리당 탈당을 선언하기도 했다. 2007년 그의 5년 국정 수행 지지도 조사 결과 65.4%가 잘못했다고 평가했으며 그중 14%는 매우 잘못했다고 지적했다. 잘했다는 긍정 평가는 0.9%에 그쳤다.

퇴임 후 국가기록물의 사저 이관 등 논란을 일으키기도 했으며 결국 뇌물수수 혐의로 조사를 받으면서 스스로 목숨을 끊는 불행한 대통령이 되었다. 그의 자살과 함께 대중의 동정심이 발동하면서 그에 대한 지지도가 급상승하는 기현상을 낳았다. 지금도 그의 참신성과 어록들을 기억하는 많은 지지자들은 그의 마지막 평가에서 단지 0.9%만이 긍정적으로 평가했다는 사실은 모두 망각하고 있다. 세련되고 노련한 정치가들이 지배하는 우리 정치사에서 그는 투박하고 촌스러운 대통령이었다. 그래서 서민 대통령이란 구호에 공감을 했고 그의 색다른 화법에 사람들이 환호했다. 그는 다른 권위적 대통령들이 하지 못한 권위주의 척결에 적극적이었지만 그에 대한 국민들의 환호는 순간이었고 정적들의 화려한 이념적 논리와 싸워서 이룬 현실적 업적은 당시 그의 치적이 아닌 이중성 혹은 위선으로까지 비난받기도 했다. 그래서 퇴임 전후 그를 지켜 주는 국민은 1%에도 못 미쳤다. 그 이전 전두환, 노태우부터 아들 비리의 김영삼, 김대중 대통령까지 당사자나 자녀들 가족들의 비리에 비해서 더하지 않은 비리조차 방어할 논리가 없던 그의 도덕성은 결국 스스로 세상을 등지는 것으로 사죄했다.

나는 당시 노무현 대통령을 지지하지도 그의 정책에 반대하지도 않았다. 오히려 준비 안 된 대통령이 그의 설익은 이념과 가치관으로, 대통령이 아닌 하나의 이념 세력의 수장으로 국정 운영에 실수할까 걱정했다. 하지만 그의 국정 운영에서 이는 기우라는 것이 얼마 되지 않아서 확인되었고 그때부터 힘없는 대통령이 힘겨워하는 모습이 안쓰러웠다. 그래서 그가 탄핵 소추 되면서 나는 힘없는 그를 은근히 지지하고 동정했고 탄핵이 기각되면서 혼자서 환호했다. 그러면서 그의 마지막, 가족들의 비리(물론 그가 알았는지는 굳이 확인하고 싶지 않았다.)에 대한 도덕적 책임을 자살로 사죄한 참 아깝고 멋있는 대통령으로 기억을 마무리했다.

그의 사후 그에 대한 동정심은 그를 다시 위대한 대중 대통령으로 만들었는데 그들 대부분은 분명히 재임 시 그의 정책이나 그의 지지에서 99%에 가까운 반대 및 비난 세력들이었을 것이다. 그리고 결국 그의 복권을 기치로 19대 문재인 정권이 등장한다. 대중도 너무 뻔뻔하다는 생각을 한다.

2008년 17대 대통령 선거에서 이명박 후보가 당선되었다. 노무현 전임 대통령의 인기가 바닥을 치고, 그를 방어하는 정치적 세력조차 전무한 분위기에서 이명박 후보는 근래 드물게 쉽게 당선되었다. 돌이켜 보면 6.29 선언 후 직접 선거로 대통령을 선출하기 시작하는 13대 노태우 대통령부터 단 한 번도 순조롭게 당선된 대통령이 없었다. 당들은 이합집산이었고 선거는 비방과 거짓으로 혼탁했다. 과정은 치졸했고 결과는 아슬아슬했다. 그러나 17대 선거는 우리 국민들이 성숙해서가 아니라 힘없고 인기 없는 전임 대통령을 이을 세력이 없었고 그런 이유로 변변

정치 현대사 129

한 후보가 없었기 때문이었다.

　이명박 후보는 서울시장을 역임하면서 참 많은 업적을 남겼다. 물론 모든 그의 업적들에 대해서 당시 반대세력들의 음해가 적지 않았지만, 현대그룹에서 잔뼈가 굵은 현실적인 능력자가 정치판에서 성장한 유능한 정치가보다 현실 행정에는 훨씬 유능하다는 사실을 증명해 주었다. 서울시장으로서 그의 업적 중 대중들에게 가장 공감을 얻은 것은 청계천 복원이었다. 그리고 내가 평가하기에 그의 큰 업적 중 하나는 서울 교통시스템 구축이다. 이는 기업가 이명박이 가장 잘할 수 있는 일이었으며 이후 서울시 대중교통은 혁신적으로 발전하면서 국내외 많은 도시들의 벤치마킹 대상이 되고 있다. 대중교통 시스템의 혁신은 버스의 준공영제, 버스 지선·간선제 구분, 환승제도와 스마트카드 도입, 버스 중앙차로제 등이 포함되며 이 외에도 "하이서울!"이란 브랜드를 도입함으로써 우리나라 지자체 브랜딩의 첫 사례를 만들었다. 한강 취수원 수돗물에 "아리수"라는 브랜드를 도입하기도 했다. 서울숲과 서울시청 앞 서울광장을 조성한 것도 그의 업적이며 뉴타운 개발사업을 통해서 부동산 가격을 안정화시킨 것도 눈에 띄는 그의 업적이다.

　이처럼 서울시장으로서 그의 능력을 충분히 확인시켜 주면서 대중적 지지를 얻은 그가 지리멸렬한 여당 후보와 경쟁하는 것은 별로 어려운 일이 아니었다. 이명박 한나라당 후보 48.67% 여당인 대통합민주신당 정동영 후보 25.14% 무소속 이회창 후보 15.07%였다.

　하지만 취임 해인 2008년 광우병 촛불시위가 전국을 들끓게 했다. 한미 FTA는 노무현 정부 때 체결된 것이고 쇠고기 시장 전면 개방을 내용으로 하는 내용은 17대 국회에서 타결시켰다. 모두 이명박 정권과 무관한 것이었다. 하지만 이후 PD수첩에서 미국산 쇠고기를 광우병과 연계하면서 미국산 쇠고기 수입 반대 운동이 격렬하게 전개되었다. 당시 윤도현, 김장훈 등 연예인들이 가세해서 "촛불 문화재"라는 이름으로 이 반대운동에 더욱 불을 지폈는데 이때는 연예인들의 팬덤 문화가 만들어지고 있는 과정으로써 이들의 팬덤까지 정치적 여론 집단으로의 역할을 하면서 반대운동은 더 커져 나갔다.

PD 수첩의 내용을 포함한 광우병에 대한 당시의 주장들 대부분은 거짓 선동으로 밝혀졌지만 이 사건이 이명박 정부 전 기간 동안 영향을 미쳤다. 서울시장 때와 달리 이명박 정부는 모든 정책들에 힘을 얻지 못하였고 한반도 대운하 계획은 4대강 사업으로 축소되고 그나마 이후 기후변화에 따른 4대강의 효율성이 검증되고 있음에도 불구하고 여전히 이에 대한 비판의 여론이 적지 않다. 이명박 정부의 자원외교는 기업 대통령 이명박이 가장 잘 판단하고 추진할 수 있는 정책이었지만 자원외교라는 것은 원래 시간이 오래 걸리고 실패율도 높은 것이다. 이 역시 이명박 대통령 퇴임 후에 하나씩 그 효과가 나타나고 있지만 정작 건망증 심한 국민들은 거의 망각한 상태이다.

금강산 관광객 피격 사건과 천안함 피격 사건, 연평도 포격 사건 등이 모두 이명박 정권 때 일어난 사건이며 이를 일으킨 북한의 김정일이 사망한 2010년도 이명박 정권 때이다. G20 정상회담을 서울에서 개최하기도 하고 중국과 FTA 체결 등의 일이 있었으나 그의 재임 기간은 뚜렷한 업적도 과오도 없이 대체로 조용하게 마무리되었다.

2010년대
- 무능의 정치, 그래도 대한민국은 건재하다

    2012년 이명박 대통령 임기가 끝나고 18대 대통령 선거가 있었다. 광우병 파동으로 시작된 17대 이명박 대통령 재임 기간이 조용히 끝난 이유인지, 아니면 노무현 전 대통령 이후 야당의 정비가 미비했기 때문인지 18대 선거도 조용히 치뤄졌다. 여당의 후보는 박정희 전 대통령의 영애 박근혜 후보였다.

    박정희 대통령의 평가에 대해서 후대들은 공과를 나누는 방식으로 그의 독재를 부각하고 있지만 앞에서 언급한 것처럼 당시를 살아온 서민들은 박정희 전 대통령에 대해서 대체로 호의적일 뿐 아니라 이후 세대를 보면서 그에게 빚을 지고 있다고 느끼는 사람들이 많았다. 박근혜 후보는 노무현 탄핵으로 위기에 처한 당을 홀로 일으켜 세웠다. 2005년 천막당사와 쟁외 투쟁으로 다시 당의 존재감이 드러나게 되고 이후 당은 박근혜 체제에서 두 차례 보궐 선거를 모두 승리하면서 "선거의 여왕"이라는 별명이 만들어지기도 했다. 그리고 2006년 문구용 칼에 의한 피습이 있었다.

    이런 전 과정 동안 그녀에게는 박정희의 향수를 그리워하던 그 시대 사람들의 확고한 지지가 있었다. 그리고 이러한 지지는 18대 선거로까지 이어져서 당시 민주통합당의 문재인 후보를 이기고 우리나라 최초의 여자 대통령으로의 새로운 기록을 창조했다. 18대 선거에서 박근혜 후보는 51.5% 문재인 후보는 48%였다.

박근혜 후보는 74년 당시 영부인 육영수 여사가 문세광으로부터 피격, 살해되면서 79년까지 영부인 역할을 대행한 경력이 있다. 하지만 잇따라 집권한 전두환 정권으로부터 철저히 통제되면서 97년 이회창 총재의 권유로 정계에 입문하기까지 세상과 등져서 살아왔다. 그 기간 정치판은 엄청나게 변했고 권위주의는 많이 사라졌다.

박근혜 대통령은 재임 기간 특히 외교에서 과거 박정희 대통령의 후광을 꽤 입었던 것으로 보인다. 국내에서는 공과 논란으로 군사정권의 독재자로서 비난이 많지만, 해외에서는 한강의 기적을 이룬 위대한 지도자로서 개발도상국이 벤치마킹 할 대상으로 평가되었다. 특히 우리나라를 성장모델로 한 중국이나 소련 등 구 공산국가들과 동남아 개발도상국들에서는 그의 인기가 사후에도 식지 않았다. 이런 분위기에서 박근혜 대통령은 그의 부친을 연상시키는 인물이었다. 2013년 미국을 방문하여 버락 오바마 미국 대통령과 정상회담을 가지면서 한미동맹 60주년 선언을 통해서 한미동맹을 글로벌동맹으로 격상시켰다. 일본의 우경화 분위기에 대해서도 과거 김영삼의 "버르장머리를 고치겠다"식의 비외교적 수사와 달리 상당히 품위 있게, 미국과 동남아 국가들의 동조를 끌어들이면서 잘 대처해 나갔다. 2014년 중국의 시진핑 주석이 한국을 방문했다. 북한을 방문하기 전이어서 당시 이는 상당히 충격적인 뉴스였으며 박근혜 정부에 대한 중국 정부의 친화적 정책을 확인할 수 있는 사건이었다. 이 외에도 박근혜 정부 초기 중국과 한국의 밀월관계는 북한을 고립시킬 정도로 강력했다.

하지만 그녀의 외교 성과는 다분히 박정희 전 대통령에 대한 전 세계적 관심과 존경이 영향을 미친 것으로 보인다. 박근혜 정부의 3대 외교정책은 정부 전 기간 동안 구체적인 성과가 보이지 않았고 정권 초기의 밀월관계가 사라지는 중반기 들면서 강경보수 정권으로 둘러싸인 세계 속에서의 외교는 만만치 않았다. 밀월관계로 시작한 중국과는 사드 도입과 관련하여 관계가 틀어지기 시작했으며 중국과 강대강으로 대치하던 미국은 중국과의 우호적 관계를 위한 박근혜 정부의 노력에 불만을 표시하기 시작했다. 역시 강한 보수정권의 일본을 관리할 능력도 부족했다. 그렇게 탄핵을 맞으면서 혼란한 상태에서 안보, 외교 분야의 막을 내린다.

경제정책에서도 "창조경제"를 내세우면서 일자리 정책과 서민 위주 경제정책 등 다양한 노력을 기울였으나 한편에서는 창조경제 의미의 모호성에 대한 비판도 있었다. 박근혜 대통령은 예산의 효율적 관리와 인기성 예산 집행을 통제함으로써 건전한 국고 유지에도 최선을 다했다는 평가에는 대체로 동의한다.

하지만 2014년 안산 단원고 학생들을 태운 세월호가 진도 해상에서 침몰한 세월호를 고의로 침몰시켰다는 루머부터 이때 대통령은 남자와 밀회를 즐겼다는 등 별의별 소문들이 떠돌았으며 이러한 소문들은 정제되지 않은 채 공중파를 타기도 했다. SNS가 중요한 대중 여론 확산 매체가 된 시기 이러한 자극적 소문은 더 빨리 퍼져 나갔다.

취임 4년차인 2016년, 최순실의 국정 개입 의혹이 터지면서 박근혜 정부는 위기를 맞는다. 최순실(당시 본명은 최서원) 국정농단 사건은 사실과 소문이 뒤죽박죽되면서 전 국민의 분노를 불러일으켰다. 특히 세월호 사건이 문화예술계 블랙리스트 논란과 결합되어 대규모 규탄 집회로 이어졌고 2016년 12월 3일 탄핵소추안이 발의되었다. 12월 9일 가결됨에 따라 대통령 업무가 정지되고 2017년 3월 10일 헌법재판소가 탄핵을 인용하면서 대통령직에서 파면되는 최초의 대통령이 되었다. 파면 이후 검찰은 박근혜 대통령에게 298억의 뇌물수수를 포함한 13가지 혐의로 구속영장을 청구했으며 이후 구속영장이 발부되면서 서울구치소에 수감되었다.

그녀에 대한 평가는 탄핵에도 불구하고 비리나 권력 남용에 대한 부정적 이미지는 여전히 희박하다. 청렴하고 사심이 없는 순수한 국가에 대한 책임감과 애국심에 대해서는 대체로 공감하는 분위기이다. 하지만 소통 부재와 비밀주의 혹은 독단주의, 그리고 권위주의가 그녀를 추락하게 하는 원인으로 꼽힌다. 박근혜 후보의 사생활에 대해서는 워낙 알려지지 않아서 이에 대한 비판에도 반박할 세력이 없었다. 최순실이라는 사적 개인에게 의존한 부분들 역시 옷 공급하고 연설문 사전에 봐 주는 수준이었는지, 모든 국정의 협의 파트너였는지 지금도 알 수가 없다. 유신헌법 이후 영부인 역할을 할 때 적응된 권위주의가 30년이 지난 시점의 변화된 환경에 적응하지 못하고 있음이 이 사태의 또 다른 원인으로 해석된다.

19대 대통령 선거는 박근혜 대통령의 탄핵에 의한 파면으로 갑작스레 이뤄졌다. 한편 탄핵 국면에서 여당의 지지는 폭락했으며 반대로 야당인 더불어민주당의 지지는 폭등하면서 사실상 선거 결과는 쉽게 예측되는 선거였다. 어대문(어차피 대통령은 문재인)이라는 말이 회자되었으며 반기문, 황교안 등도 출마를 철회하면서 결과적으로 문재인 후보는 압도적인 표차로 당선되었다. 당시 문재인 후보와 여당의 홍준표 후보는 각각 41.08%와 24.03%를 얻었다.

문재인 후보는 노무현 전 대통령과 함께 인권 변호사로 활동하면서 참여정부의 초대 민정수석과 이후 비서실장을 지내면서 경험이 적지 않았고 그런 이유로 준비된 대통령으로 국민들의 기대는 적지 않았다. 한편 앞에서 언급한 바와 같이 노무현 대통령에 대한 향수가 노사모를 중심으로 확산되면서 그의 지지세는 더욱 커졌으며 대통령이 된 이후도 초기에는 그에 대한 기대가 컸다. 특히 "기회는 평등할 것입니다. 과정은 공정할 것입니다. 결과는 정의로울 것입니다."라는 취임식의 선언은 많은 사람들에게 감동과 기대를 선사했다. 국정 방향을 "국민통합"으로 규정하고 취임 첫날 야당을 방문하여 협조를 부탁하였다. 국무총리와 비서실장을 이낙연과 임종석을 지명함으로써 친문 색체가 옅은 인사들이란 점에서도 많은 지지를 얻었다.

하지만 이후 그의 행보는 국민들을 어리둥절하게 만드는 경우가 많았다. 화합과 공정을 기치로 시작된 정부의 첫 과제는 적폐 청산이었다. 그리고 이 적폐 청산은 중국 문화혁명의 홍위병 같은 그의 팬들이 여론을 선동하면서 문 대통령 전 재임 기간의 상징적 미션이 되었다. 두 전임 대통령 구속과 함께 많은 전 정부 행정부 인사들이 구속되었다. 그리고 그의 정책에 동의하지 않으면 적폐가 되었다. 적폐 국민들은 조용히 숨어 들어갔다. 나라에 대한 염려나 관심은 허영이었다.

외교에서는 혼란 그 자체였다. 2017년 "사드 배치는 주권에 관한 것으로 중국의 간섭은 옳지 않다"라고 했다. 그리고 잇따라 12월 북경 대학을 방문하면서 "중국은 산봉우리 대국이고 한국은 소국"이라는 이해할 수 없는 비외교적 망언을 했다. 일본의 아베 신조 총리는 "한일 양국은 전략적 이익을 공유하는 중요한 우방"이라면서 문재인 대통령에게 손을 내밀었다. 하지만 이에 대한 그의 답은 "우리는 다시는 일본에 지지 않을 것입니다"라는 동문서답이었다. 미국과의 관계는 상대가 트럼프 대통령이었던 관계로 특히 대북 정책에서 상당히 혼란스러웠다. 사실상 그는 미국과의 외교에서는 거의 무시당했다. 남북 관계에서는 "전략적으로 통일로 이끄는 정책"을 지향하였으나 국민 정서와 동떨어진 기준을 갖고 있던 문재인 대통령의 행보에 국민도 미국도 심지어 북한마저 외면하고 무시했다. 물론 그를 지지하는 층에서는 그나마 이 기간 어떤 도발도 없었다는 점에서 북한과 가장 평화로웠다고 주장하기는 한다.

그의 경제정책은 증세론, 일자리 창출, 복지 공약 등을 약속하였으나 소득 주도 성장론이라는 현실에서 검증되지 않은 학술적 이론을 들고나와서 많은 비판을 받았다. 또한 부동산 정책에서 "서민을 위한 주거복지와 도시재생 뉴딜정책"에 초점을 두고 매년 17만 가구씩 5년간 총 85만 가구의 공적임대주택을 공급하기로 했으나 현실에서는 다가구를 죄악시하고 고가 주택을 세금 등으로 통제하는 정책으로 일관하면서 경제, 부동산 정책에 전반적으로 실패했다는 평가를 받는다. 또한 친환경 에너지 정책과 함께 성급하게 원전 폐기를 주장하여 많은 문제와 손실을 감수하기도 했다. 초기 문케어라 명명된 의료보험 보완 정책에서도 이국종 교수에게 "실리적 강화 정책은 보이지 않고 돌격 앞으로만 외친다"라고 비판받았다.

2024년에 "우리의 정치"를 생각한다

대한민국 현대사는 15년의 혼란기, 30년의 군사독재, 그리고 34년의 문민정부로 구성된다.

현대적 정부가 수립된 48년, 그리고 어떤 국가적 이념이나 정체성이 정립되기 전의 혼란기를 거쳐서 두 번의 군사독재, 6.29 선언에 의한 과도기를 거쳐서 민주정부, 그리고 오늘에 이르고 있다. 80년의 길지 않은 시기에 참 많은 경험을 한 세대이다. 이 모든 다양함을 그 한복판에서 경험한 세대로서 나는 가끔 아나키스트가 되곤 한다. 누구를 위해서 국가가 존재하는가?

70년대부터 80년대까지 우리는 치열하게 싸웠다. 유신헌법을 통한 장기 집권과 싸우고 12.12 군사쿠데타로 정권을 찬탈한 군사정권과 싸웠다. 그것이 당연히 정의였고 그런 싸움을 하지 못하는 서민들을 대신한다는 사명감이 충만했다. 그리고 그런 우리를 탓하는 사람들의 무지를 동정하고 언젠가는 우리의 투쟁에 대한 가치를 알아줄 것이라고 믿었다.

18세기 이후 세계의 변화는 민주주의의 출현이다. 국가의 권력은 1인 군주에서 만인 백성으로 옮겨 갔다. 그리고 만인의 백성들은 제각기 갖고 있는 권리를 지도자에게 위임했다. 물론 잘 살기 위한 방법이었고 위임받은 지도자는 잘 살게 해 줄 의무가 있다. 이 과정에서 지도자를 선택하는 방법이 정해진다. 우리의 투쟁은 이 방법에 대한 것이었지 잘 살게 해 줄 의무에 대한 것이 아니었다. 우리의 선택권을 힘으로 강탈한 지도자가 그 의무를 충실히 했을 경우와 정상적인 절차로 선택된 지도자가 의무를 충실히 하지 않았을 경우 우리는 어느 쪽을 비난해야 할 것인가?

언젠가부터 가치관의 혼란이 오고 있다. 과연 우리는 누구를 위해서 투쟁한 것이었나? 민주주의는 절대선이고 독재는 절대악인가? 우리가 투쟁해서 쟁취하고자 했던 민주주의가 지금 우리가 누리고 있는 세상인가?

유신정권을 향해서 목숨 걸고 싸웠다고 믿었던 두 지도자는 민주정부가 들어선 후 서로 권력을 잡겠다고 싸우다가 군부 쿠데타를 주도한 군인 출신 정치가에게 민주적 절차에 따라서 권력을 넘겨주었다. 그리고 그 이후 두 지도자 중 한 명은 이 군사쿠데타의 사생아 정권과 야합해서 권력을 잡았고 나머지 한 지도자는 정계 은퇴를 수차례 번복한 후 마지막으로 권력을 잡았다. 그리고 이 두 지도자는 별다른 업적 없이 가족의 권력형 비리와 외환위기, 북한 불법 송금 등으로 불명예스럽게 권좌에서 내려왔다. 도대체 우리는 무엇을 위해서 싸웠던가?

외환위기가 한 대통령의 탓일 수는 없지만 최소한 외환관리를 통해서 미연에 방지할 수는 있지 않았을까? 최악의 대통령이라고 생각하는 전두환 대통령도 각계각층에 유능한 인력들을 배치해서 국가를 무리 없이 관리했다. 실물경제가 건재하고 펀드멘털이 안정적인 상황에서 밀려온 외환 부족 사태는 누가 뭐라고 해도 관리 부재의 결과였다.

북한과의 관계 관리가 어려운 일이라는 점은 누구도 부정하지 않는다. 그리고 북한에 대해서 어떤 정책으로 끌고 가느냐 하는 것도 대통령의 고유 권한이다. 하지만 민주화 투쟁의 가치를 인정받아서 된 대통령이 굳이 기업을 겁박해서 북한에 송금했어야 했을까? 법치국가에서 절차를 무시하고 사기업의 돈으로 본인의 가치관을 실현했다면 이는 위계에 의한 자금 횡령 혹은 탈취가 아닌가? 기업의 대표는 자살하고 본인의 심복은 실형을 살았다.

　나는 국가를 위해서 업적이 있는 모든 사람들은 개인과 무관하게 공인으로서의 가치를 인정하고 존중해야 한다는 가치관을 확고히 갖고 있다. 민주화를 위해서 노력하고 희생한 이 두 분은 민주화의 상징으로서 존경받아서 마땅하다. 그런데 굳이 권좌에 앉아서 이런 치부를 보여야 했을까? 결과적으로 그들의 민주화 투쟁은 국가와 민족을 위해서가 아니라 본인의 권력욕이 그 본질이었던가? 민주화를 위해 걸어온 길을 보면 이 두 분은 위대한 영웅이다. 하지만 대통령으로서 이 두 분은 결코 모범적이지 않았다. 대통령이라는 자리는 국가적 희생이나 노력의 보상이 아니다. 이는 또 다른 의무이며 또 다른 희생이 되어야 한다.

　이후 우리나라는 팬덤 정치로 간다. 대선은 인기 투표이며 후보는 연예인이다. 노무현 대통령부터다. 하지만 노무현 대통령은 비록 팬덤 정치의 원조이지만 팬층이 두텁지 못했다. 그래서 탄핵이란 위기를 겪었다. 법치국가에서 헌법을 무시한 것이 이유란다. 다행히 국민들이 탄핵을 막아 줬다. 하지만 그뿐이었다. 국민들은 다시 그를 외면했다. 큰 업적이 있었던 것도 아니지만 대통령으로서 큰 과오도 없었다. 그냥 변덕스러운 국민들이 이유 없이 그를 좋아했다가 싫어했다가 변덕을 부렸다. 물론 그도 가족 비리에서 자유롭지 않았다. 하지만 전두환 대통령부터 노무현 대통령까지 권력형 비리가 없었던 대통령이 단 한 명이라도 있었던가? 지지율이 10% 이하로 떨어지면서 자살로 마감해야 할 만큼 몰아붙일 일은 아니었지 않을까? 나는 노무현 대통령을 자살로 몰아간 것은 그의 강한 자존심과 변덕 심한 국민이라고 믿고 있다. 일각에서는 검찰을 탓하지만 검찰은 원래 존재 가치가 죄를 찾아서 처벌하는 것이다. 우리의 사법 시스템은 검찰이 기소한다고 바로 죄가 인정되는 것이 아니다. 변호사가 변호하고 판사가 판단하는 균형 잡힌 시스템이 존재한다. 비리가 밝혀졌는데도 그걸 모른 척하는 것은 검찰의 직무유기다. 김대중, 김영삼 두 대통령의 아들들 비리도 검찰이 그들의 역할을 하지 않았다면 유야무야 넘어갔을 것이다. 군사정권의 전두환 노태우 두 전직 대통령도 비리에는 응당한 처벌이 있었는데, 여기에 검찰이 예외를 둬서는 안 되지 않을까? 나는 어려운 환경 속에서도 본인의 소신이나 가치관을 양보하고 국가를 위해서 노력한, 그리고 아직 남아 있던 권위주의를 타파한 그의 순수함을 사랑한다. 하지만 우리의 고질적인 권력형 비리에 대해서 당당히 싸우거나 당당히 처벌을 감당해야 함에도 결국 자살로 마감한 그의 행위가 바로 "법치국가에서 헌법을 무시한" 탄핵 사유일 것이다.

  탄핵에 맛을 들인 정치권은 박근혜 대통령을 결국 탄핵으로 주저앉혔다. 국민들은 박근혜 대통령이 왜 탄핵을 당했는지 모른다. 그냥 세월호 혹은 최순실(본명은 최서원인데 왜 모든 언론에서 최순실이라고 명명할까?)만 되뇔 뿐이다. 그러면서 박근혜 대통령을 좋아하는 집단은 억울함을, 그녀를 싫어하는 집단은 당연함을 호소하고 주장한다. 우리 국가의 대통령이 탄핵됐는데 그 이유에는 관심이 없다. 정작 박근혜 대통령은 다섯 가지 혐의 중에서 공무원임용권 남용과 세월호 관련해서는 탄핵 대상이 아닌 것으로, 언론자유 침해는 무혐의로, 뇌물죄는 의견 없음으로 결론이 났고 국정농단만이 탄핵의 사유가 되었다. 더욱 황당한 것은 국정농단의 주범인 최서원은 박근혜 대통령의 연설문을 검토한 것 외에는 소문뿐이므로 국정농단의 실체가 모호하다. 설마 의상 제작 관리 행위를 국정으로 인정했을까?

대통령 선거는 여당의 실적에 대한 평가에 따라서 여당이 정권을 재창출하느냐, 야당에게 넘겨지느냐의 게임이다. 여기에 후보 개인의 인지도가 더해진다. 그런데 우리나라는 군사정부 아래 전 정부의 평가로 여당이 재집권한 사례가 거의 없다. 이를 액면 그대로 받아들이면 성공한 정권이 없다는 뜻이다. 더구나 최근의 팬덤 정치는 지지하지 않는 대통령을 끌어내리기 위한 선동정치가 보편화되고 이러한 행위가 국민들의 권리인 것처럼 착각하게 하고 있다.

- 13대 노태우 대통령은 양김의 단일화 실패로 전두환 정부가 결코 평가받지 못한 상황에서 양김이 표를 분산시킴에 따라서 어부지리로 당선되었다.
- 재임 시: 12.6 군사반란의 주역으로서 국민들에 대한 평가는 대체로 부정적이었다. 다행히 무능한 대통령이라는 평가로 인해서 그의 업무에 대해서는 국민들이 별 관심이 없었다. 덕분에 노태우 대통령은 꽤 많은 일들을 훌륭하게 처리하고 냉전의 리스크까지 정리한 상태에서 훨씬 성장한 대한민국을 다음 정권에 넘겨주었다. 하지만 아직도 대다수 국민들은 그를 무능한 물통령이라고 믿고 있다.

- 14대 김영삼 대통령은 전임 대통령이 존재감 없는 물통령이라는 빈 정댐과 무관하게 3당 합당으로 여당 당선되었다.
- 재임 시: 하나회 청산은, 군사정권의 종식과 함께 그 씨앗을 없앤다는 의미는 이해하지만 그것이 최선이었나 하는 부분에서는 의문이 있다. 하나회 청산과 함께 많은 유능한 지휘관들이 사라졌다. 국가의 무력을 책임지는 군대가 무력을 적이 아닌 내부로 향하는 것은 있어서는 안 되는 일이지만 그럼에도 불구하고 군대는 유능한 지휘관들이 필수적이다. 이 두 가지를 모두 살릴 수 있는 방법은 없었을까? 금융실명제는 김영삼 대통령의 업적으로 돋보인다. 하지만 여기까지다. 정적에 대한 구시대적 보복도 여전했으며 노조나 기타 민주화 시스템 구축도 방법적으로 매우 거칠었다. 전 정권과 규모에서 비할 바는 아니지만 가족의 비리도 빠지지 않았다. 결국 말기 외환위기로 막을 내리면서 문민정부에 대한 국민들의 기대에는 한참 못 미치는 결과를 만들었다.

- 15대 김대중 대통령은 그 자신의 지명도와 90%가 넘는 지역의 지원으로 근소한 차이로 당선되었다. 물론 외환위기 상황에서 여당이 지리멸렬한 상황이긴 했지만 그것이 전 정권 전반에 대한 평가였다면 압승을 했어야 할 것이다.
- 재임 시: 외환위기라는 전대미문의 상황에서 시작된 정권인 만큼 정권의 반을 외환위기 극복과 그 후유증에 시달리며 보낸 시간들이다. 하지만 그럼에도 불구하고 그의 업적을 굳이 꼽으라면 고개를 갸우뚱하게 된다. 대북정책은 노태우 대통령이 환경을 만들었고 남북 정

상회담은 김영삼 대통령이 판을 깐 것이다. 여기에 기업을 동원한 비자금이 동원되는 불법적 행위가 민주화를 자행한 대통령에 의해서 저질러졌다. 햇볕정책은 이후 북한의 핵무장으로 연결되어서 오늘날에 온 것을 볼 때 여전히 미흡함이 많다. 이 기간도 전 정부와 마찬가지로 민주화 시스템을 구축하는 데는 여전히 거칠었고 민주화라는 이름으로 새로운 권력층들이 만들어지는 상황에 동조하고 지원하는 보통 대통령으로 보낸 것으로 평가된다.

- 16대 노무현 대통령은 사실상 이회창 후보가 거의 다 된 것으로 보던 선거판에서 각종 이합집산 과정의 선거바람, 특히 정몽준 후보와의 단일화 등 이벤트로 당선되었다. 역시 같은 여당이었지만 김대중 대통령의 업적에 대한 평가는 긍정이든 부정이든 거의 반영되지 않았다.
- 재임 시: YS와 DJ 양 민주화 대통령의 10년이 만든 민주주의의 본질이 나타나는 시기이다. 나는 이를 이전 두 대통령 탓으로 평가하고 싶다. 민주주의는 독재시절 소외되거나 억압받는 사람들의 전리품이 아니며 개인의 자유가 질서와 법을 무시한 무한 방임이 아님을 배우지 못했다. 그 결과 팬덤정치가 등장한다. 이전 두 대통령에 대한 국민들의 태도와 달리 국가를 운영하는 지도자들은 표독스럽고 우리 국민들은 변덕스러웠다. 군사정변을 일으킨 군대의 지도자도 아니고 민주화를 위해서 투쟁한 투사도 아닌 진짜 보통 대통령을 보고 싶었지만 이 기간 그는 혼란스러운 환경 속에서 힘겹게 그의 업무를 수행해 왔다. 더 많은 실적을 만들지 못한 것을 그의 능력으로 평가하기

에는 그의 주변에서 그를 지켜보고 간섭하고 통제하는 국민들이 너무 많았다.

- 17대 이명박 대통령은 본인의 현대그룹, 서울시장 업적에 의한 대중 인기도로 당선되었다. 노무현 대통령의 지지도가 10% 이하로 떨어진 상황에서 치뤄진 선거라는 점에서 드물게 전 정부의 실패가 반영되긴 했다.
- 재임 시: 이 시기부터 팬덤정치는 선동정치로 발전한다. 자기들이 지지하는 후보가 아니면 끌어내릴 대상이며 이 과정에서는 국가의 미래는 안중에도 없다. 그리고 다수의 국민들은 이들의 선동에 휩쓸린다. 이명박 대통령은 현대그룹에서 그리고 서울시장으로서 그의 능력을 충분히 보여 주었음에도 불구하고 그의 대통령 재임 시 국민들의 끊임없는 압력은 그의 어떤 일도 소신 있게 끌고 갈 수 없게 했다. 4대강, 자원외교 등 그의 업적들은 그 결과가 검증되었음에도 불구하고 다수의 국민들은 사실에는 관심이 없다.

- 18대 박근혜 후보는 아직 정비되지 않은 지리멸렬한 야당의 실패와 그의 아버지 후광으로 당선되었다. 이명박 정부의 평가는 초기 광우병 파동 후 국민들에게 호의적이지 않았다. 그럼에도 불구하고 박근혜는 인기 없던 전 대통령의 한계를 극복함으로서 역시 여당의 성과와 무관하게 대통령에 당선된 것이다.
- 재임 시: 그 역시 팬덤을 갖고 있었음에도 불구하고 반대집단의 선동은 집요했다. 이 시기부터 우리 정치는 팬덤과 선동정치가 당연한 것

으로 모두 받아들여진다. 사실 선동정치는 항상 있어 왔으나 SNS의 발달로 선동정치의 효과는 이 시기부터 극대화되었다. 여성 대통령이란 점에서 누드화로 조롱을 해도 별다른 비판이 없었다. 세월호 사고 때 남자와 은밀한 시간을 보냈다는 저질성 선동도 서슴지 않았다. 일반적인 경우 딥페이크나 명예훼손 등에 의한 명확한 범죄에 해당되나 대통령은 이에 해당되지 않는 사람이 되었다.

- 19대 문재인 후보는 박근혜 후보의 파면 분위기 속에서 지리멸렬한 여당과 거의 경쟁 없이 당선되었다.
- 재임 시: 문재인 대통령은 과거 이명박, 박근혜 대통령과 반대로 재임 시 팬덤정치를 노무현 대통령에 대한 보복으로 악용하였다. 재임 전 기간을 적폐청산이란 단어로 시민들을 선동하여 이전 두 대통령을 구속하고, 무리한 정책들이나 외교적 과오 등에 대한 부정적 여론이 생길 때마다 그의 팬들이 방패막이가 되었다.

이제 탄핵은 야당의 단골 협박거리가 되었다. 윤석열 대통령을 탄핵해야 한단다. 이유는 고집불통 혹은 영부인이 나댄다? 어쩌다가 우리나라가 이렇게 되었나? 대한민국은 우리 모두가 지켜야 할 나라이며 대통령은 우리를 지키는 책임을 가진 대표이다. 대통령을 인기 연예인으로 생각하는 우리 국민들이 점점 늘어나고 있음이 염려스럽다.

베트남 전쟁 참전에 대한 소고

　베트남 전쟁 참전은 우리 현대사에서 많은 논쟁을 불러일으키는 사건이다. 무엇보다 가난했던 우리나라에서 근대화를 위한 중요한 기초가 되었다는 데 큰 의미가 있으며 또 한편으로 존재감이 미약했던 우리나라가 적어도 동서냉전의 한 축에서 역할을 했다는 데서 긍정적인 의미를 둔다. 이와 함께 베트남 전쟁의 도덕성 문제에서 우리가 함께 평가될 수밖에 없었다는 점과 경제적 이익을 위해서 참전했다는 용병설, 그리고 실지 전쟁에서 우리 군대의 잔혹성 여부는 어떤 이유에서든 부정적인 측면으로 비춰질 수밖에 없다는 것이다.

　베트남 전쟁 참전에 대한 논쟁은 전쟁이 끝난 70년대가 아닌 군사정부가 막을 내리고 민주정부가 들어서는 90년대부터 뜨겁게 달아올랐던 주제이다. 베트남 전쟁 참전 전반에 대한 논쟁을 순수하게 보지 않는 이유다.

　베트남 전쟁의 원인이 된 통킹만 사건에 대해서는 이미 미국에서 그 실체를 밝힌 바 있다. 이는 비록 우리와 직접적인 관계가 없더라도 도덕성 문제는 무시할 수 없으며 만약 당시 우리가 그 실체를 알았더라면 참전 여부가 분명히 논쟁이 되었을 것이다. 하지만 내가 알기로 당시 우리는 통킹만 사건의 실체를 알 수 있는 위치에 있지 않았다.

　용병설에 대한 논쟁에 대해서는 또 다른 생각을 하게 된다. 누가 뭐라고 하더라도 우리는 6.25를 통해서 미국과 혈맹이 되었고 미국의 전쟁에서 지원을 요청받을 시 수용 여부는 간단하게 결정할 수 있는 일이 아니다. 이러한 가장 큰 참전 이유가 있는 데도 불구하고 우리가 경제적인 이익을 얻었다는 이유로 용병설을 주장하는 사람들에 대해서는 그 논리가 빈약하다고 하겠다. 노무현 정부가 이라크파병을 결정할 당시 우리의 파병 이유 중 하나는 "전후 복구사업에서 얻을 수 있는 이익"이었다. 그럼 이를 기준으로 이라크 파병도 용병이었을까? 베트남전쟁에서 우리 군대가 미군 모병제를 기준으로 하는 월급을 받고 그 액수가 대한민국 군인의 급여보다 월등히 높았다고 하더라도 그건 해외 파병되는 우리 군인에 대한 예우였고 그 비용을 미국방부가 부담한 것뿐이다. 이는 파병의 주요 이유도 아니었고 이러한 군인들 개인 급여가 결과적으로 저축성으로 국가 발전에 기여했을지라도 이 역시 참전군인 개인들의 의지와 노력의 결과였지 이것이 용병이라는 이유가 될 수는 없다. 또한 제네바 규약에 의거 용병의 정의는 정규군이 아닌 전투원으로 독자적인 군복이나 표식이 없어야 한다. 하지만 대한민국은 대한민국 정규군 군복과 휘장을 착용하며 주월 한국군 사령부에 의한 독자적인 지휘권을 행사하였다.

　전투 과정에서 우리 군대의 용맹성을 두고 일각에서는 민간인 학살을 주장하고 있다. 그리고 이러한 주장에 대해서 일부는 "전투 과정에서 있을 수 있는 일"이며 특히 "당시 게릴라전을 주로 하던 베트콩과의 전투에서 민간인과 적을 구분하기 힘든 상황에서는 불가피하였으리라" 짐작하는 경우가 많다. 과연 실체는 무엇일까?

　인류 역사에서 전쟁은 항상 무질서와 파괴, 약탈이 병행되었다. 인류의 문명이 발달하면서 전쟁도 나름 질서를 요구하게 된다. 이러한 질서는 동양보다 전쟁이 일상이었던 서구에서 일찍 발달했다. 인류 역사에서 전쟁의 직접적인 보상은 항상 민간인에 대한 약탈과 파괴 및 살인과 강간 등이었으며 승자는 이러한 행위가 정당화되었다. 그러나 전쟁이 일상이던 유럽에서는 수시로 승자와 패자가 바뀌는 상황에서 이러한 비참한 결과는 누구에게나 일어날 수 있는 일이었고 그런 이유에서 중세 이후 전쟁에서는 나름의 질서가 생겨났다. 기사와 귀족들이 지휘하는 전쟁에서 패자에 대한 최소한의 예우가 상호 합의되고 승자는 패자로부터 전쟁 배상금 혹은 귀족이나 왕이 포로가 되었을 경우 이들을 풀어주는 배상금으로 합의가 되었다. 그러다가 1, 2차 대전을 거치면서 전쟁의 직접적인 피해가 너무 막심하게 되면서 전쟁에 대한 더 강력한 질서가 전 세계적으로 합의되었다. 물론 전쟁이란 혼란과 극한 상황에서 이러한 질서가 철저히 지켜지지 않을 수도 있겠지만 최소한 이러한 질서를 유지하기 위한 다양한 시스템들은 항상 가동되고 있었다. 베트남전도 예외가 될 수는 없다. 민간인에 대한 학살이나 약탈에는 철저한 처벌이 뒤따랐으며 포로에 대한 예우도 장교와 사병 등 계급에 따라서 정해진 예우가 필수적이었다. 일부가 상상하듯이 군대가 마을에 들어가서 이유 없이 민간인을 학살하는 일은 있을 수가 없다는 것이다.

  비둘기부대 김종수 소위가 지휘하던 소대는 야간 매복 작전에서 베트콩으로 오인하여 민간인 6명을 학살했다. 이에 군법재판부는 김종수 소위에게 사형을 선고했으며 이후 15년으로 감형되었다.

  서경석 장군은 베트남에서 큰 전공을 많이 세웠고 이에 서훈 대상으로 선발되었다. 하지만 생포한 포로들을 구타한 사실이 확인되어 서훈

이 취소되었다.

　68년 꽝남 성 전투에서 퐁녓 전략촌 주민들이 학살당했다는 주장이 재기되었다. 이에 미군에서 사건 직후 조사를 했고 정황상 한국군의 주민 학살 가능성이 무게를 두고 지속적으로 증거를 수집했지만 결국 미군 조사관들은 "한국군 부대가 민간인 학살을 했다는 법정에서 입증할 만한 확실한 증거를 찾지 못했음"을 증언했으며 이후 『한겨레21』에서 별도 조사를 벌였지만 학살의 주체를 확인하지 못했다. 결국 2018년 시민단체와 민변 등이 소위 '학살 진실규명을 위한 시민평화법정'을 구성하여 베트남에서 당시 퐁니-퐁녓 마을 학살 생존자를 데리고 와서 대한민국 정부를 상대로 손해배상을 청구하는 일까지 벌어졌다.

　이처럼 한국군에 대한 민간인 학살 등 전쟁범죄 행위에 대해서 말은 많지만 현실적으로는 전쟁 과정에서 발생된 전쟁범죄에 대해서는 조사와 함께 군사재판에서 철저히 진위를 가린다. 이러한 환경에서 흔히 얘기되듯이 한국군이 현지 주민들을 학살했다는 많은 얘기들은 대부분 진실이 아닐뿐더러 간혹 진실이었다고 하더라도 전투 중에 불가피한 상황에서 발생되었을 것이며 또한 증거 확보가 어려운 상황에서 덮였을 수도 있다. 이런 정도로 이해하는 것이 타당할 것이다.

　하지만 베트남 전쟁이 끝난 이후 국내 일부 언론이나 진보 인사들은 집요하게 한국군의 전쟁범죄 행위를 조사하였으며 김대중 대통령은 1998년 베트남 주석을 만난 자리에서 "불행한 전쟁에 참여해 본의 아니게 베트남인들에게 고통을 준 데 대해 미안하게 생각한다"라고 공식적으로 사과를 했다. 또한 2004년 노무현 대통령도 "우리 국민이 마음의 빚이 있다. 그만큼 베트남의 성공을 간절히 바란다"라고 했다. 하지만 베트남은 1992년 한국과 수교하면서 "굳이 사과를 받을 이유가 없음"을 분명히 했으며 한국정부의 사과 타진에 난색을 표했던 것으로 안다. 당시 참전국인 미국을 비롯해 뉴질랜드, 태국 등 어느 나라에서도 굳이 사과를 하지 않았다. 그럼에도 불구하고 전쟁이 끝난 지 50년이 지난 시점에서 문재인 대통령은 또다시 베트남 정부에 사과를 하고 싶다고 했다가 거절당하는 볼썽사나운 모습을 보였다.

일부 진보 언론에서는 끊임없이 한국군의 민간인 학살 사례를 조사한다. 대부분 결론은 모호하다. 도대체 왜 이럴까? 우리는 냉전시대 우리처럼 분단된 국가에서 공산권과 싸우는 베트남을 지원하러 갔으며, 비록 미군의 요청으로 미군과 협력하면서 전쟁을 했지만 우리는 북베트남의 국경을 한 번도 넘지 않았다. 철저한 방어 전투였다. 도대체 50년에 지난 지금까지 뭘 사죄하고 뭘 확인한다는 건가? 정작 당사국이 원하지 않는 것을, 그들은 우리의 가해자 조사를 환영하지 않고 우리의 사과를 원하지 않는다고 했다. 그냥 전쟁이었을 뿐이다.

외교 안보 현대사

1960년대 – 존재감 없는 대한민국

1970년대 – 냉전 속의 한반도, 닉슨독트린에 의한 안보 불안

1980년대 – 냉전이 종식되고 대한민국은 세계 속으로

1990년대 – 세계 속의 대한민국

2000년대 – 자신감이 붙은 외교, 진정한 한미동맹으로 거듭나다

2010년대 – 대한민국, 세계의 선두에 서다

2024년에 "우리의 외교 안보"를 생각한다

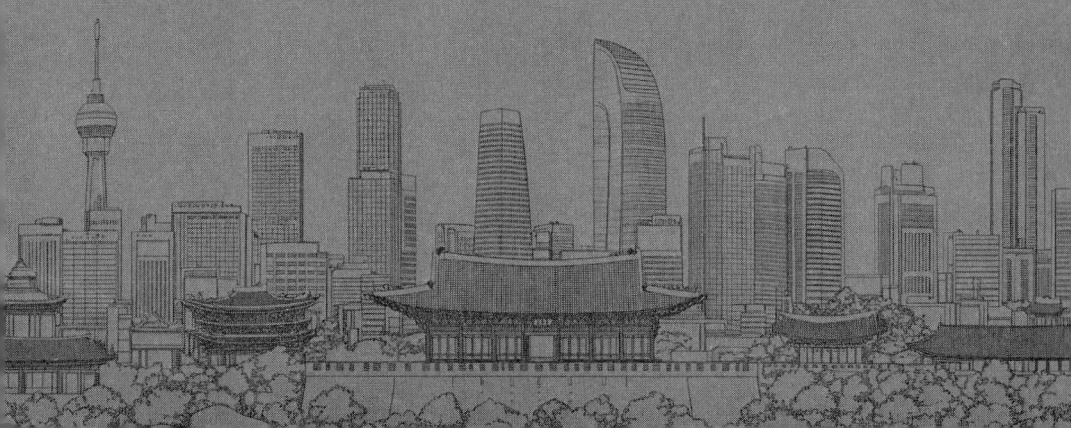

1960년대
- 존재감 없는 대한민국

　60년은 전쟁이 끝난 지 불과 6~7년이 지난 시기다. 사실 한국전을 이해하기 위해서 현대전에 대한 이해가 필요하다.

　1차 세계대전이 현대전의 시작이다. 전쟁의 양상이 국가 간 산업화 전쟁으로 바뀌었고 결과적으로 전쟁에 막대한 양의 무기가 투입되었으며 그 피해는 이전 전쟁의 양상과 비교하면 상상을 초월한다. 이전까지는 단발소총이나 근접무기가 주력이었지만 1차 세계대전에는 기관총이 등장한다. 화학무기가 등장하고 아직 그 효율성이 충분히 검증되지는 않았지만 전차와 전투기가 등장한다. 이제 전쟁은 땅에서 하늘로까지 확장되고 보병과 포병들의 행동반경과 이동속도, 지형 장애물 극복 등에서 엄청난 변화를 주었다. 2차 세계대전에는 이러한 무기체계와 전투양상이 구체화되는 시기이다. 즉 1차 세계대전 때 등장했던 무기들이 안정적으로 발달하고 이의 사용법까지 구체화되어서 전쟁의 피해는 이전에 비해서 상상을 초월한다. 2차 세계대전에서 사망한 사람은 7천만 명을 넘어선다.

　2차 세계대전이 1945년에 끝나고 불과 5년 후에 한국동란이 터진다. 이 전쟁에서 사용된 포탄은 2차 대전 때 사용된 총량을 초과한다. 미국이 2차 세계대전에 퍼부은 전비는 당시 미국의 GDP의 36%였으며 유라시아 귀퉁이 한반도 전쟁에서는 12%였다. 피해 역시 이에 비례했다.

1960년 한국에 대한 국제적 존재감은 치열한 전쟁으로 폐허가 된 나라 그 이상도 이하도 아니었다. 한국의 외교력은 미국에 절대적으로 의존할 수밖에 없었으며 60년 당시 수교국은 16개국에 불과했다. 미국의 영향력이 절대적이었던 영국과 필리핀, 대만과 베트남 정도였고 그 외에는 스페인, 독일, 이탈리아가 전쟁 전후로 외교관계를 수립한 정도였다.

한미 관계는 일방적인 원조 관계로서 45~60년까지 무상원조는 12억 1,400만 달러,(한국전쟁 중 지출한 전비는 180억 달러)였다. 다만 60년부터 경제개발 5개년 계획에 따른 국가재건 과정에서 무상원조는 줄어들고 자본 및 기술협력, 투자유치 및 수출확대 정책에 대한 지원을 미국에 요구하는 상황으로 서서히 바뀌고 있었으며 아직은 미약하지만 일방적인 구걸 외교가 아닌 미래를 위한 투자를 요구하는 수준으로 조금씩 격상되고 있었다.

대일외교의 경우 64년까지는 국교가 개설되지 않았다. 1965년 6월 한일 간 기본관계에 관한 조약을 포함, 6개의 조약과 협정이 서명되고 그해 12월 비준서 교환에 따라서 한일국교정상화가 실현되었다. 그 내용에서 가장 중요한 것은 청구권 자금으로써 1965년부터 향후 10년간 총 6억 달러(무상 3억, 유상 2억, 상업차관 1억 달러)를 제공한다는 것이다. 한국의 국가 총생산은 20억 달러에도 못 미치는 수준으로 당시는 큰 액수였다.

청구권 자금을 활용한 공업화와 수출입국의 과정은 한국이 시장경제를 발전시켜 온 과정과 일치한다.

다만 이 과정에서 원자재 등 대부분을 일본으로부터 수입함에 따라서 한국의 수출 증가와 비례해서 대일본 수입이 증가하게 되고 이는 만성적인 한국의 대일 무역구조의 문제점으로 오랫동안 남아 왔다.

　이 외에는 외교랄 것도 없었다. 61년 케네디 미국대통령과 정상회담을 갖고 이후 베트남 파병 문제로 미국에서 한국의 존재감이 조금 생긴 것으로 보인다. 아무래도 일방적인 도움보다는 작게나마 서로 협력하는 관계에서 외교가 좀 더 구체화되는 것이다.

　전쟁이 막 끝난 북한은 끊임없는 도발로 새로운 전쟁을 준비하는 듯 했다. 비록 북한도 전쟁으로 폐허가 되었지만 애당초 일제강점기에 만들어진 산업화 시스템들이 어느 정도 복구되었고 러시아와 동유럽들의 지원으로 우리보다 경제적, 외교적으로 우위에 있던 북한은 여전히 그들의 자신감을 도발로 나타내었다.

　무엇보다 어선과 어민들의 납치가 빈번했다. 64년 어선 보승2호, 65년 어선 명덕호, 66년 길용호, 67년 어선 천대11호, 거성호, 금윤호, 어성호, 해양호, 청진호, 남풍호, 68년 대한호, 창영호, 풍년호, 금융호, 신양호, 창명호, 가덕호, 만복호 등 끊임없이 어선들을 납치해 갔다. 어민들을 납치해 간 일도 다반사였다. 당시 해군이나 해경 시스템이 열악했던 우리는 이러한 도발을 막을 힘이 없었다.

　무장공비 침투도 당시에는 빈번했다. 6.25 전쟁이 끝난 후에도 활동이 있었던 지리산 빨치산 활동이 50년대 거의 진압되고 60년대부터는 북한에서 직접 무장공비를 남파해서 곳곳에서 긴장을 조장하였다. 65년 진주 무장공비 침투, 격렬비열도 간첩선 격침 그리고 같은 해 경원선 초성리역 폭탄 테러가 있었고 67년 화천군 비무장지대 침투 사건 때는 정전 후 최초로 포병이 대응하기도 했다. 이 외에도 강릉 고단지구 무장공비 침투, 주문진 무장간첩 침투해서 경찰관 1명을 살해하고, 전년도에

발급이 시작된 주민등록증 등을 탈취해 도주하려다 8명이 사살된 사건. 68년 울진-삼척 무장공비 침투사건 등 당시는 이러한 일들이 다반사였다. 울진-삼척 공비 침투 때 이승복 일가 살해사건이 일어났다.

이 외에도 수시로 전선의 교란을 야기하기도 했는데 67년 중부전선의 교전, 해군 당포함 격침, 서부전선 미군 막사 폭파, 연평도 근해 어선 포격, 대성동 미군 트럭 기습, 판문점 미군 막사 기습 그리고 68년에는 비무장지대 미군 순찰차 습격 사건과 임자도 고정간첩단 사건이 발발했다.

이 외에도 이 시기에 중요한 도발사건으로 1.21 사태, 즉 68년 북한 124부대 소속 31명이 청와대를 습격한 소위 "김신조 사건"이 이때 있었으며 역시 68년 미국의 푸에블로호가 북한에 피납되기도 했다. 69년에는 EC-121기를 격추 시켰으며 대한항공 YS-11기를 납치하기도 했다.

이처럼 60년대는 거의 준전시 상황에 버금가는 도발이 있었다. 하지만 대한민국 정부는 이에 강력하게 대응할 힘이 없었다.

1970년대
- 냉전 속의 한반도, 닉슨독트린에 의한 안보 불안

　수교국은 1960년 16개국에서 1970년 82개국으로 늘었다. 60년대에 나라 기틀을 잡으면서 이제 외교에도 신경을 쓰기 시작했다는 뜻이다. 하지만 여전히 국제관계에서 대한민국의 존재감은 미약했으며 실질적 외교관계를 통해서 할 수 있는 일들도 많지 않았다.

　70년대는 가장 치열하고도 어려운 외교 환경 속에서 고군분투한 기간으로 보인다. 국제적으로도 북한의 위상이 남한보다 높았으며 특히 북한은 제3세계 국가들에 대한 적극적인 홍보 및 원조 활동을 통해서 그들의 외교력을 강화시켜 나갔다. 하지만 우리는 당시 모든 역량을 산업 발전에 집중함으로써 대외 외교에 투자할 수 있는 힘이 제한적일 수밖에 없었다. 이 시대는 아직 미국의 힘에 의존하는 외교가 거의 대부분이었다.

　제3세계는 미국 주도 자본주의(제1세계)와 소련 주도 공산주의(제2세계) 어디도 속하지 않겠다는 비동맹주의 국가들을 말한다. 당시 미소냉전 상황에서 많은 군사블록과 협약 및 조약 등을 파기하고 불참함으로써 중립노선을 지향한 국가들이다. 이들은 2차 대전 이후 미소 지배의 세계질서에 저항하고 선진국들에 대한 경제종속에서 탈피하기 위해서 노력했다. 북한은 사실상 소련이 주도하는 공산주의 국가였지만 당시 반제국주의 반미주의를 기치로 제3세계에 접근하였으며 이후 아프리카

국가들에 대한 적극적인 지원 등을 통해서 제3동맹에서 중요한 위치를 차지해 왔다. 당시 제1세계에 속한 대한민국은 제3세계에서 철저히 소외되었다.

베트남 파병은 외교에서도 꽤 의미 있는 일이었다. 74년 제럴드포드 미국 대통령이 방한하여 베트남 파병에 대해서 평가하고 한국에 대한 미국 정부의 변함없는 지지를 확인했다. 하지만 77년 카터 대통령 당선과 함께 한미 관계는 악화 및 미군 철수 공약을 실행하기에 이른다. 당시는 아직 북한의 직접적인 위협이 존재했던 시기라서 미군철수라는 단어 자체만으로도 전 국민이 긴장하던 시기이다. 71년부터 주한미군 61,000명 중 20,000명을 감축하고 75년 미국은 무상 군사원조 종료를 선언하였다. 하지만 다행스럽게도 78년 4월, 미국 의회와 언론의 반대에 부딪쳐 철군 일정은 연기된다. 한편 78년 11월, 주한 미 지상군 감축에 따른 전력공백 보완 및 한미 연합작전의 능력 제고를 위해서 한미 연합사령부를 창설한다.

이 기간 대미외교도 나름 위기를 겪고 있었다. 베트남 전쟁에 대한 반전여론에 의해서 미국은 닉슨 독트린이 발표되고 잇따라 도덕주의를 강조한 미국 카터 대통령의 미군철수 공약에 의해서 한국은 뭔가 조치를 취할 수밖에 없었다. 방위산업의 시작인 번개사업이 이때 시작되었다. 외교적으로는 경험과 자원이 부족한 상황에서 당시 미국의 쌀 무역을 담당하면서 미국 정계에 꽤 탄탄한 네트워크를 형성하고 있던 박동선 씨를 통해서 미 의회 로비를 시도했다. 1976년에 일어난 이 사건을 "코리아게이트"라고 명명했는데 이는 당시 한미 관계에 치명적인 영향을 끼쳤다. 하지만 한미 관계가 항상 그렇듯이 78년 프레이저 보고서로 조사를 끝내고 한미 양국은 78년 공동성명을 발표 하면서 적당히 수습했다. 미 법원은 박동선의 기소를 철회했으며 뇌물을 받은 현직의원 1명을 유죄로 나머지 7명을 의회차원의 징계로 마무리하였다.

코리아게이트는 우리나라 최초의 대미로비 사건이다. 당시 이 사건이 확대된 데는 아직 우리 외교가 서투르고 힘이 없었기 때문일 것이다. 하지만 프레이즈 보고서에 따르면 박동선 씨의 로비는 많은 효과를 확인시켜 주고 있다. 당장 15억 달러의 군수원조 승인에 이 로비의 효과가 결정적이었으며 미군철수 여론을 막고 포드 대통령 때 대중 외교에서 북한을 분리시키는 등 상당한 효과가 있었음을 확인시켜 주었다.(최근 박동선 씨가 운명을 달리하셨다. 조국을 위해서 헌신한 희생과 노력에 무한한 감사를 드린다.)

어쨌든 한미 관계는 여러 고비에도 불구하고 큰 그림에서는 꾸준히 개선되어 갔으며 이에 따른 교역에 있어서도 78년 한국은 미국의 11위 수입시장, 13위 수출시장으로 급부상했다. 이때 총 교역량은 70억 달러였다.

북한 도발은 여전히 심각했다. 무장공비 사건들도 여전했다. 70년에는 평안남도 부근 공해에서 어선단 보호 임무를 수행하고 있던 해군 120톤급 방송선이 북한 해군 고속정의 공격을 받아, 승무원 20여 명이 대부분 사살당한 후 피랍된 사건이 있었다. 또한 같은 해 국립현충원 현충문 폭파 미수 사건도 있었다. 71년에는 대한항공 F27기 납북 시도 사건이 있었는데 당시 기장의 기지로 미수에 그쳤다. 당시 기장과 부기장은 공군 출신으로 베테랑 조종사들이었으며 당시 빈번한 북한의 도발로 기내에는 이러한 사건을 예상한 다양한 준비가 되어 있었다. 결국 총격전이 벌어졌고 육군 항공대 출신 수습 조종사 전명세는 자신의 몸을 던져 수류

탄폭발을 막아 냄으로서 기내 공중폭발을 막을 수 있었다. 74년에는 추자도 무장공비 침투 사건이 일어났고 75년에는 고창 구시포 간첩침투 사건이 있었다. 76년에는 무장공비 3명이 비무장지대 남쪽 동부지구에서 사살되었으며 78년 광천지구 무장간첩 침투 사건, 79년에는 남해군 미조도 앞바다 무장간첩선이 격침되는 일도 있었다.

이 외에 71년 서독 주재 대한민국 대사관 직원 유성근 일가족이 납북되었고 72년 어선 오대양호가 납북되었다. 73년에는 남측 군인에 대한 북한군의 총격 사건이 있었는데 당시 박정인 장군은 이에 백린탄 대응을 지시해서 북한군들을 제압하는 전과를 세운다. 74년에는 대한민국 해경 경비정 제863호 침몰 사건이 있었으며 75년에는 북한 전투기 30여 대가 백령도 상공을 침범하기도 했다.

이 시기에 특기할 사건으로 74년 남침용 땅굴이 발견되었다. 이후 땅굴은 1990년까지 총 4차례에 걸쳐서 발견되었다. 76년에는 전방 시야 확보를 위해서 미루나무를 제거하던 미군에 대해서 도끼로 공격한 "판문점 도끼만행 사건"이 있었고 78년에는 영화배우 최은희와 영화감독 신상옥을 납치하기도 했다. 이는 당시 영화광 김정일의 직접 지시에 의한 것으로 알려졌다.

1980년대
- 냉전이 종식되고 대한민국은 세계 속으로

　80년대 초기는 여전히 70년대와 마찬가지로 냉전의 한복판에서 북한과 치열한 외교전을 벌이던 시기이다. 하지만 수교국은 114개국으로 늘었다. 경제적으로는 북한을 넘어섰지만 외교에서는 여전히 힘겨운 싸움을 하고 있었다. 그러나 이 시기는 70년대와 달리 냉전의 종식 및 외교전의 압도적 승리를 예견하는 전조들이 서서히 나타나고 있던 시기이기도 했다. 그래서인지 사고도 많았다.

　미국과의 관계는 여전히 동맹으로서의 긴밀함이 유지되었다. 미군 주둔에 대해서는 70년대에는 밀고 당기는 씨름을 해 왔으나 그래도 이 시기부터는 대체로 안정기에 들어선 것으로 보인다. 1981년 공화당 대통령 로널드 레이건과 정상회담에서 미군 주둔에 대한 인식을 공유하면서 더 이상 미군철수에 대한 논란을 종식시켰다. 로널드 레이건 정부는 "힘을 통한 평화" 정책을 기저로 했다. 군사력우위 확보가 국가정책의 최우선 과제였으며, 우방과의 결속 강화도 강조되었다. 한미안보협력이 이 시기 강화되었다고 평가받는다. 이는 미국의 정책적 변화가 주요 이유이기도 했지만 미국에서 우리나라의 존재감이 단지 끝없는 도움이 필요한 동맹이 아닌 이제 서로 부분적으로라도 이익을 공유할 수 있는 관계로 발전한 것이 또 하나의 이유일 것이다. 그래서인지 군사동맹과 별도로 80년대부터 미국과의 무역마찰이 증대되기 시작했고 1988년 대미 무역 86억 달러 흑자에 따라 미국으로부터 한국의 거의 모든 시장 개방 압박을 받았다.

대일외교에 있어서도 한국은 이제 어느 정도 자신감이 생겼고 그래서 우리의 목소리를 내기 시작했다. 한일 양국 간 교과서 분쟁이 이때부터 시작되었다. 일본 정부의 역사왜곡 기도로 양국 간 국민적 반발을 일으킨 것이다. 한편 83년 나카소네 수상의 방한 및 40억 달러 경협차관이 합의되고 84년 전두환 대통령의 일본 방문으로 양국 간의 관계는 어느 정도 수습이 되었다. 전두환 대통령 방문 시 일본 왕이 처음으로 과거사 반성을 언급함을 시작으로 이후 일본 지도자들은 나름대로 과거사 반성에 대한 언급을 계속했으며 한편으로는 일부 보수 각료들의 과거사를 미화하는 등 양국은 계속 복잡한 감성적 관계를 유지하면서 오늘에 이르고 있다.

80년대 들어서면 북한의 도발은 여전하지만 88올림픽 개최에 대한 구체적인 방해 공작이 추가된다.

무장공비도 여전하다. 80년 한강하류에 침투한 무장공비들을 황중해 일병과 김범규 이병이 아군의 피해 없이 저지한다. 81년에는 필승교에 무장공비가 침투했고 SR-71 정찰기 피격 사건이 있었다. 82년에는 저진해안에 무장공비가 침투, 83년에는 임월교, 월성해안, 다대포에 무장공비가 침투했고 다대포 침투 공비들은 매복 생포를 하기도 했다. 84년 대구 신암동 무장간첩이 침투했으며 85년 청사포에서, 독도 근해 간첩선을 격침하기도 했다. 86년에는 김포공항에 폭탄 테러를 했으며 87년에는 동진 27호를 납치해 갔다.

1983년 전두환 대통령은 동남아 방문 중 미얀마의 아웅산 묘역에서 북한의 폭탄 테러를 받았다. 다행히 전두환 대통령은 화를 면했지만 서석준, 김재익, 이범석, 김동휘 등 국가의 아까운 인재들이 사망한 사건이다. 이 사건으로 미얀마는 북한과 국교 단절과 함께 북한의 국가 승인을 취소했으며 전 세계 60여 개국이 북한과의 단교 혹은 외교관계를 축소했다.

1987년 대한항공 858편 공중 폭파 사건이 있었다. 북한 공작원 두 명이 비행기에 폭발물을 설치 후 도주하면서 비행기는 공중 폭발 했으며 두 북한 공작원 중 자살에 실패한 김현희가 귀순함에 따라서 그 전모가 밝혀졌다.

1990년대
- 세계 속의 대한민국

90년대는 우리나라 외교사에 큰 변화가 있었던 시기이다. 1990년 당시 수교국은 144개국이다. 88올림픽과 함께 세계 속에서 우리나라의 위상은 급상했으며 한편 치열한 냉전이 끝나면서 소련이 해체되고 공산국가들이 붕괴된다. 북한은 주변에서 협력해 오던 공산국가들이 갑자기 소멸되면서 자칭 본격적인 "고난의 행군"으로 300만 명이 아사한다. 한반도는 북한과의 외교전이 끝나고 명실상부한 세계 속에서 우뚝 서는 대한민국의 서막을 알리는 시기이다.

미국과의 관계에서는 소련 해체와 공산권 붕괴에 따른 국제질서 변화와 함께 주한미군 포함 동아시아 주둔 미군 감축 문제가 다시 제기된다. 이에 1990년 4월 동아시아전략구상(EAST, East Asia Strategic Initiative) 발표, 주한미군 단계적 감축 계획이 함께 발표된다. 그러나 1992년 1단계 7천 명 감축 이후 북한 핵개발 문제의 부각으로 1994년 전면 보류된다. 한편 1995년 빌 클린턴 대통령은 EASR(East Asia Strategic Report)를 발표. 동아시아 주둔 미군 규모를 20세기 말까지 10만 명 이상으로 유지하기로 한다.

한미 통상관계에서는 시장 개방에 따라서 94년부터 97년까지 대미 무역 최대 116억 달러 적자를 기록하지만 1998년 외환위기 극복 과정에서 다시 흑자로 돌아선다.

　북한의 핵 문제가 이 시기부터 구체적으로 부각된다. 북한의 핵개발을 막기 위해서 한미는 많은 노력을 하였으며 특히 한·미·일을 주축으로 북한에 경수로 발전소와 중유 제공을 약속했으나 결국 건설 과정에서 중단되고 북한은 이후 계속 핵개발 관련해서 대한민국과 전 세계를 긴장시킨다.

　KEDO에 의한 북한 지원과 관련해서 북한과의 핵 협상은 다음과 같은 과정으로 진행되다가 결국 결렬되었다.

- 1993년 한국의 김영삼 정부 출범과 동시에 북한은 핵확산금지조약(NPT, Nuclear Non-Proliferation Treaty) 탈퇴 선언
- 1994년 북한의 국제원자력기구(IAEA, International Atomic Energy Agency) 사찰거부 및 탈퇴
- 1994년 미·북 기본 합의서(제네바 합의), 핵시설 동결 및 해제, 그 대가로 한·미·일 주축 KEDO(Korean Peninsula Energy Development Organization)가 북한에 경수로 발전소 2기 제공, 경수로 1기 완성까지 매년 중유 50만 톤 공급
- 1998년 금창리 핵시설 의혹 제기, 북한의 대포동 미사일 발사 등에 따라서 "제네바 합의" 재검토
- 1999년부터의 노력에도 불구하고 200년 북한이 농축 우라늄을 개발하고 있다는 보고서 발표에 따라서 대북중유 지급 중단. 이에 반발한 북한은 IAEA 조사원들을 추방하고 다시 핵확산금지조약 탈퇴
- 2006년 북한 금호지구의 경수로 건설인력 철수. 북한이 협정에 명

기된 절차를 이행하지 않음에 따라 경수로 사업 종료
- 2006년 10월 북한의 1차 핵실험

이 시점부터 대중·대러 외교가 관심으로 떠오른다. 이 전시기 소련과 중공은 우리가 범접할 수 없는 적국의 수괴들이었다. 당연히 외교관계는 말할 것도 없고 직접적인 어떤 소통도 불가했다. 그러던 것이 90년대 들어서면서 중국과, 소련에서 해체된 러시아는 우리나라에 적극적으로 구애를 해 왔으며 이에 따라서 동유럽 국가들과도 빠르게 외교관계를 수립했다. 노태우 정부는 이런 세계적인 분위기에 민감하고 민첩하게 대응했으며 결과적으로 90년대 냉전이 무너지면서 가장 빠르게 이 변화된 환경을 흡수한 나라가 되었다.

1992년 한중수교. "하나의 중국"이라는 중국 대외 기본원칙을 인정하여 대만과의 단교. 우리가 어려울 때 가장 가까이서 우리를 도와준 대만과의 국교 단절은 한편 불가피한 상황이기도 했지만 대만의 입장에서는 섭섭할 수밖에 없었다. 한동안 대만과의 모든 관계가 단절되는 결과를 가져왔다.

러시아는 83년 대한항공 여객기를 격추시키기도 한 나라였다. 1989년 영사처 상호 설치를 합의하고 1990년 샌프란시스코에서 노태우, 고르바초프 간 정상회담을 거친 후 1990년 3월 양국 간 국교를 수립하였다. 당시 노태우 정부의 북방외교 정책은 "모스크바와 베이징을 거쳐서 평양으로"였다.

1991년 고르바초프 대통령이 제주도를 방문하였으며 이 방문에서 대한민국은 러시아에 현금차관 10억 달러와 소비재차관 4억 7천만 불 등 총 14억 7천만 불의 차관을 제공했다. 이 차관은 많은 의미와 가치를 지닌 것이었다. 1999년까지 상환 약속을 지키지 못한 러시아로부터 현물 상환으로의 전환에 합의했으며 이로써 1994년 3억 100만 달러가 전차, 장갑차. 대공화기, 헬기 등 러시아 무기와 상환되었으며 이는 후일 "불곰사업"으로 우리 방위산업에서 획기적 발전의 계기가 되기도 했다. 이후 이자가 붙어서 늘어난 22억 4천만 달러 가운데 6억 6천만 달러를 탕감하고 나머지 125억 8천만 달러를 2026년까지 분할 상환하기로 합의했다. 이 중 5억 달러를 현물(무기)로 받기로 하고 6억 6천만 달러의 탕감 조건으로 우주기술협력협정을 체결함으로써 2013년 나로호 발사를 성공으로 이끌었다. 당시 노태우 대통령의 차관 제공은 이후 그 액수와 비교할 수 없는 여러 가지 성과로 대체되었다. 1992년에는 공산주의가 완전히 무너지고 보리스엘친 러시아 대통령이 한국을 방문하였다.

이런 가운데서도 전 세계에서 고립된 북한의 도발은 여전히 계속되었다. 90년 제4 땅굴이 발견되었으며 91년 한중 합작어선 남해 006호와 제2 승영호가 납북되는 일이 있었다. 92년에는 서부전선, 판문점, 은하계곡에 무장공비를 침투시켰으나 실패했다. 93년에는 인천 교동도에 무장공비가 침투했고 94년에는 임진강과 판문점에 무장공비가 침투했다. 이후 95, 96년에는 임진강과 부여, 강릉에 무장공비가 침투했으며 97년에는 철원 GP에서 교전이 있었다. 98년에는 속초 앞바다에서 무장공비의 침투 기도 사건이 있었는데 유고급 잠수함이 어선 그물에 걸려서 발각됨에 따라서 공비 침투가 확인되었다. 승조원들은 모두 자살하고 공작원들은 북으로 탈출하면서 교전에서 모두 사살되었다. 우리 쪽 피해도 적지 않았다.

북한은 휴전 후 별말이 없었던 NLL을 문제 삼으면서 99년 제1 연평해전을 일으켰다. 97년 황장엽 비서의 망명은 전 세계적 화제가 되기도 했다. 북한의 주체사상을 만든 인물이기도 한 황장엽의 탈북은 북한에도 엄청난 충격을 준 사건으로 이후 두어 번의 암살 시도가 있었다.

2000년대
- 자신감이 붙은 외교,
진정한 한미동맹으로 거듭나다

　수교국은 1990년 144개국에서 2000년 183개국으로 늘었다. 단지 숫자가 늘어난 것보다 동유럽 공산국가들과의 수교에 훨씬 큰 의미를 두는 외교 성과였다. 이제 80년대 북한과의 치열했던 외교전은 끝났으며 우리는 전 세계 모든 나라와 수교를 할 수 있는 위치로 올라섰다. 이 시기 외교관계를 맺은 나라는 폴란드, 헝가리, 루마니아, 불가리아, 리투아니아, 체코 등이며 북한이 절대적으로 외교적 우위에 있던 아프리카의 많은 나라들도 이때 우리와 국교를 개설했다. 나미비아, 남아공, 탄자니아, 앙골라, 모잠비크, 콩고 등이며 구소련 영역이었던 중앙아시아의 우즈베키스탄, 카자흐스탄, 타지키스탄과 벨라루스, 아르메니아, 아제르바이잔 등이 포함된다. 이 국가들의 리더였던 러시아도 90년에 수교했으며 몽고는 90년, 중국은 92년에 수교했다.

　2000년 들어서 한미동맹을 둘러싼 안보환경이 급격히 변화하면서 이에 전반적인 재조정이 필요했다. 이에 따라서 서울에 위치한 주한미군 및 관련부대를 평택 지역으로 이전하고 전국에 산재한 중소 미군 기지를 중부 및 남부 2개권 역으로 통폐합하기로 합의하였다. 한편 2007년 한미연합사령관이 행사하는 전시작전통제권을 2012년 한국 측에 전환하기로 합의하였다.

　주한미군의 용산에서 평택으로의 이동은 여러 가지 의미를 갖는다. 물론 수도의 팽창과 함께 용산이라는 서울의 한 중심지를 미군이 차지하고 있는 상황에서는 분명히 새로운 변화가 필요했다. 이런 이유에서 미군은 서울에서도 가깝고 한반도에서 드물게 넓은 평지를 갖고 있는 평택 쪽으로 옮겨 온 것이다. 사견이지만 미군의 평택 이동은 또 다른 숨겨진 의미를 갖고 있는 것으로 보인다. 평택은 서해의 주요 항구로서 역사적으로 중국과의 무역 중심지였다. 평택 옆의 당진항은 "당나라로 가는 항구(진)"라는 뜻이기도 하다. 이러한 점을 볼 때 미군의 평택기지는 단지 한반도의 방어만이 아니라 중국의 팽창을 막고 유사시 중국과의 충돌을 대비한 것으로 해석된다. 이러한 점에서 우리가 미국과 주한미군의 역할과 비용 등을 협상할 때 일방적인 지원이 아닌 중국의 팽창에 맞서는 동맹으로서의 위치를 강조할 만하다.

　이명박·오바마 두 대통령의 합의에 의해서 한미동맹을 장기적이고 미래지향적인 관점에서 "21세기 전략동맹"으로 발전해 나가기로 합의하였다. 주한미군 28,500명 유지하고 미국의 대외군사판매차관 격상 등 실무적인 합의를 도출하였다.

　통상마찰은 현저히 줄어들고 대부분 현안은 WTO 분쟁 해결 절차에 따라서 원만하게 유지하였다. 교역량은 지속적으로 증가하여 2008년 847억 달러 기록, 한국은 미국의 4위 교역 상대국이 되었으며 2007년 미국과 FTA 체결하였다. 이제 한국은 경제적으로 미국으로부터 대부분 독립해서 당당하게 무역을 하는 상황이 되었다.

　대중 교역에서 1992년, 총 교역량은 64억 달러 투자는 1억 달러,

2008년 1,683억 달러 투자는 383억 달러 정도를 기록하고 있다. 이제 중국은 한국의 제1 교역대상이며 한국은 중국의 제3 교역대상국이 되었다. 수교 후 양국 정상들이 서로 방문을 하면서 관계를 돈독히 해 나갔는데 노태우, 김영삼, 김대중, 노무현, 이명박, 박근혜가 중국을 방문했고 장쩌민, 후진타오(국가주석), 리펑, 주룽지, 원자바오(국무원 총리)가 방한했다.

이때 한·중 양국 간의 협력관계는 정치·외교 및 경제·통상 분야에서의 양자 간 협력이나 한반도 문제에만 국한되지 않고 각종 국제 기구나 범세계적인 문제와 관련해서도 지속적으로 확대·발전되어 왔다. 유엔, 아시아·태평양 경제 협력체(APEC: Asia-Pacific Economic Cooperation), 아시아·유럽 정상회의(ASEM: Asia Europe Meeting), ASEAN+3(동남아시아국가연합과 한·중·일 3국) 등 각종 국제기구 및 협의체에서의 상호 입후보 지원이나 정책 협조는 물론, 환경, 금융, 에너지, 인권, 대량파괴무기(WMD: Weapons of Mass Destruction) 문제 등 제반 범세계적인 문제에 있어서도 양국 간의 협력관계를 강화해 왔다. 아울러 1999년 ASEAN+3 정상회의 시 일본 측의 제의로 한·중·일 'ASEAN+3'는 동남아시아국가연합(ASEAN: Association of Southeast Asian Nations)과 한·중·일 3국을 일컫는 용어로서, 전체 본문에서는 'ASEAN+3(동남아시아국가연합과 한·중·일 3국)'로 표기한다. 3국 간 정상회의가 시작된 이래, 한·중·일 협력이 발전되어 왔으며, 2008년 12월 후쿠오카에서 제1차 한·중·일 정상회의가 개최되었다. 아직 우리 국력이 중국의 우위에 있었고 갈 길이 먼 중국은 여전히 우리와의 관계가 중요했다. 현실적으로 북한은 중국에게 당장 도움이 되는 것들이 별로 없었을 뿐 아니라 북한은 자기 앞가림하기 바빴다.

대 러시아 외교에서 1999년 김대중 대통령이 러시아를 방문하였으며 2001년 블라디미르 푸틴 대통령이 한국을 방문했다. 2004년 노무현 대통령의 러시아 방문, "상호 신뢰하는 포괄적 동반자 관계"를 합의했으며 2008년 이명박 대통령의 러시아 방문을 통해서 양국 관계는 "전략적 협력 동반자 관계"로 격상되었다.

수교 당시 교역량은 9억 달러, 1996년 37억 달러, 2006년 98억 달러, 그리고 2008년에 180억 달러로 늘어났다.

그들의 힘이 상대적으로 약화되면서 북한의 도발도 어느 정도 약화되었다. 2001년 북한군 철원군 DMZ서 MDL 월경하면서 양국 간 약간의 교전이 있었으며 북한군 파주군 장파리 DMZ서 아군 초소에 기관총 2~3발이 발사되었지만 둘 다 계획적인 도발은 아니었다. 2002년 북 경비정이 NLL침범함으로써 제2 연평해전이 발발했으며 2003년 북 미그-29기 1대가 연평도 NLL 13㎞ 남하하면서 아군 전투기가 대응 출격했다. 역시 의도적 도발은 아닌 듯했다. 수시로 북 경비정의 NLL 월선이 있었고 그때마다 경고성 함포 사격이 있었다. 2007년과 2009년 황강댐의 무단방류가 있었는데 이는 홍수 조절을 위한 것으로써 역시 사전 계획적이라기보다 상호 협의를 하지 않은 일방적 행동의 결과였다.

2008년 금강산 관광객 피살 사건은 금강산 관광을 간 민간인이 총격으로 피살된 사건으로 사실상 남북관계 경색이 시작된 사건이다.

2010년대
- 대한민국, 세계의 선두에 서다

　2010년대 수교국은 189개국으로 늘어나서 사실상 전 세계 모든 국가와 국교 관계가 개설되었다. 2020년에는 3개가 늘어난 192개국, 2024년에는 마지막 남은 북한의 우방 쿠바와 국교를 개설함으로써 193개가 되었다. 이 시기 외교는 그동안 냉전시대 우리의 포지션, 북한과의 경쟁 등 여러 상황들을 극복하고 순수한 힘의 외교 시대가 되었다는 것이다. 교역에서 세계 10위권 대한민국의 위상은 외교에서 다른 요소들이 필요 없을 정도가 되었다. 어느 나라와도 당당하게 대결하고 당당하게 협상할 수 있는 위치에 올라선 것이다.

　이명박 정부의 친미정책은 미국과의 관계를 돈독히 했다. 미국 입장에서 한국은 일본보다 중요한 우방이었으며 대일 외교도 한국이 주도할 정도였다. 이 시기 미국은 부시 행정부와 오바마 행정부, 두 정권을 거치면서 이명박 정부는 이 두 정권과 모두 좋은 관계를 유지했다. 당시 비자 면제 프로그램 가입도 이명박 정권의 핵심 업적이라고 할 수 있다.

　이명박 정부는 한미관계를 "창조적 한미동맹"으로 설정했는데 이는 급변하는 세계의 정세 속에서 미국의 안보 군사적 전략, 중국의 부상 등 동북아 안보환경의 변화 속에서 단기적인 관계뿐 아니라 미래 수요에 능동적으로 대응할 수 있는 한미동맹으로서 공동 인식과 공동 비전을 가지는 것이 무엇보다 중요하다는 시각을 갖고 있었기 때문이다. 이러한 인식하에서 이명박 정부는 한미동맹의 미래 발전 방향을 동맹 미래 버전으로 구현하는 동시에 이를 구체화하는 노력을 활발히 전개해 나갔다. 이 같은 노력의 결과 이후 한미관계는 새로운 모습으로 발전해 나갔다.

박근혜 정부가 맡은 외교환경은 역대 어떤 정부보다 위험했다. 미국, 일본, 중국을 비롯한 아시아 대부분의 국가를 보수정권이 장악하면서 자국의 이익에 전념하고 있었으며 급속히 성장한 중국은 미국과 같은 대우를 해 줄 것을 지역 국가들에게 요구하는 상황이었다. 이에 일본은 중국을 경계하면서 자국의 보호에 더욱 힘을 쓰는 상황이었다. 이러한 환경 속에서 박근혜 정부는 3대 외교정책인 "한반도 프로세스", "동북아 평화협력 구상", 그리고 "중견국 외교"를 내걸고 시작했다. 당시 흥미로운 것은 박근혜 정부 1년 후 외교업무에 대한 국민들의 평가이다. 외교업무에 대한 긍정적 평가는 67.7%로 국내 업무 47.8%보다 월등히 높고 부정적 평가도 국내 업무는 44.7%인 데 반해서 외교업무는 21.7%로 높게 나타나고 있다. 즉 대중들은 박근혜 정부의 1년 업적에서 외교적 업적을 높이 평가한 것이다.

우리나라는 정부가 수립된 48년부터 87년 전두환 정권까지 독재정부였으며 독재를 뿌리로 민주정부로 전환한 노태우 정부의 92년 이후 93년 김영삼 정부부터 오늘날까지 민주주의를 만끽하고 있다. 대중의 의견이 중요하고 그들의 평가가 중요하다. 그리고 그들의 의견을 수용하는 다양한 채널들, 특히 2010년 이후는 SNS의 발달로 더욱 다양해진 채널들이 있다. 그러나 그들의 의견이 인기투표에 지나지 않는다면 어떨까? 국가 운영을 평가하는 것과 인기 연예인을 좋아하는 것과는 근본적으로 다른 것인데.

　박근혜 정부는 지리멸렬한 보수당을 수렁에서 구한 박근혜 개인에 대한 평가와 특히 박정희라는 걸출한 인물에 대한 평가, 한편으로는 박정희라는 인물이 재대로 평가받지 못하고 있다는 아쉬움에 대한 보상으로 만들어진 정부다. 그러므로 그녀에 대한 전반기의 평가는 객관적인 사실에 대한 평가라고 보기 힘들다. 박근혜 대통령의 외교에 대한 긍정적 평가가 70%에 가깝지만 이 시기 박근혜 정부의 3대 외교정책은 보이지 않는다. 21세기 들어서 우리 외교의 독립성이 높아졌지만 여전히 최강대국이며 우리의 동맹인 미국의 영향력을 무시할 수 없고, 그래서 우리의 외교는 미국과의 관계에 따라서 많은 부분들이 형성되는 특징이 있다. 이명박 정부가 친미 정책을 일관되게 고수하면서 만들어진 한미동맹 기반 위에서 당시 미국의 견제가 시작된 중국과 밀월관계를 형성 하면서 박근혜 정부의 외교정책은 서서히 흔들리고 있었다. 후반기 들어서 이러한 미국과의 균열을 인식한 박근혜 정부의 노선 변경은 미·중 모두에게 환영받지 못했다. 결국 SAAD 도입을 표면적 이유로 중국과는 냉기가 흐르는 관계로 바뀌었으며 미국과의 관계도 완전히 회복되지 못한 상태에서 파면을 맞이하게 되었다. 흐트러진 외교 전략은 다음 정부에 맡겨졌다.

　이 시기 일본도 박근혜 정부가 감당하기에 벅찬 강경 보수정권이었다. 대일 외교는 항상 현실과 국민정서 가운데서 줄타기를 해야 하는 문제가 있다. 예를 들어서 김영삼 정권 때 일본에 대해서 "버르장머리"라는 단어로 국민들을 통쾌하게 했지만 외환위기 때 일본에 내민 손을 차갑게 거부당했다. 박근혜 정부는 이러한 일본을 관리할 능력이 부족했으며 결과적으로 이 시기 대일외교는 이렇다 할 일 없이 지나갔다.

북한 도발은 여전했지만 그 형태는 많이 변했다. 과거 무작위 도발에 가까웠다면 이 시기부터는 구체적인 방향성이 보인다.

먼저 2000년 들어와서 갈등을 일으키고 있는 NLL은 2010년대 들어서도 계속 도발의 대상이 되고 있다. 2010년 천안함 피격과 연평도 포격전이 있었다. 2011년에도 연평도 해상에 포격이 있었다. 2014년에는 어업지도선 두 척이 NLL 남방을 침범한 후 돌아갔으며 같은 해 유도탄고속함, 홍시욱함에 대한 북한의 포격이 있었다. 2014년에도 남북 고속정 간 교전이 있었으며 2016년 북 경비정의 서해 NLL 침범과 백령도 해안포 발사한 사건이 있었다.

이 시기부터 대북전단지에 대한 갈등이 발생한다. 대북전단지는 탈북단체들이 주도해서 보내는데, 이에 대해서 북한은 매우 민감한 반응을 보여 왔다. 2000년대부터 탈북자들이 급증함에 따라서 탈북자 지도자들에 대한 테러 시도도 많았다. 2011년 탈북자 박상학 씨를 암살하기 위해서 북한 정찰총국에서 위장 탈북자를 내려 보낸 미수 사건이 있었다. 2014년에는 연천의 대북전단 발원지 격파 사건이 있었으며 2016년에는 거꾸로 북한에서 대남전단을 살포했다. 같은 해 고영환 등 주요 탈북인사 암살 지령을 내리기도 했다. 2017년 여의도에서 대남전단 수만 장이 발견되었다.

이 시기 또 다른 도발로 무인기를 시도한 점을 들 수 있다. 무인기가 현대전에 중요한 무기체계가 되면서 북한은 무인기 테스트를 목적으로 하는 도발을 감행한 것으로 보인다. 2014년 북한 무인기가 추락하는 사건이 있었으며 2016년에도 무인기가 우리 영공을 침범, 경고 사격으로 물러났다. 2017년에는 북한 무인기가 성주 골프장(SAAD 배치 지역)을 10여 차례 촬영하고 가던 중 강원도 인제에서 추락했다.

사이버 테러가 잦아진 것도 이 시기의 변화 중 하나다. 2012년에는 대선 조작 시도가 있었다. 2014년에는 한국수력원자력 해킹 사건이 발생했다. 북한의 해커(킴수김)가 원자력 발전소 도면을 공개함으로써 드러난 사건이다. 2016년에도 사이버 테러 시도가 있었고 2018년에는 청와대 해킹 시도가 있었다. 이 외에도 수시로 해킹을 통해서 정보 및 가상화폐 탈취 등의 행위가 계속되고 있다.

이 외에도 GPS 교란, DMZ 인근 총격 사건, 귀순현판 탈취 사건 등 사소한 도발들이 끊임없이 일어나고 있으며 2015년에는 목함지뢰 도발로 민감한 상황이 발생하기도 했다.

2024년에
"우리의 외교 안보"를 생각한다

    70~80년대 냉전의 한복판에서 우리의 외교 노력은 눈물겹다. 우리나라의 외교력은 북한과의 체제 경쟁이라는 엄중한 현실 속에서 생존과 연결되는 문제였다. 그렇기 때문에 당시 우리는 외교를 또 다른 전쟁으로 인식했다.

    6.25가 휴전으로 일시 정리가 되었지만 전쟁은 계속되고 있었다. 끊임없이 어선들이 납북되고 못살던 시절 몇 대 없던 비행기까지 납북된다. 휴전선에서는 수시로 총격전이 벌어지고 전국 곳곳에 무장공비들이 집단으로 민가를 침범해서 살인을 저지르거나 심지어 청와대까지 돌격해 간다. 그러다가 아웅산에서 대통령과 국가 수반들의 암살 시도가 일어나고 항공기 공중 테러 등 세계 어디에서도 존재하지 않았던 이상한 전쟁이 60년 넘게 있어 왔다.

    해외에서도 예외가 아니었다. 북한은 자국민들의 생계도 해결하지 못하던 시기에 제3 동맹 국가들에게 원조를 통해서 그들의 위치를 확고히 했다. 그리고 우리는 미국의 힘에 기대어 서방 국가들의 소극적 지지를 얻으면서 힘겹게 1991년 남북 동시 유엔 가입을 이뤄 냈다. 다행히 1991년은 냉전의 한 축인 공산주의가 무너지기 시작한 시점이었다.

2차 대전 후 세계는 집단 외교 유형을 요구한다. 냉전 때는 두 개의 이념적 집단이 가장 중심이었지만 그런 가운데 비동맹 그룹과 함께 종교적, 역사적, 지역적 집단으로 작은 그룹들이 있었다. 냉전이 무너지면서 이러한 작은 집단들은 더 커진다. 냉전 때 동서로 나뉜 유럽은 동유럽을 흡수하면서 하나의 거대한 군사 및 경제 공동체로 뭉쳐졌다. 중동은 유태교에 대한 무슬림들의 종교적 집단으로 뭉쳐지고, 구소련에서 독립된 국가들은 친러시아와 반러시아로 집단화되고 있다. 동남아시아도 나름대로의 집단화로 힘을 모으는 노력을 하고 있다.

우리 외교는 대체로 미국과의 동맹이 기본이 되어 왔다. 하지만 자체적 힘이 약했던 관계로 유럽이나 호주 혹은 일본 등 미국 동맹들에게조차 독자적인 외교력은 그리 강력하지 못했다. 그나마 70년대 오일쇼크를 현명하게 대처하면서 서남아시아 무슬림 국가들과의 관계를 원활하게 갖고 간 것이 현대 외교사에서 나름 돋보이는 업적이다.

하지만 경제와 문화적 힘이 국력을 한껏 끌어올린 21세기, 우리는 우리의 힘으로 외교계에서 영향력을 행사하고 있다. 유엔 분담금 세계 10위권 이내의 국가, OECD 회원국이며 이제 G7을 넘보고 있다. 더욱 놀라운 것은 국가 간 외교를 떠나서 국가와 지역, 문화와 종교 등 서로 상관이 없는 전 세계의 많은 불특정 다수 지구촌 사람들이 대한민국의 문화를 사랑하고 그 영향으로 대한민국에 우호적인 거대한 집단이 존재하고 있다는 것이다.

이러한 힘을 현재를 위해서만이 아니라 미래를 만들어 가는 데 투자하는 현명함이 필요할 때이다.

(1) 대북 정책

 냉전시대 북한은 남북연방제라는 나름의 한반도 미래정책을 개발해서 홍보해 왔으나 우리는 이에 대응할 제대로 된 정책이나 비전이 없었다. 물론 북한의 남북연방제는 그들의 체제가 우위에 있음을 전제로 대한민국을 흡수하기 위한 전 단계 전략으로서 이미 경쟁에서 낙오한 그들은 더 이상 남북 연방제를 주장하지 않는다. 이제 우리가 한반도의 미래 전략과 비전을 갖고 가야 할 때다.

 통일은 우리가 싫다고 피할 수 있는 문제가 아니다. 한 뼘도 안 되는 독도를 지키자고 전 국민이 고함을 치는 마당에 저 넓은 북한 땅을 포기할 수 있을까? 독도는 그냥 리앙크루, 국토라고 할 것도 없는 바윗덩어리다. 하지만 북한은 땅과 백성이라는 하드웨어뿐 아니라 우리의 역사와 문화라는 소프트웨어까지 고스란히 쌓여 있는 순수 우리의 일부이다. 통일하고 싶지 않다는 망언을 일삼는 철없는 애들을 그냥 두고 볼 것인가? 국가는 그냥 내 맘대로 누리고 즐기기만 하는 놀이터가 아니다. 우리가 지키고 유지하고 발전시켜야 하는 의무가 함께 존재하는 우리의 소중한 공간적 자산이며 한편 우리만의 철학이다.

 통일을 진지하게 논의해야 한다. 평화통일이라는 말은 전쟁을 하지 않겠다는 의미일 뿐 구체성이 전혀 없다. 흡수통일을 하지 않겠다고 한다. 그럼 자유민주주의 자본주의 체제를 포기하겠다는 뜻인가? 시대착오적인 북한의 왕조가 스스로 자유민주주의 자본주의 체계로 전환해서 우리에게 합치자고 제안해 올 것을 기대 하는가? 우리가 지향하는 것은 흡수통일이 맞다. 다만 평화적 흡수통일을 위해서는 우리와의 격차가 너무 커져서 북한 왕조가 스스로 무너지거나 혹은 가능성은 매우 낮겠지만 독일처럼 협상을 통해서 흡수해야 한다. 그 외에 어떤 방법이 존재할 것인가? 우리는 최소한 스스로 무너지는 북한을 감당할 준비가 되어 있어야 한다.

혹은 과도기 전략을 쓸 수도 있다. 과거 북한이 주장했던 남북연방제도 좋다. 하지만 이는 북한을 오픈하는 전략이며 결국 북한 인민이 대한민국의 민주주의 자본주의로 흡수되는 과도기로서 연방제를 주장할 수는 있지만 이미 체제 경쟁이 끝난 이 시점에서 북한이 받아들일 가능성은 매우 낮다. 아무튼 하나의 목적지를 향한 확고한 전략이 수립되어야 한다.

그 후 우리는 북한을 감당할 준비를 해야 한다. 독일의 통일을 보면서 당시 그 비용에 겁을 먹었다. 독일이 저럴진대 우리가 어떻게? 하지만 30년 동안 우리는 꾸준히 발전했다. 북한이란 땅을 사람 사는 대한민국으로 변모시키기 위해서 얼마나 많은 돈과 얼마의 기간이 필요한지에 대해서 지금부터 국민들에게 알리고 협조를 구해야 한다. 그리고 통일된 후 북한 2천만 인민들과 대한민국 국민들 간의 격차로 인해서 생기는 갈등과 치안을 어떻게 감당할 것인지, 정치의 규모는 어떻게 바뀌고(북한이 우리 국회에 들어오고 북한 주민들도 투표권을 가지는 것이 당연하므로) 행정부는 얼마나 확장될 것이며 국방은 어떻게 바뀔 것이고 외교는 어떻게 준비할 것인지 모든 준비가 되어 있어야 한다.

70년간 일어나지 않은 전쟁을 대비해서 50만 대군을 유지해 왔다. 이처럼 당장 일어나지 않을 수도 있는 통일을 위해서 항상 대비가 되어 있어야 한다. 통일 비용을 겁내지 말자. 준비 안 된 상태에서 통일이 되었을 때 그 혼란은 돈으로 감당할 수 있는 것이 아니다.

(2) 대미 정책

 나는 여기서 국가정책을 제안하는 것이 아니다. 내가 살아온 날들을 돌이켜 보면서 나는 어떻게 살아왔으며 또 어떻게 살아야 했나 돌이켜 보는 것이다. 당시 확고한 신념 속에서 했던 행위가 나중에 그 신념이 무너지는 경우도 많았으며, 한편 확고한 신념이나 판단 없이 혼란스러웠던 주제들도 적지 않았다. 미국이란 나라가 바로 그런 혼란의 대상이었다.

 우리가 역사를 배우는 이유는 현재가 역사의 한 부분이기 때문이며 현재는 과거를 반복하기 때문이다. 이는 아놀드 토인비의 역사 순환설로 정리되기도 한다. 과거를 돌이켜 보면서 현재를 해석하면 미래가 보인다. 그런데 미국에 대해서 끊임없이 나의 판단에 혼란이 온 이유는 미국이 과거에 보지 못한 새로운 세계 질서를 만들어 왔기 때문이다.

 인류 역사와 함께한 것이 힘에 의한 계급 형성이다. 개인이나 집단은 항상 투쟁을 통해서 계급이 만들어지고 힘 있는 계급은 힘없는 계급을 지배하고 약탈한다. 이러한 현상은 생명체의 본능에 기인한다고 믿고 있다. 국가 간 질서도 이와 마찬가지로 힘에 의해서 만들어진다. 유라시아 변방에 위치한 우리 역사는 중국이라는 강대국의 지배를 받아 오면서 이러한 메커니즘을 누구보다 정확히 이해하고 있다. 한편 지정학적으로 우리와 달리 넓은 대륙에 많은 나라들이 옹기종기 몰려 있는 유라시아 지역은 강자의 위치를 두고 끊임없는 투쟁을 해 왔다. 그러면서 일시적으로 절대강자가 지역 혹은 세계를 지배하기도 했다. 카르타고와 로마가 그랬고 프랑스, 오스트리아, 중국, 몽골이 그랬다. 식민지 개척시대에는 네덜란드와 스페인, 영국이 지역을 지배했다. 이러한 국가들의 공통점은 피지배 국가를 착취하고 갈취하고 지배하고 통제한다는 것이다.

2차 대전이 끝나면서 식민지 시대가 막을 내리고 세계의 힘은 유럽에서 미국으로 넘어갔다. 2차 세계대전이 과거 어떤 전쟁과도 달랐던 것은 바로 생산기술의 싸움이었다는 것이다. 일본은 미국의 잠재적 생산기술을 미처 계산하지 못함으로서 무모하게 미국에 도전했다가 처참한 결과를 맞았다. 산업혁명 후반기 생산기술에서 영국을 따라잡은 독일도 결국 미국의 생산기술에 무릎을 꿇었다. 그리고 전쟁으로 인해서 더욱 발전된 미국의 생산기술은 전후 전 세계 산업을 리드하는 파워가 되었다.

미국이 지배하는 세상은 과거와 달랐다. 미국은 타국을 지배하거나 약탈하는 데 별 관심이 없었다. 땅을 탐내지도 않았다. 미국은 세계를 지배하는 대신 그들의 질서를 보호했다. 패권국가로서 미국의 요구는 그들의 질서에 합류하는 것이며 그 질서는 민주주의의 보편적 가치인 인권과 자유무역이었다. 그리고 그들의 질서에 순응하는 국가에게는 그들의 시장을 열었다. 인류 역사상 한 번도 본 적 없는 패권 국가였다. 결과적으로 미국의 질서에 충실했던 한국, 일본, 대만은 2차 대전 후 완벽히 몰락한 국가에서 세계 선두를 달리는 국가로 발전했다. 그렇게 한 세대를 살아온 오늘날 전 세계의 젊은이들은 원래 패권 국가는 이런 모습일 거라 착각하면서 우크라이나를 침공한 러시아를 시대착오적이라 비난한다.

미국의 질서는 굴욕적이지도 않고, 부당하거나 불공정하지도 않았다. 우리는 이러한 질서에 충실히 따름으로서 우리를 지키고 우리를 발전시키면서 오늘에 이르렀다. 그동안 미국의 질서에 힘을 보태 온 유럽이 급격히 힘을 잃어 가고 중국이 미국에 도전장을 내밀기 시작한 21세기, 우리는 유럽 대신 미국의 질서에 힘을 보탤 수 있는 정도로 발전했다.

그리고 미국은 이를 원한다. 앞으로 우리의 대미정책은 강력하고 진정한 동맹으로서의 역할이 아닐까?

(3) 대일 정책

누군가와 싸우려면 상대를 먼저 파악해야 한다. 일본은 우리의 영원한 경쟁자다. 어떤 형태로든지 싸워 왔고 앞으로도 그럴 것이다. 우리 역사가 그랬고 지정학적 환경이 이를 확인시켜 준다. 영국과 프랑스가 그랬고 미얀마와 태국이 그랬고 북유럽 국가들이 그랬다.

일본에 대한 이중적 사고를 버리자. 일본은 우리로부터 문화를 받아간 문화적 종속 국가이며 역사적으로 미개 국가이다. 이러한 생각은 미운 일본에 대한 스스로의 위안과 합리화는 될지언정 일본을 이기고 일본을 활용하는 데는 아무런 도움이 되지 않는다.

나는 일본 역사를 공부할 때마다 궁금한 것들이 참 많다. 왜 백제 왕자들은 어릴 때 일본에 가서 살았을까? 일본은 수시로 한반도 삼국 간의 충돌에 개입해서 연합군을 형성해 왔다. 신라가 가장 강성하던, 삼국통일의 대업을 이룬 문무왕이 얼마나 절박했으면 왜구를 막겠다고 동해바다에 그의 수중릉을 만들었을까?

일본서기와 고사기에는 많은 백제와 한반도 정보가 있다. 물론 그 시대 역사서에서 일부 내용들은 부정확하거나 어떤 힘에 의해서 왜곡된 것들도 많겠지만 그나마 우리가 미처 보존하지 못한 우리 역사를 해석해 볼 수 있는 기록들이다. 일본 서기에 의하면 만삭의 백제 왕비(개로왕의 부인)가 시동생과 함께 왜로 가다가 본토까지 도달하지도 못하고 카카라섬에서 무령왕을 낳았다는 기록이 있다. 우리 사학계에서는 왕비가 시동생과 동행한 것이나 일본의 열악한 섬에서 출산을 한 것 등을 두고 이를 부정하였지만 결국 무령왕릉이 발굴되면서 일본서기의 기록이 맞음을 인정할 수밖에 없었다. 임나일본부를 두고 여전히 논쟁이 많다. 현재는 안라제왜신 정도로 정리되고 있는 것으로 안다. 우리 고대사는 아직 가야의 구체적인 실체도 모른다. 한반도 남쪽에 여러 가야국들이 있었을 것이며 어느 가야국도 행정력이 미치지 못한 땅이 있었을 것이다. 일본의 해적들이 한반도 남쪽 땅 일부에 그들의 거점을 확보해 뒀을 가능성은 충분히 예측할 수 있고 이를 후세에 좀 과장해서 식민지 운운했을 가능성이 높다. 일본의 주장은 감정적으로 부정하기보다는 합리적으로 그리고 학술적으로 대응하면 된다.

 고대 일본과의 관계에는 많은 의문이 있으나 어쨌든 당시 한반도에 존재했던 우리 조상들과는 국가 대 국가로 싸우고 협력하던 존재였던 것이 사실이다. 그렇게 조선의 임진왜란과 한일합방을 거쳐서 오늘에 와 있다. 가까운 만큼 역사의 많은 부분들을 공유해 왔고 또 그만큼 치열하게 싸워 왔던 관계이며 앞으로도 그럴 것이다. 일제 36년의 시기도 흘러온 역사의 한 부분일 뿐이다. 일본에 대한 모든 평가와 판단을 일제강점기를 기준으로 하지 말자. 친일과 반일은 삼국시대부터 존재했을 것이며 어느 쪽이나 이유가 있었고 또 한편 필요했을 것이다. 그리고 한일합방은 우리 탓이고 우리의 부끄러움이다. 당시 강대국에 식민 지배를 당한 국가들 중 어느 나라도 식민지가 된 것을 당당해하지 않는다. 흔히 전후 독일과 일본을 비교하곤 하는데 우리는 일본에 대해서 승전국이 아니다. 하물며 승전국인 미국을 뒤에서 지배하는 유태인들에 대한 사죄를, 우리가 일본에게 요구하는 것은 낯 뜨거운 행위다.

우리는 이제 일본과 힘겨루기가 가능하게 되었다. 그리고 20세기 일본이 세계를 지배하던 산업들, 조선, 자동차, 전자 및 가전, 화학 등을 고스란히 빼앗아 오는 통쾌함도 즐기고 있다. 더 이상 강점기 36년의 일본을 의식하지 말자. 교과서 문제, 사도광산 문제, 신사참배 등은 그들 주권 영역이다. 위안부 문제, 징용 문제 등은 우리의 수치이다. 힘없는 우리가 목소리를 높일 때 그들이 "이건 우리의 주권 문제"라고 한 번이라도 대응했던가? 힘없으면 이렇게 무시당하는 것이다. 이제 일본에 당당하자. 그리고 우리의 이웃으로 협력하자. 친일은 나쁜 것이 아니다. 친미, 친중, 친유럽과 마찬가지로 개인의 주관적 영역이다.

일본과의 이슈는 대략 다음과 같다.

(1) 위안부 문제

위안부 문제는 피해자로서 억울함뿐 아니라 조선이 조선 여자를 지키지 못한 부끄러운 역사이다. 몽고의 침략이 그랬고 임진왜란 병자호란이 비슷하게 우리 백성들에게 피눈물을 흘리게 했다. 얀 할머니 말씀처럼 여자들은 전쟁에서 어떤 역할도 하지 않았음에도 정작 전쟁을 통해서 여자들은 희생되고 신체를 훼손당하고 강간당하고 치욕을 떠안는다. 1960년대 한일국교 정상회담 때는 왜 이 문제를 제기하지 않았을까? 나는 당시의 협상 당사자인 정부를 말하는 것이 아니다. 한일국교 정상화 반대를 주장하던 대학생 등 어느 누구도 위안부 문제를 언급하지 않았다.

위안부 문제를 처음 제기한 것은 네덜란드의 얀 할머니로, 1990년 처음 본인이 위안부 피해자였음을 밝히면서 이 문제가 국제적으로 이슈화되었다. 우리나라 여성은 일본의 침탈에서도 보호받지 못했고 독립을 해서도 보호받지 못했다. 독립한 지 거의 50년이 지나서야 원래부터 우리가 절박하게 느꼈던 것처럼 얼마 남지 않은 할머니들을 대변하는 척하고 있다. 이미 우리는 이 할머니들에게 나라가 지켜 주지 못했던 국가적 죄악에 대한 보상을 충분히 할 만한 힘이 있다. 이를 위해서 자발적 모금도 가능하다. 하지만 지금 우리가 하고 있는 일은 몇 안 남은 할머니들을 내세워서 무슨 단체를 운영하고 그 단체의 운영을 위해서 세금을 쓰고 기부를 받고 있다. 일본에 사죄와 보상을 요구하기 전에 우리가 해야 할 일이 먼저가 아닐까? 그리고 할머니들을 지킨다는 단체들이 정녕 일본의 사과와 보상을 원하고 있을까? 위안부 할머니에 대해서 우리는 그녀들을 지키지 못한 데 대해서 부끄러워해야 할 사람들이다. 진정 부끄러움을 아는 사람들은 부끄러움을 떠들지 않는다. 이 뻔뻔함은 어디서 나오는 것일까?

(2) 독도 문제

독도는 역사적 사료로도 우리의 주장을 뒷받침할 만한 자료들이 많으나 무엇보다 중요한 것은 우리가 실효적으로 지배하고 있다는 것이다. 이는 해방과 동시에 독도를 선점한 이승만 정부의 기조이기도 한데 우리 땅에 대해서 언급 자체를 거부하는 것이다. 우리가 지배하고 있는 우리 땅에는 분쟁이 존재하지 않으며 교섭이나 사법적 대상이 될 수 없다는 것이다. 이러한 우리의 원칙에도 불구하고 일본의 말 한 마디 한 마디에 흥분하고 반응하다 못해 우리 내부적으로 정쟁을 일삼는 행위는 역설적으로 독도에 대한 주권을 해치는 행위가 될 것이다. 최근 독도 영유권을 주장하는 일본에 대해서 대응하지 않는 대통령을 친일적 사고로 몰아세우는 야당의 행태를 보면서 과연 그들은 권력을 위해서는 무슨 짓을 해도 된다는 것인지 의심스럽기 그지없다.

(3) 일본수상의 신사참배 문제

일본 신사가 갖고 있는 여러 가지 중에서 한국을 침탈한 주역들이 "일본을 지키는 신"으로 모셔지는 데 대해서 우리가 이를 반대하는 것은 우리 입장에서는 충분히 납득이 되는 일이다. 그러나 정작 "신사의 본질은 일본의 호국"이라는 데서 일본의 입장에서는 우리의 요구가 과하게 느껴질 것이다. 또한 지나친 주권 침해가 될 수 있고 심하면 그들의 문화적, 종교적 간섭으로 비춰질 수 있다. 2차 대전 승전국에 대한 독일의 자세를 비교해서 언급하지만 우리는 일본과의 관계에서 승전국이 아니며 일본을 압도해 오지도 않았다.

신사의 성격 중 한반도 침탈 부분만을 뽑아서 일본 지도자의 자국 지도자로서의 행동을 통제하려면 적어도 그 나라의 주권에 관여할 힘과 의지가 있어야 한다. 나는 감히 말하는데 우리가 힘이 있고 국제적 여건이 허락한다면 일제 36년을 되갚아 주는 데 절대 반대하지 않는다. 하지만 그럴 힘과 의지가 없다면 남의 나라 주권에 감 놔라 대추 놔라 하는 것이 우리에게 무슨 도움이 될까?

경제, 산업과 무역 현대사

경제개발 5개년 계획

1960년대 – 1차 경제개발 5개년 계획, 산업구조를 만드는 피나는 노력

1970년대 – 경공업에서 중화학공업으로

1980년대 – 3저 호황, 올림픽 특수

1990년대 – 중화학공업의 완성, 그리고 새로운 도전

2000년대 – 구조개편을 통한 선진국형 산업구조 완성

2010년대 – 세계 10위권 무역국가

2024년에 "우리의 경제 및 산업"을 생각한다

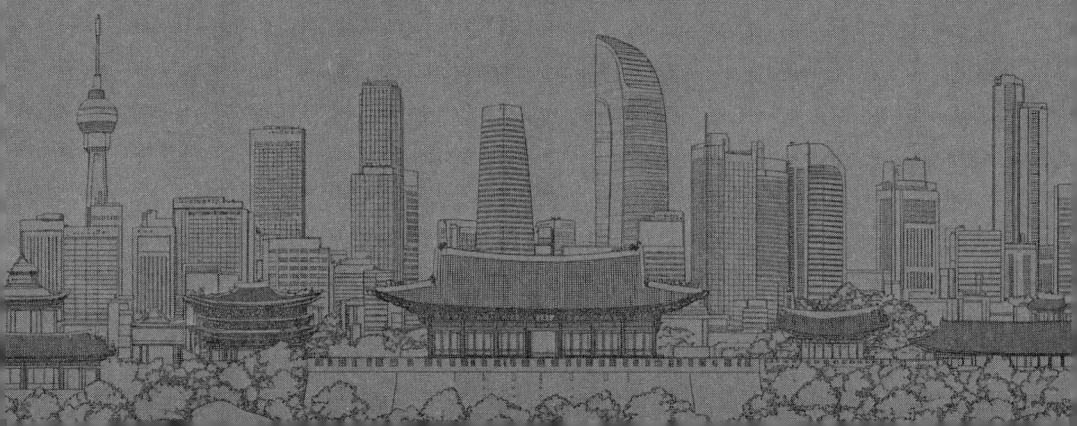

경제개발 5개년 계획

　우리나라 근대 산업은 경제개발 5개년 계획으로 시작한다. 우리나라 산업구조의 기본 틀이 완성된 1990년까지 모든 산업의 발전 과정과 성과 대부분이 이 5개년 계획에 의해서 진행되고 만들어졌다. 경제개발 5개년 계획은 소득 1만 달러를 달성한 1996년까지 운영된다. 하지만 80년대부터 산업의 급속한 발전으로 산업 전반이 국가 주도형에서 시장 중심으로 옮겨감에 따라서 사실상 국가가 주도하는 경제개발 계획은 경제와 산업을 리드하기보다는 현황을 관리하는 형태로 역할이 서서히 변해 가다가 7차 경재개발 5개년 계획에서 그 장대한 막을 내린다.

　초기 경제개발계획은 자유당정부에 의해서 7개년 계획으로 수립되었으며 이를 장면내각에서 5개년 계획으로 수정하였다. 하지만 장면내각 60년까지는 계획을 실행할 환경이 제대로 갖춰지지 않았을 뿐 아니라 자본도 부족했다. 1961년 5.16 혁명과 동시에 국가재건최고회의에서 이를 재구성하고 보완해서 1962년 처음으로 발표했다.

명칭	시작연도	종료연도	비고
제1차 경제개발 5개년 계획	1962년	1966년	경공업 육성
제2차 경제개발 5개년 계획	1967년	1971년	새마을 운동 시행
제3차 경제개발 5개년 계획	1972년	1976년	중화학공업 육성
제4차 경제개발 5개년 계획	1977년	1981년	자력성장(목표)
제5차 경제사회발전 5개년 계획	1982년	1986년	물가안정, 무역수지 흑자시대
제6차 경제사회발전 5개년 계획	1987년	1991년	1988년 하계올림픽 개최
제7차 경제사회발전 5개년 계획	1992년	1996년	1인당 국민소득 1만 달러 달성

1960년대
- 1차 경제개발 5개년 계획, 산업구조를 만드는 피나는 노력

 60년 인구는 2천 5백만, 인당 실질국민소득은 79달러, 국내총생산액은 20억 달러이다. 인구로는 작은 국가가 아니지만 아직 독립 후 재대로 틀이 잡히지 않은 상황이고 경제적으로 보면 지구상 최빈국 중 하나에 속하는 수치다.
 5.16 혁명으로 집권한 박정희 대통령은 이 시기 3가지 목표를 설정하였다. "수출주도형", "소비재 공업국가" 그리고 "자립경제 구축"을 지향했다.
 정부, 특히 경제를 하나의 축으로 하는 미래를 약속한 군사혁명 정부로서 이러한 경제정책은 무엇보다 중요했겠지만 현실은 그리 녹록지 않았다. 기술도 자본도 시장도 없는 상황에서 자립이 급했고 최소한의 소비재 공급이 급했다. 현실에서 우리의 경제 목표를 이 두 가지로 당시 국민들은 인식하고 있었다. 수출 주도 산업은 그냥 공허한 정부의 선언적 수사였고 가능할 거라고 보는 국민들은 거의 없었다.
 생산은 1차 산업이 가장 큰 비중을 차지했으며 2차 산업은 대체로 조잡했다. 3차 산업은 아직 개념조차 잡히지 않았다. 금융은 신용도 약했고 그래서 일반 국민들에게는 별로 역할을 하지 못했다. 일반 국민들에게 문턱이 높았던 이유는 일반 개인들에게 제공될 서비스 상품이 별로 없었기 때문이다. 그냥 절약을 통한 저축을 강조하는 수준이었다. 광고 마케팅 개념도 없었고 유통도 시스템적이지 않았다.

재래시장이 유통에서 가장 큰 비중을 차지했는데 거래되는 상품은 거의 농산물과 수산물 등 1차 산업의 산물들이었다. 신발과 의류 등 필수 공산품들도 있었지만 품질은 조잡했다. 소비자 경제 관점에서 볼 때 그냥 최소한의 삶을 유지할 수 있는 공산품들이 있었고 그나마 대도시에서나 적용되는 상황이었다. 칼은 금방 무뎌져서 수시로 칼 가는 서비스를 받아야 했다.(동네를 다니면서 칼을 갈아 주는 서비스가 있었다.) 면섬유는 금방 늘어졌으며 나일론으로 대표되는 화학섬유는 질기기만 할 뿐 피부건강이나 질감 등은 고려 대상이 아니었다. 헤진 옷이나 양말은 기워서 입는 것이 당연했다. 플라스틱과 같은 소재는 아직 등장하지 않았으며 알루미늄 냄비나 스테인리스 그릇 같은 것들이 시장에서 팔렸지만 역시 조잡하고 거칠었다.

이것이 당시 일반 국민들이 느끼고 경험하는 소비재 경제상황이었다. 정부가 의욕적으로 그리는 미래 한국의 경제구조 와는 차이가 컸다.

1차 경제개발 계획은 5.16 혁명에 의해서 만들어진 국가재건최고회의에서 시작되었다. 자립경제 구축이 궁극적인 목표였다. 에너지원 확보 및 사회간접자본 확충이 1차적 목적이었으며 노동집약적 경공업 육성을 통해서 국민들의 삶의 질을 개선하고 소비재 수출산업을 육성하여 수출 주도형 경제성장 전략을 추진하였다. 하지만 당시 여유가 있는 것은 값싼 노동력뿐이었다. 당장 자본이 부족하고 기술도 부족했다. 66년에 끝난 1차 경제개발계획은 일본 국교정상화를 통한 일본자본 유치와 베트남 파병과 함께 약속한 미국으로부터의 차관 등으로 사회간접자본

개발과 산업 개발을 위한 최소한의 환경을 마련하는 데 의미를 두었다.

잇따른 67년부터 시작된 2차 경제개발 5개년 계획기간은 괄목할 성장세를 보인다. 시멘트와 전력, 도로와 항만 등 사회간접자본에 적극 투자하면서 경제활동 기반 강화에 역점을 두었다. 이 시기에 처음으로 고속도로가 건설되었고 울산공업단지, 포항제철, 마산자유무역지구를 조성했다. 베트남 파병에 의한 특수도 한몫함으로써 우리 경제는 미래에 대한 가능성에 확신을 가지게 되었다.

64년 수출산업촉진법이 만들어지면서 67년 구로공단이 탄생했다. 우리나라 최초의 수출 공단이다. 당시 구로공단은 노동집약 경공업 산업들이 수출 상품들을 생산하는 곳으로 섬유, 신발, 가방, 봉제. 완구, 안경, 가발 등을 주로 생산했다. 총 160개 업체에 7만여 명의 직원들이 있었으며 이들 중 50%가 20세 미만이었다.

1,2차 경제개발 5개년 동안 연평균 9% 이상의 성장률을 기록하였으며 69년에는 14.5%까지 올랐다. 수출은 20배 증가하였으며. 인당 국민소득도 $79에서 $240으로 3배 이상 성장했다.

1970년대
- 경공업에서 중화학공업으로

두 차례 경제개발 5개년 계획에서 가시적으로는 이 정도의 성과를 만들어 냈지만 그럼에도 불구하고 장기적인 경제 발전과 국가경쟁력 강화를 위해서는 나름의 한계를 보이기도 했다. 경공업 중심의 경제성장에 한계를 느낀 박정희 정부는 이 시점부터 중화학공업 정책으로 전환하게 된다. 3차 경제개발 5개년 계획에서는 수출 주도형 중화학공업 육성을 강조하면서 철강과 비철금속, 기계와 조선, 화학, 전자 등 6개 전략 업종을 집중 육성한 결과 경공업 및 가공무역 중심의 수출 구도가 중화학공업 제품으로 적극 전환되기 시작했다. 마침 1973년 포항제철이 가동되면서 이러한 중화학공업 육성 정책을 뒷받침하는 하나의 축이 되기도 했다.

72년 10월 울산석유화학공단이 조성되었다. 원래는 62년 기공식을 하면서 조금씩 확장해 나갔는데 71년 장생포 여천지역에 21개 공장을 건설하는 등 대규모 화학단지로 면모를 갖추게 된 것이다. 산유국이 아니면서도 오늘날 석유화학제품 수출 세계 선두를 달리는 화학공업 선진국의 발판이 이때 마련되었다. 이후 91년에는 미포국가공업단지로 이름을 바꿨으며 96년에 한국산업단지공단으로 통합되었다. 77년 8월 남해화학 여수공장 완공으로 화학콤비나트를 차근차근 형성해 가고 있었다.

전자산업을 위한 구미산업단지는 1969년 착공하여 1973년 12월에

1단지의 가동을 시작했다. 70년대 이미 전자산업의 중요성을 간파한 박정희 정부가 의욕을 갖고 추진했던 산업단지로서 이후 80년대까지 우리나라 전자산업을 이끈 주역이다. 일각에는 박정희 대통령의 고향 지원정책이라는 말도 돌고 있지만 당시 대부분의 산업단지는 각 해당산업이 요구하는 환경적 특성과 주변의 지원환경 그리고 인구분산과 지역균형발전이라는 일관성 있는 기준에 의해서 정해졌다. 화학단지들이 해안에 위치하듯이 전자단지는 대체로 기후 환경 등의 이유로 내륙에 위치한다. 당시 경북은 가장 인구가 밀집된 지역으로 지역균형발전에 우선적으로 고려할 대상이었고 당시 우리나라 3대 도시 중 하나인 대구는 서울 다음으로 대학이 많고 고급 인력들이 넘쳐 나던 지역이라서 우수 인력을 끌어들이기도 용이했다. 또한 낙동강을 끼고 있어 용수 공급도 유리하다는 점이 작용했다.

포항제철은 73년 6월에 1고로 첫 출선을 하고 7월 제1기 설비 준공을 마쳤다. 드디어 철강 강국의 출발을 선언한 것이다. 이로부터 1년 후인 74년 12월 30일 포항제철은 수출 1억 불 매출 1천억을 달성하게 된다. 3기까지 가동하던 포항제철은 안정기에 접어들면서 생산량은 급증했다. 70년대 함께 성장하던 자동차와 조선 산업을 충분히 지원할 수 있었다. 내수를 충분히 공급할 뿐 아니라 수출도 매년 기록을 갱신하면서 80년대 전성기를 대비하고 있었다.

한편 3차 경제개발 계획 기간인 1973년 아랍과 이스라엘 분쟁으로 인해서 1차 오일쇼크가 전 세계를 강타했다. 아랍석유수출기구가 이스라엘에 우호적인 국가들을 대상으로 석유 금수 조치를 취함에 따라서 전 세계 석유 가격이 300% 인상되었다. 석유를 100% 수입에 의존하고 한편 이제 산업화의 속도가 오른 우리나라에게는 날벼락이었다.

그러나 오일쇼크는 중동 국가들에게 부가 축적되는 또 다른 효과가 있었다. 사우디아라비아 등 중동 국가들은 오일 달러를 국가 인프라에 적극 투자하고 우리는 이러한 기회를 놓치지 않았다. 1차 오일쇼크 결과 우리나라 건설업체들의 중동 진출 붐이 열기를 띠기 시작하는 것도 이 시기이다. 76년 현대건설 "주베일 항만 공사" 수주는 당시로는 기적이었다. 이후 현대건설뿐 아니라 동아건설, 쌍용건설 등 많은 건설업체들이 중동으로 나가기 시작했고 우리나라 인당 GDP가 낮았던 까닭에 개인들도 중동에 나가서 몇 년 고생하면 꽤 큰돈을 모을 수 있었다. 베트남 특수가 끝나면서 중동특수가 열리고 있었다.

국산 자동차 생산은 우리의 꿈이었다. 당시만 하더라도 자동차를 생산하는 국가가 많지 않았으며 우리 같은 후진국에서 자동차 생산은 비현실적인 꿈이었다. 하지만 시발택시에서 시작한 우리의 자동차에 대한 열망은 70년대, 최초 국산 엔진을 장착한 브리샤 K303을 시작으로 드디어 순수 우리 기술로 만든 우리 브랜드 자동차 "현대포니"를 출시했다. 출시와 함께 국내 자동차 붐을 일으켰으며 캐나다 등으로 수출길을 열기도 했다. 배기량 문제로 미국 시장 진출은 10여 년 뒤로 미뤄졌다.

20세기 자동차 산업은 그 국가의 위상을 결정하는 중심 산업이었다. 그런 까닭에 우리도 자동차를 생산하는 나라가 되기를 바라는 전 국민의 간절한 꿈이 있었다. 당시 우리가 이해하기로 자동차는 미국과 독일, 이탈리아, 스웨덴 등 우리가 감히 넘볼 수 없는 까마득한 공업 선진국들의 전유물이었으며, 한편 이 틈을 뚫고 일본 자동차가 전 세계로 확산되고 있었다. 과연 자동차 산업은 우리에게는 까마득한 꿈이었으나 목숨

걸고 해 보고 싶었던 산업이었던 것이다.

이러한 이유로 자동차 산업은 비록 기술력이 현저히 떨어졌음에도 불구하고 꾸준히 시도해 왔다. 오늘날 세계 2위의 자동차 생산국이 된 데는 이때부터 국민들이 간절한 꿈과 당시 무모하게 도전해 왔던 선각자들의 피와 땀이 거름이 되었을 것이다.

6.25 전쟁이 끝나면서 전쟁에서 사용된 폐기된 차량이나 기계들이 많이 쌓였다. 여기서 우리 국민들은 망치와 같은 손도구만으로 이들 폐기된 기계들을 고치고 만들어서 차량 비슷한 것들을 만들기도 했다. 그런 분위기에서 시작된 것이 우리나라에서 우리 브랜드를 붙여서 생산한 최초의 자동차, 1955년 시발 자동차이다.

60년대 초반 드디어 자동차 공업국을 향한 본격적인 경주가 시작되었다. 신진자동차, 세한자동차, 아시아자동차 등 자동차 생산기업들이 등장하고 아직은 기술이나 시설 등이 부족한 이유로 해외 브랜드 차량들을 들여와 조립생산부터 시작했던 것이다.

70년대 들어서면서 자동차 산업은 본격적으로 뛰기 시작했다. 가장 눈에 띄는 업적은 당연히 1975년 출시된 현대자동차의 포니로, 비록 미쓰비시의 기술협력이 있었고 이탈리아의 디자인에 도움을 받았지만 최초의 국산 고유모델 자동차로 시작되었다. 당시 우리 산업에 긴밀하게 영향을 미치고 있던 미국에서는 한국 고유모델 생산에 부정적이었다. 그래서 미국 포드나 GM의 조립생산을 권하기도 했지만 우리가 그 성향을 잘 알고 있는 현대그룹 정주영회장은 "우리 모델, 우리 독자브랜드"를 고집했다. 당시 대한민국이 우리 고유 브랜드로 해외에 자동차를 수출한다는 것은 전 세계 시장에서 인정받기가 어렵다는 점에서 사실상 불가능에 가까웠다. 80년대 유고슬라비아에서 제작하여 미국에 수출한 YUGO"라는 브랜드 자동차가 있었다. 일단 싼 값으로 소비자들에게 어필했지만 "차를 사서 집에 도착할 때까지 고장이 안 나면 운이 좋은 것"이라는 조롱을 받으면서 불과 몇 년 만에 생산을 접었다. 당시 해외에서 한국은 유고보다 훨씬 낙후한 국가였던 것이다.

현대 포니를 최초의 국산 자동차로 알고 있는 사람들이 많지만 정작 최초의 국산 자동차는 현대 포니보다 1년 전인 1974년 출시된 기아자동차의 브리사이다. 비록 마쓰다의 기술지원이 있었지만 국산엔진을 장착한 최초의 국산 브랜드 자동차였다. 또한 방글라데시, 콜롬비아 등에 수출한 대한민국 최초의 자동차 수출 기록을 세우기도 했다. 비록 81년 전두환 정권의 자동차공업 합리화 조치로 인해서 기아는 강제로 상용 외 자동차 생산이 중단되고 그렇게 브리사는 역사에서 사라졌지만 이후 기아가 다시 자동차를 생산하게 되면서 프라이드 신화의 밑거름이 되었다.

70년 8월 국방과학연구소가 설립되었다. 냉전의 한복판에서 북한과 대치하고 있는 우리나라는 총 하나 만들지 못하고 무기를 비롯한 국방의 모든 것들을 미국에 의존하던 시대였다. 안보 차원에서 남북공동성명 등 화해 모드와는 달리 뒤에서는 베트남전을 비롯해서 냉전의 한가운데에 있기도 했다. 당시 우리 안보를 책임지고 있던 미국과의 관계도 항상 좋은 것만은 아니었다. 지금과 달리 절대적인 약자로서 모든 안보 면에서 미국만 쳐다보는 우리 입장에서는 불만스러운 일들이 한두 가지가 아니었을 것이다. 당시 나름 자신감이 붙고 있던, 한 성질 하는 박정희 대통령이 방위산업에 관심을 가지는 것은 당연한 수순이었을 것이다. 70년은 보릿고개를 극복하면서 소비재 산업에서 최소한의 기반을 갖췄고 수출에도 경공업 중심으로 약간 자신이 붙던 시절이다. 널리 알려지지 않았지만 71년은 우리나라 방위산업의 시작인 번개사업의 원년이었다. 당시 박정희 대통령은 국방과학원(ADD)이 설립된 1년 후인 1971년 11월 황당한 지시를 내렸다. 아직 제대로 무기를 만들어 본 적이 없는 ADD에 다음 7가지 무기를 1개월 이내 만들어 내라는 것이었다.

1. M2 카빈 10정
2. M1 소총 자동화 MX 2정
3. M1919A4 및 M1919A6 각 5정
4. 60mm 박격포 M19 4문, 81mm 박격포 M29 6문, 경량 60mm 박격포 2문
5. 3.5인치 로켓 포 M20A1 및 M20B1 각 2문
6. Mk.2 수류탄 300발
7. M18A1 20발, M15 대전차지뢰 20발

사실 당시 ADD의 상황을 보면 불가능에 가까웠지만 국방과학연구소는 시한 내 이 미션을 완수했다. 지금 생각하면 아직 실탄 한번 만들어 본 경험이 없는 곳에서 이것이 가능할까 싶지만 당시는 그런 시절이었다. 불가능을 가능하게 하는 기적은 곳곳에서 일어났다. 이렇게 시작된 우리나라 방위산업은 이후도 거의 기적에 가까운 업적들을 계속 이뤄내면서 오늘에 이르고 있다.

백곰사업도 이 시기에 시작되었다. 백곰사업은 박정희 대통령이 미사일 개발을 목표로 시작한 것으로 많은 사람들이 혼돈하는 이후 불곰사

업과는 상관이 없다. 박정희 대통령은 사거리 120km의 MGM-52 랜스미사일 구매를 미국에 타진했지만 거절당했다. 이에 박정희 대통령은 자체적으로 미사일을 개발할 것을 결정하고 국방과학연구소 구상회 박사에게 200km 지대지 미사일 개발을 지시했다. 이 일이 오늘날 미사일 기술 강국이 된 백곰사업의 시작이었다. 이후 미사일을 실지로 제작하는 데 있어서 민간 기업의 참여가 필요했지만 당시 민간 기업들은 수익성이 거의 기대되지 않는 백곰사업에 관심이 없었다. 결국 박정희 대통령은 당시 전자쪽 기술을 갖고 있는 금성사에 미사일 제작을 지시했고 금성사는 "금성정밀"을 설립하여 미사일개발 사업에 뛰어들었다. 오늘날 LG넥스원이다.

이후 국방과학기술은 70년대 중후반 미국 카터 대통령과의 갈등 속에서 더욱 박차를 가하게 되었으며 통제만 하던 미국에서 벗어나서 프랑스 핵무기연구소와 러시아 차관 기술상환 등의 과정을 거치면서 오늘날에 이르고 있다.

78년 국산전차 M48. 양산체제를 갖추면서 또 다른 한편에서는 국산유도탄 시험발사 성공 소식이 들려왔다. 아직 방위산업이 대중에게 크게 어필하지는 않는 시기였지만 내수시장이 탄탄한 방위산업은 정부 주도로 차근차근 자리를 잡아 가고 있었다. 하지만 첨단기술의 집약체인 방위산업의 필요 기술들은 당시 미국이 유일한 희망이었지만 미국은 기술이전 면에서 우호적이지 않았다. 결국 방위산업에서 기술적 한계를 극복하는 데는 이로부터 10여 년이 더 필요했다.

1978년 드디어 100억 달러 수출을 달성했다. "100억 불 수출 천 불 소득"을 매일 외우면서 땀 흘린 전 국민이 감격했던 순간이다. 자력갱

생을 목표로 하는 4차 경제개발 5개년의 목표를 3년이나 당긴 것이다. 8%의 경제 성장률이 일상이 되었고 수출 주도형 중화학공업 구조가 드디어 현실이 되었다.

　1979년 인구도 함께 증가해서 3천7백만이 되었고 국민 총생산 660억 달러, 인당 소득 $1,760를 달성했다. 경제 성장률은 계속 9% 이상을 유지하고 있었다. 78년 백억 불 수출을 달성한 후 79년 말 수출은 백오십억 불로 늘었다.

1980년대
- 3저 호황, 올림픽 특수

    1980년은 2차 오일쇼크로 인해서 처음으로 경제 성장률이 마이너스로 시작되었다. 81년 바로 플러스 성장률로 돌아서기는 했지만 경제가 성장하면서 자원 부족의 한계가 여실히 드러나기 시작했다. 85년 기준 외채가 460억 달러를 넘어서면서 연간 국가 총생산의 50%에 달했다.

    우리나라 경제가 궤도에 올라서면서 미국으로부터의 수입개방 압력이 거세지기 시작한다. 수입시장이 개방되면서 국민들은 PX에서 나오는 미제가 아닌, 정상 수입된 생활용품들을 구경할 수 있게 된다. 과자와 비누나 치약 같은 생필품들이 처음으로 수입되었다. 하지만 미국의 싼 농축산물의 수입은 아직 허약한 국내 농업기반에 적지 않은 타격을 주었다. 86년에는 담배수입이 허용되고 88년에는 영화시장이 개방되었다. 금융 및 광고시장도 이 시기에 모두 개방되었다.

    전두환 정권에서 가장 주목할 업적이 경제라고들 말한다. 당시 경제의 전권을 받은 김재익 경제수석은 여러 마법을 부린다. 특히 물가 안정에 초점을 맞춘 정책은 가열된 경기에서 시중에 유통되는 돈을 잘 통제했다. 세출예산과 월급을 동결하면서 국민들의 불만이 높아질 수밖에 없었다. 하지만 고도성장기 물가 상승률이 4.3%까지 떨어지면서 국민들의 삶이 안정화되고 경제도 안정적으로 돌아가기 시작했다.

어려운 여건에서도 3저 현상(저유가, 저금리, 저달러)으로 80년대 중반의 우리나라 경제는 초호황기를 맞게 된다. 국가총생산은 엄청나게 올라가고 만성적인 무역적자도 흑자로 돌아섰다. 1인당 GDP는 80년 $1,700에서 88년 $4,700으로 거의 3배 상승했다. 이런 성장 속에서도 물가상승은 4% 이하로 통제되면서 안정적인 시민경제 속에서 눈에 띄는 성장을 이룩한다.

박정희 정부가 주도해 온 중화학공업 정책이 안정화되는 시기이다. 철강, 기계, 조선, 화학이 수출을 주도하고 정밀기계와 자동차, 전자 산업이 성장하기 시작한다.

70년대에 국산화에 성공한 자동차는 80년대 현대자동차 포니 이후 1986년 "현대엑셀"을 미국 시장에 수출함으로써 본격적으로 세계 시장에 현대자동차를 알렸으며 미국 시장에서 현대엑셀이 큰 성공을 거두면서 수출 시장은 전 세계로 빠르게 확산되었다. 한편 80년대에 대우와 기아는 르망과 프라이드를 성공시키면서 마이카 시대를 열었다. 이로써 내수 시장에서도 치열한 경쟁관계가 유지되기 시작했다.

이 시기 경제적 호황으로 중산층이 획기적으로 두터워졌다. 자동차와 전화의 보급도 빨라졌다. 이 외에도 국민들의 생활수준이 현저히 안정화되는 시기이며 80년대 후반에는 해외유학, 해외여행 자율화로 해외로 나가는 사람들이 늘어나기 시작했다.

89년 인구는 4천2백만을 넘어섰고 국민 총생산 2,460억 달러, 인당 소득 $5,800을 넘어섰다. 경제 성장률은 계속 9% 이상을 유지하고 있었다. 89년 수출은 629억에 무역수지는 86년부터 흑자로 돌아섰다.

1990년대
- 중화학공업의 완성, 그리고 새로운 도전

    80년대 호황을 거치면서 90년대로 들어선다. 성장률도 낮아지고 물가도 불안정해진다. 경상수지는 다시 적자로 돌아서는 등 거시경제는 전반적으로 나빠진다.

    군사정권이 막을 내리고 본격적인 민주정부가 들어서면서 국민들의 자유에 대한 기대수준도 높아졌다. 노동자들의 권익이 강조되면서 인건비와 노동 시간, 노동 환경에서 노동자의 요구가 높아진다. 이는 결국 생산 쪽의 부담으로 귀결되며 결과적으로 기업 경쟁력의 약화를 가져온다. 1990년 노조 조직률은 20%에 달했고 조합원 수는 200만 명을 넘어섰다. 유례없는 노사분규와 임금 인상 요구가 있었다. 또한 이러한 현상은 소득 불평등의 결과로도 나타난다. 87년 노동자 대투쟁 이후 노조 결성이 폭발적으로 증가했다. 80년대 호황기의 소득 증대는 90년대 부동산 수요 증가로 나타나고 이에 대한 다양한 부동산 정책에도 불구하고 부동산 가격은 급등한다.

    하지만 이 시기에 긍정적인 상황이 없었던 것은 아니다. 중산층이 두터워지면서 구매력이 향상되고 그렇게 기업들은 자본을 축적하여 글로벌 기업으로 뻗어 나갈 준비를 하고 있는 시기이기도 하다. 일자리도 매년 50만 개 이상 늘어났고 고용율도 가파르게 상승했다. 일자리가 늘어나면서 노동자 임금과 가계소득이 안정적 상승세를 이어 갔다. 결과적으로 노조들의 활동이 내수 기반을 강화시켜서 경제 선순환을 이끌었다는 것이다.

90년대는 GATT 질서 속에서 움직이던 자유무역시장이 우루과이 라운드를 거쳐서 WTO의 출범으로 새로운 무역 질서가 만들어진다. 우리는 이러한 무역 환경에 적응하기 위해서 적극적이고 능동적으로 대처하면서 새로운 무역 질서를 구축해 나간다.

이 시기 산업 환경은 새로운 전기를 맞는다. 80년대 3저를 거치고, 올림픽 특수도 거치면서 자본과 기술이 축적되고, 기업들은 글로벌의 길로 접어든다. 그러나 커진 노조 활동과 빠르게 성장하는 중국시장 등으로 인해서 기존의 사업구조는 한계에 부딪친다. 이러한 어려움 속에서 기업들은 첨단화 산업인 정밀기계, 전자, 자동차 산업 등으로 확장해 나간다. 조선 역시 벌크선과 컨테이너선의 비중을 줄이고 유조선과 액화수소 운반선, 드릴쉽(석유시추선) 등 고부가가치 쪽으로 전환한다. "양보다 질"로 산업구조가 변모하기 시작한 것이다.

90년대 들어서면서 현대자동차는 독자 개발 엔진 "알파"를 출시하는 등 기술적으로 혹은 마케팅적으로 세계 시장에서 빠르게 성장해 갔다. 세한자동차를 인수한 대우자동차도 세계 시장을 바쁘게 두드렸으며 삼성도 자동차 시장에 뛰어들면서 일본 니산의 기술제휴로 SM 시리즈를 출시하기도 했다. 하지만 90년대 후반 외환위기 여파가 자동차 산업을 강하게 치면서 자동차 산업은 급격한 구조조정을 통하여 단순화되었는데 기아는 현대가, 대우는 GM이, 그리고 삼성은 프랑스 르노가 인수 하면서 국산 자동차는 현대/기아의 독점 체제로 바뀌었다.

인터넷 유통이 등장한 시기도 이때로 1998년 경매 사이트 옥션이 등장하고 1999년 구스닥(이후 지마켓)이 등장한다. 하지만 아직 인터넷몰은 소비자들에게는 낯설 때였다.

90년대 중반 OECD에 가입하면서 우리나라의 위상은 선진국 반열에 오르게 되었다. 하지만 이때부터 다시 경기는 하강 국면에 들어서면서 국제수지도 악화되고 기업들의 부실이 가중된다. 이런 상황에서 아시아 금융위기를 정면으로 맞으면서 외환 보유고 부족에 의한 위기가 도래한다. 당시 우리의 경재 전반은 위기가 아니었다. 하지만 일시적인 외환보유고 부족이 국가부도 위기 사태를 불러왔고 이로 인해서 IMF로부터 구제금융을 받으면서 심리적인 이유로 인한 소비 위축이 결국 내수시장의 순환을 막아서 경제위기로 발전했다. 그렇지만 우리의 생산기반은 여전히 건재했고, 2차 산업을 포기하고 3차 산업 중심으로 산업구조 개선을 조언한 IMF의 권고를 무시하고 여전히 건재한 2차 산업 기반으로 우리 경제는 빠르게 회복되었다. 그럼 금융위기의 원인은 무엇이었을까?

물론 한두 가지로 정의할 수 없는 문제일 것 같다. 70년부터 빠르게 성장해 온 우리 산업이 한계에 다다르고, 기업들의 규모가 커지고 글로벌화됨에 따라서 이를 뒷받침하는 금융 등이 이에 못 따라가는 구시대적 한계를 많이 지적한다. 물론 이것도 하나의 이유가 될 것이다. 이와 별도로 국가경제에 대한 자신감이 이유가 되었다는 주장에 나는 어느 정도 동의하는 편이다. 김영삼 정부 들어서 금융실명제 등을 거치면서 "준비 안 된 금융시장 개방"이 가장 큰 원인이 아니었나 싶다. 금융 산업 진입규제 완화로 종합금융회사가 이 시기에 우후죽순으로 생겨나고 해외증권투자와 외환업무 허가도 쉬워졌다. 저리로 해외자금을 들여와서 대출, 투자도 늘어났다. 이러한 금융시장의 변화된 환경이 아시아 외환위기에 현명하게 대처하지 못하고 결국 대형 사고가 난 것이다.

  99년 인구는 4천6백만으로 증가율은 현저히 떨어졌다. 국민 총생산 4,970억 달러, 인당 소득은 만 불을 넘어섰다. 경제 성장률은 외환위기인 98년 -5%였지만 그 이전까지는 계속 7~9% 사이를 유지하고 있었다. 수출은 1990년 600억에서 1999년 1,500억으로 꾸준히 증가했지만 무역수지는 97년까지는 계속 적자였다.

2000년대
- 구조개편을 통한 선진국형 산업구조 완성

외환위기 속에서 맞은 2000년대 경제는 그동안 가라앉아 있던 문제들이 한꺼번에 터져 나오면서 위기상황에서 잠시 헤맨다. 대우그룹과 쌍용그룹, 동아그룹이 사라지고, 금융은 천지개벽 할 구조조정을 거친다. 이 과정에서 신용카드의 남발, 벤처 비즈니스에 대한 '묻지마 투자' 등은 적지 않은 사회적 후유증을 남긴다. 하지만 제조업이 여전히 건재한 가운데, 개인들의 희생에도 불구하고 우리 경제는 빠르게 회복되면서 IMF 구제금융 상태를 조기 졸업한다.

외환위기로 인해서 강요된 기업의 체질개선은 전화위복이 되었다. 2000년대 들어서 중견 이상 규모의 기업들은 크게 약진한다. 그렇게 해서 얻어진 이익의 많은 부분들은 기업들의 기술 발전과 국제경쟁력 강화 등에 재투자되었다. 하지만 화이트컬러들이 그 과실을 나눈 것과 달리 일반 국민들은 크게 체감하지 못했다.

이 시기의 특징은 재벌들의 달라진 위상이다. 90년대 이미 나타나고 있었지만 외환위기를 거치면서 대기업들 역시 구조조정에 의해서 기업들이 더 탄탄해졌을 뿐 아니라 글로벌 기업으로 완전히 자리매김하였다. 이미 규모에서도 정부가 해 줄 것은 없었다. 오히려 재벌이 정부를 움직일 정도로 힘이 막강해졌다는 것이 이 시기의 특징이다.

외환위기로 인해서 극심한 인력 구조조정 과정을 거쳤고, 강성 노동운동으로 노조와 기업 간의 치열한 싸움이 계속되었다. 김대중 정부는 외환위기 2000~2001년 일어난 파업을 공권력으로 눌렀으며 이후 노무현 정부, 이명박 정부도 화물연대, 현대노조, 쌍용자동차 등 연이은 파업을 공권력으로 탄압했다. 특히 외환위기 후 비정규직이 급증하면서 이들의 저항도 만만찮았다. 90년대 노동운동이 경제의 선순환에 기여한 데 반해서 2000년대는 노조들의 파업이 국가경제에 상당한 부담을 주었다.

외환위기 전과 후 많은 차이가 나타났다. 일단 사회 양극화가 심화되었다는 점이 두드러진 특징이다. OECD 국가 중 자살률 1위가 된 것도 이때부터이며 카드 남발로 신용불량자들을 대량 생산해 내었다. 노무현 정부 때는 부동산 정책을 강남 부유층을 압박하는 방향으로 가면서 부동산 가격 폭등이 경기 전반에 영향을 미쳐서 정작 강남 부유층보다 젊은 층과 서민들이 고통을 받았다. 이러한 정책은 이후 노무현 정부의 비서실장을 한 문재인이 대통령이 되면서 거의 비슷하게 전개되어 또 한 번의 부동산 정책 실패를 맞게 된다.

국제 무역질서는 WTO를 지나서 양국 간 무역장벽을 제거한 무역협정인 FTA 질서로 바뀌었다. 미국을 비롯해서 EU, ASEAN, 페루, 싱가포르, 인도 등과 FTA를 체결했다. 이는 지역 내 무역이 급격히 증가되었다는 의미이기도 하다. 한편 중국이 "세계의 공장"으로 부상하면서 지리적 인접성과 기술적 우위를 바탕으로 중국 투자를 확대하였고 결과적으로 대중국 수출에서 호조를 이어 갔다.

1990년대를 거쳐서 2000년대 산업은 기술 집약 첨단산업구조로 완전 개편되었다. 전자와 반도체, 가전, 휴대폰, 자동차, 조선 등이 품질에서 두각을 나타내며 전 세계 시장을 상대로 수출물량을 급속히 확대하고, 기계, 화학 등은 여전히 경쟁력을 유지하고 있었다. 중견 이상 기업들은 글로벌화되어서 수출이나 기술면에서 매우 우수한 경쟁력을 갖췄다. 국가와 기업이 함께 끌고 가던 한국의 산업은 90년대부터 거의 기업이 시장에 의존하는 형태로 바뀌고 국가는 전체적인 관망과 관리 역할로 축소된다. 오히려 국가 경제를 기업이 좌지우지할 만큼 기업의 규모와 역할이 커지면서 정부가 주도하고 기업이 현장을 뛰던, 전 세계 개발도상국들의 이상적인 모델은 이제 대한민국이 명실상부한 선진국 대열에 들어서면서 막을 내린다.

국내에서는 인터넷 산업이 빠르게 성장하는 시기이다. 특히 유통이 빠르게 현대화·온라인화되고 있다. 2000년 안산에 홈플러스 1호점을 오픈하면서 93년에 시작한 이마트와 경쟁 체재를 갖추고 메가마트가 재래식 시장을 빠르게 잠식하고 있으며 90년대 등장한 인터넷 쇼핑몰들 역시 빠르게 성장하면서 전통 유통시장을 대체하고 있다. 이와 함께 물류와 결제 시스템도 양적, 질적 도약을 하고 있는 시기이다. 특히 외환위기를 겪으면서 급속히 확장되고 보편화된 신용사회는 전통 거래 방식을 온라인 거래로 전환하는 데 절대적인 기여를 했다.

외환위기로 시작된 2000년대 산업은 성공적 구조조정으로 대체로 빠르게 외환위기를 극복하고, 나름 안정적인 성장과 산업구조의 업그레이드를 이뤘지만 하반기는 미국의 서브프라임 모기지에서 시작된 전 세계 또 한 번의 경제위기로 마감한다. 이는 우리 경제에도 적지 않은 타격을 주었다. 미국은 주택 담보 대출 시장의 규모가 크다. 'Mortgage'

라고 하는 상품으로 대부분의 주택들은 은행을 통한 Mortgage 대출로 구매를 하고 장기 저리로 갚아 나간다. 우리나라도 비슷한 상황이지만 주택의 가치가 어느 정도 보장되기 때문에 신용대출보다는 은행의 부담이 훨씬 적은 좋은 상품이다. 그러다 보니 금융기관들은 너 나 할 것 없이 이 상품에 몰려들고 결국 2차, 3차 금융까지 외부 자금을 조달해서 주택 담보 상품을 마구 팔았다. 그러다가 주택의 가치가 떨어지면서 부실한 금융권부터 넘어지기 시작하고 이 부실 금융이 조달한 자금에 의해서 금융권이 도미노처럼 무너지는 현상이 일어난 것이다. 우리나라도 주택 담보 대출의 규모가 커지면서 이러한 위험이 항상 도사리고 있었는데 미국의 이 현상을 보면서 당시 우리 금융계도 상당히 불안에 떨었던 것이 사실이다. 만약 부동산 가치가 폭락한다면 우리도 꼭 같은 상황을 감당해야 할 것이라는 뻔한 사실을 한 번 더 확인해 준 사건이다.

2009년 인구는 4천9백만으로 거의 정체 상태에 있다. 사실상 출산율은 급격히 떨어진 상태이다. 국민총생산 1조 1,400억 달러, 인당소득은 2만 3천 불을 넘어섰다. 경제 성장률은 3~6% 선으로 선진국에 들어서면서 준수한 수준을 유지하고 있다. 수출은 2009년 3,600억에 무역수지는 흑자로 완전 전환되었다.

2010년대
- 세계 10위권 무역국가

2010년대가 되면서 대한민국의 경제와 산업은 국제 환경에 절대적으로 영향을 받는다. 물론 자원이 부족한 우리나라 산업은 처음부터 가공무역 정책으로 성장해 왔고 그렇기 때문에 항상 세계 경제 동향에 민감한 것은 숙명이었지만 20세기는 세계 경제를 따라가면서 맞춰 가는 시기였다면 21세기는 세계 경제에 동참하는 시기로 발전한 것이다. 2010년대 와서는 이제 이러한 구도가 명확해지고 전 세계가 한국의 경제와 산업을 함께 지켜보는 시대로 진입한다.

이 시기 세계 산업과 시장의 특징은 일본, 유럽, 러시아의 쇠퇴, 중국의 부상과 신흥국의 위기로 정의할 수 있다. 세계 시장을 주도하던 미국은 나름 선방했으며 대한민국 역시 과거와 달리 탄탄한 내부 경제구조와 국제 경쟁력을 가진 대기업들의 활약으로 나름 잘 버텨 준 시기이다. 특히 2000년대 SubPrime Mortgage에 의한 미국 금융위기에서 시작된 세계 금융위기도 나름 잘 버텨 주었다. 2009년 성장률이 1% 이하로 떨어지고 고환율까지 덮치면서 GDP가 30% 가까이 폭락, 한때 인당GDP가 2만 달러까지 떨어지는 위기를 맞기도 했지만 2010년 경제성장율 6.8%로 회복하는 저력을 보여 주면서 빠르게 이 위기를 극복해 나갔다.

무역 의존도가 절대적인 우리나라 산업이지만 20세기 미국과 동남아,

그리고 서남아시아의 건설시장에 의존하던 대한민국이 더 이상 아니다. 전 세계가 우리 시장이며 그런 이유에서 유럽과 러시아의 쇠퇴는 우리 산업을 긴장시킬 수밖에 없었다. 또한 중국의 급속한 발전은 싸구려 시장에 비싼 기술을 공급하던 역할에서 이제 서서히 경쟁 구조로 바뀌는 시기이다. 유럽 시장은 워낙 방대하고 복잡하여 쉽게 해석할 수 없지만 아무튼 이 시기 그리스, 이탈리아, 스페인 등 남유럽 국가에서부터 고질적 부정부패와 낮은 경쟁력, 산업구조의 한계 등으로 위기를 맞았으며 프랑스, 영국 등 중부 유럽 국가들도 경쟁력이 많이 위축되었다.

수출 시장은 전 세계로 확장되었으며 2015년 기준 수출 대상국은 248개 국가로 늘어났다. FTA 체결 국가는 52개, 이들 FTA 국가들과의 무역은 전체 무역의 70%를 넘어섰다. 무역에서 국가주도 혹은 국가 지원 역할은 현저히 줄어들고 후방 지원 역할을 더욱 체계화하는 시기이다. 과거 기업들의 수출 지원에 절대적으로 기여해 왔던 KOTRA는 중소기업 지원 역할로 빠르게 변해 갔다. 이 시기 우리나라는 세계 8위의 무역대국으로 성장했다.

삼성전자, 현대자동차, LG전자 등 대기업들이 세계시장을 선점하는 시기이다. 21세기 들어서면 국제경쟁력을 갖춰 나간 이들 대기업들은 이제 각자의 영역에서 세계 1, 2위를 다투는 수준으로 발전한다. 삼성의 메모리반도체는 세계 선두를 확고히 하면서 시스템반도체까지 넘보고 있으며 삼성 휴대폰은 미국의 애플과 함께 세계시장에서 양강 구도를 형성하고 있었다. 현대자동차도 빠르게 성장하면서 세계 5위권 안에 진입하는 시기이며 LG전자는 TV, 에어컨 등 가전에서 고급 제품으로 타의 추종을 불허하는 1위 자리를 확고히 하던 시기이다. 물론 조선이나

화학, 기계 등도 여전히 세계 시장에서 선전하면서 2010년도 혼란스러운 세계 시장을 기회로 성장해 갔다. 2차 전지도 조만간 터질 전기자동차 시장에서의 싸움을 준비하듯이 기술 우위를 바탕으로 이 시기에 세계 선두로 진입했다.

내수 시장에서는 자동차와 전자 및 소비재들이 기업들을 잘 받쳐 주고 있었으며 전자상거래는 더욱 빠르게 확산되어 갔다. 매가마트, 편의점, 카페 등 과거 자영업자들의 영역은 이제 당연히 대기업이나 자본이 지배하는 프랜차이즈 형태로 변모해서 골목상권이 급속히 소멸되는 현상이 나타나고 있다. 이에 저항하는 서민들과의 싸움에서 일부 대기업 카페나 베이커리 등이 영향을 받기도 했지만 결국 이러한 추세에서 소비자들의 선택은 새로운 환경으로 옮겨 가면서 재래시장 지원정책, 골목상권 지원정책 등은 결과적으로 전시행정이 되어 버린다. 이마트나 스타벅스, CU는 더욱 빠르게 성장하고 쿠팡 등 온라인 유통은 자본 싸움으로 승패가 결정 난다.

이 시기 조용히 성장해 가던 방위산업을 주목할 필요가 있다. 1970년대 미군 철수와 미국 카터 대통령과의 불편한 관계에 의해서 당시 박정희 대통령은 우리 국방을 우리가 책임져야 한다는 일종의 변화된 책임감을 느끼게 되었다. 그렇게 시작된 것이 국방과학연구소(ADD)이며 이 국방과학연구소를 통해서 번개사업을 시작으로 소총에서부터 미사일 등 다양한 방위산업의 기반을 빠르게 만들어 나갔다. 여기서 약간의 혼돈이 있을 수 있는데 1차 번개사업 즉 1973년부터 시작된 번개사업은 가장 기초적인 방위산업의 시작을 선언한 것이다. 소총과 실탄을 자체 생산하는 것으로 시작되었다. 이후 2010년 이후 번개사업으로 명명된 몇 번의 시기가 있었으며 정밀무기를 목표로 한 것이었다.

2010년 이 시기의 주목할 방위산업은 "불곰사업"이다. 앞에 백곰사업과는 구분되는 것으로서 뜻하지 않게 러시아의 도움으로 획기적인 발전을 이룩한 기간이다. 대한민국 방위산업의 발전 과정에서 러시아의 역할에 대해서는 결코 소홀히 할 수 없는 일화들이 꽤 많다.

노태우 대통령은 구 소련 고르바초프 서기장을 제주도에서 만나서 러시아와의 국교개설 등 냉전을 종식시키는 많은 협상을 했으며 이와 함께 14억 달러 규모의 차관을 제공하게 되었다. 하지만 이후 소련은 매우 복잡하고 어려운 과정을 거치면서 연방이 해체되고 구소련의 차관은 러시아가 이어 받았으나 심각한 경제위기에 직면한 러시아는 상환에 어려움이 많았다. 이에 러시아는 현물 상환을 제시하였고 이를 우리는 "불곰사업"이라고 명명하였다. 이때 러시아에서 수입된 무기들은 구 소련에서 개발된 당시 세계 최고 수준의 첨단 제품들로서 다음과 같은 것들이었다.

- T-80U 전차
- BMP-3 보병 전투용 차량
- 미스트랄 휴대용 대공미사일(단거리 대공방어용)
- 메틸카 대함 미사일
- Ka-32 헬리콥터

이 외에도 당시 러시아는 우리와 매우 우호적이었을 뿐 아니라 붕괴된 구 소련과 어느 정도 거리를 두면서, 최첨단 기술들을 우리나라에 이전하는데 큰 저항이 없었던 시절이었다. 그만큼 러시아가 혼란스러웠다는 방증이기도 하다.

아무튼 당시 세계 최고 수준이었던 T-80U는 오늘날 미국의 에이브럼스, 독일의 레오파르트와 함께 세계 최고의 전차로 꼽히는 K2 흑표전차를 개발하는 데 결정적인 기여를 하였다.

미스트랄 휴대용 대공미사일은 국산대공미사일 신궁을 개발하는 데 기여하였으며 장거리 방공미사일 L-SAM에도 간접적으로 기여하였다. Ka-32 헬기 도입 후 우리나라의 헬기 사업은 빠르게 발전하면서 한국형 공격헬기 수리온의 개발로 이어졌다.

이 시기의 또 다른 주목할 만한 특징은 저출산, 고령화로 잠재 성장률 하락의 문제점을 지적하고 있다. 이는 다음 시대인 2020년 들어서면서 좀 더 심각성이 커지는 요소이기도 하다.

2019년 인구는 5천1백만으로 출산율은 마이너스를 기록하고 있다. 국민 총생산 1조 6,500억 달러, 인당 소득은 3만 1천 불을 넘어섰다. 경제 성장률은 2~3% 선으로 선진국 국가들에서는 나름 선방한 수준이다. 수출은 2009년 5천억을 넘어섰으며 무역수지는 이 시기 안정적인 흑자를 유지해 갔다.

2024년에
"우리의 경제 및 산업"을 생각한다

산업은 국민경제와 직결된다. 한 나라가 잘 살기 위해서는 그 나라 산업이 잘 구성되고 잘 운영되어야 한다. 우리는 60년대부터 산업구조와 규모를 위해서 최선을 다 해 왔고 또 성공적인 결과를 만들어 왔다.

우리 산업의 기본 틀은 60~70년대 박정희 대통령에 의해서 완성되었다. 60년대 소비재 경공업 시대를 거쳐서 70년대 중화학공업으로 방향을 선회했다. 중화학공업은 많은 자본과 앞선 기술을 요구한다. 그리고 당시 부족한 자본과 기술은 기업과 정부가 힘을 합쳐서 투지와 근성으로 극복해 왔다. 그래서 우리 산업사에서 중화학을 선도하는 대부분의 기업들은 대한민국 정부와 밀착될 수밖에 없다. 부족한 자본 혹은 크레디트는 국가가 지원했다. 그렇게 성장한 기업들은 80년대 전두환 정권부터는 협력이 아니라 협박의 대상이 된다. 국가의 도움을 받아서 이만큼 성장했으니까 이에 대한 대가를 치르라는 것이다. 그리고 그 대가는 국가와 국민이 아닌 권력자 개인이나 정치집단이 착복한다. 실질적인 정경유착은 이때부터 시작된다. 국가가 나서서 기업을 빼앗는 강도짓을 한다. 전두환, 노태우 두 대통령은 기업으로부터 천문학적 돈을 갈취해서 결국 구속까지 되었다. 어떤 대통령은 알짜 이동통신 회사를 빼앗아서 딸의 결혼 지참금으로 주는 만행도 서슴지 않았다. 이후 정권들도 크게 다를 바 없었다. 국가가 빼앗은 회사를 인수하면서 성장해 온 기업들도 있다. 거의 모든 기업을 스스로 일군 현대그룹의 정주영 회장은 대우그룹 김우중 회장에 대해서 "한 번도 회사를 만들어 본 적이 없는 사람"이라면서 기업가로 인정하지 않았다는 일화가 있다.

박정희 대통령 시절 국가는 모든 역량을 기업들에 쏟아 부었다. 한편 냉전의 한복판에서 스포츠나 문화도 외교의 중요한 축이었다. 국가는 기업들을 키우고 기업들에게는 그 대가로 스포츠를 맡겼다. 오늘날 우리의 엘리트스포츠는 이렇게 세계 속에서 성장해 갔다. 그래서 지금 우리는 양궁은 어느 기업이, 축구는 어느 기업이. 이런 구조에 익숙하고 한편 이런 구조 속에서 스포츠 선진국이 되었다. 박정희 대통령 때 잠깐 영부인 역할을 했던 박근혜 대통령은 재벌기업들에게 문화재단을 위한 기금 조성을 요구하면서 21세기 자유민주주의 국가에서 이러한 행위의 문제점을 인식하지 못했다. 마이크로소프트가, IBM이 혹은 GM이 미국의 어느 스포츠협회를 지원하고 있다는 말을 들어 본 적이 있는가?

기업을 괴롭히는 데는 국민들도 뒤지지 않는다. 국민들은 기업과 NGO를 구분하지 못한다. 그냥 기업은 돈이 쌓여 있는 곳간이라고 생각하는 사람들이 있다. 생산재와 소비재, 두 가지의 성격이 전혀 다른 돈이 존재한다. 기업에서 운영되는 돈은 생산재이며 기업이 개인들에게 노동의 보상으로 주는 돈은 소비재다. 생산재는 생산을 위해서 쓰는 자원이다. 개인들의 경우도 투자에 지출하는 돈은 생산재로서 더 많은 재화적 가치로 돌아온다. 하지만 백화점이나 식당에서 소비하는 돈은 소비재로서 내가 갖고 싶은 물건이나 음식으로 그 가치가 바뀐다. 기업에서는 노동자의 급여 등으로 나가기 전에는 소비재 재화가 없다. 기업에

NGO 기능을 기대해서는 안 된다. 빌 게이츠나 워렌 버핏은 기부로 유명하다. 이들은 그들의 보수나 투자 수익 혹은 본인이 소유하고 있는 주식 등으로 기부를 한다. 하지만 마이크로소프트나 버크셔 해서웨이가 기부를 한다는 말은 들어 본 적이 없다. 기업은 열심히 일해서 생산성을 높이고 그렇게 얻어지는 이익은 세금과 급여로 우리 사회에 기여한다. 국민복지는 기업으로부터 거둬들인 세금으로 정부가 해야 할 일이다. 국가는 기업이 노동자에 대한 착취를 방지한다는 핑계로 노동자의 근무 시간과 각종 휴가를 관리하고 노동자의 급여와 복지를 관리한다. 하지만 이렇게 국가가 관리하는 노동의 양과 보상에는 정부가 담당해야 할 복지의 부담이 포함되고 국민들은 그것을 당연시한다. 정부와 개인의 이익에 모두 부합되니까. 결과적으로 정부도 그들의 역할을 기업에게 떠넘기는 것이다.

기업을 거대기업과 중소기업으로 나누는 것이 무슨 의미가 있을까? 대기업은 악의 축이고 중소기업은 보호해야 할 선한 약자다? 삼성도 시작은 쌀가게였으며 현대도 시작은 자동차 정비소였다. 지금의 대기업은 치열한 경쟁을 뚫고 살아난 대견하고 위대한 기업이다. 그 아래에는 우리가 알지 못하는 무수히 많은 소멸된 기업의 사체들이 있다. 그렇게 성공한 대기업은 또 무수히 많은 중소기업들을 키운다. 우리나라의 중소기업은 대기업의 직간접 하청 형태가 40%, 독립적 수익구조를 가진 형태가 20% 그리고 그 나머지 40%는 안정적 수익모델을 확보하지 못한 미완의 기업이다. 안정적 수익구조를 만들지 못한 40% 기업들의 상당수는 정부 지원자금으로 유지된다. 이 역시 우리나라만의 특성이다. 벤처기업들 중 상당수는 정부과제가 실질적인 수익원으로 유지되고 있다.

과거, 정부는 정부의 기대와 방향에 힘겨워 하는 기업들을 위해서 매칭 펀드를 만들어서 지원했다. 그렇게 LCD, 2차 전지, 휴대폰, 로봇 등을 발전시켜 왔다. 이제 이런 기업들은 정부의 자금이 필요 없을 만큼 성장했다. 그리고 정부의 그 예산은 중소기업부로 넘어갔다. 물론 벤처기업들 중에서 자기들의 성장 방향에 맞는 지원 자금을 찾고 그것이 성장 발판이 되는 경우가 없지는 않겠지만 많은 벤처기업들은 지원 자금을 위해서 존재하며 과제 역시 그들의 사업방향이 아니라 지원 과제에 맞춰진다. 이를 우리가 기업이라고 할 수 있을까?

박정희 대통령의 위대한 유산 중에는 대기업, 생산기업 중심 산업구조가 있다. 무역과 중화학공업 두 가지의 공통분모는 규모에 있다. 오늘날 현대와 삼성, LG 같은 기업을 키우지 않고 수출 기반 중화학공업이 가능했을까? 설탕과 밀가루, 모직을 만들어 팔던 삼성은 전자와 반도체로 세계 선두에 서 있다. 코카콜라, KFC, 맥주, 크리스털 컵을 팔던 두산그룹이 에너지, 기계, 로보틱스 전문회사로 탈바꿈했다. 교복지를 팔던 SK는 반도체, 에너지, 통신 회사로 발전했다. 이들은 어느 시점에 가서 국가로부터 독립해서 스스로 국제 경쟁력을 키워 가고 그렇게 세계 최고 그룹으로 발돋움했다. 그렇게 첨단 산업을 리드하고 있다. 우리나라 10대 기업 매출이 국가 GDP의 50%에 달한다. 이러한 편중성을 비판하는 사람들이 많다. 하지만 이는 50년 넘게 우리가 노력해서 만든 우리 산업구조이며 우리의 국제경쟁력이다. 10대 기업의 매출이 GDP의 5%가 되면 나머지 95%를 중소기업들이 채울 것인가? 아니다. 우리나라 GDP가 반토막 날 가능성이 훨씬 높다. 정부와 민간이 힘을 합쳐서 이룩한 산업구조 그 중심에 대기업이 있다. 이는 매우 효율적이고 자랑스러운 우리의 유산으로 절대로 흔들어서는 안될 것이다.

　책임경영 시스템은 박정희 정부의 또 다른 유산이다. 우리나라 대기업은 오너 중심으로 돌아간다. 이 역시 기업을 돈을 쌓아 둔 곡간이라고 오해하고 기업의 소유를 비난하는 사람들이 많다. 오늘날 세계적인 기업들은 끊임없이 혁신을 요구한다. 산업사회가 그만큼 치열하고 오픈되어 있고 또 환경이 빠르게 변하기 때문이다. 20세기 생산혁명시기 혹은 그 이전에 만들어진 GM이나 AT&T, IBM 같은 회사들은 백년을 안정적으로 성장해 왔다. 하지만 20세기 중후반에 등장한 HP, Compaq, Intel, Sony, Panasonic, Toshiba, Mazda 등은 50년을 버티기 힘들다. 그래서 오늘날 기업은 끊임없이 혁신을 요구한다. 혁신은 생존을 거는 모험이다. 20세기 고도성장기 현대가 오너 기업이 아니었으면 조선과 자동차 투자가 가능했을까? 삼성이 오너 기업이 아니었으면 반도체 투자가 가능했을까?

　삼성이 휴대폰 시장에서 4강 중 하나로 우뚝 솟은 2010년 애플이 스마트폰을 들고 시장을 흔들었다. 우리 국민들의 여론은 "삼성은 뭐 하고 있나?"라는 비난이었다. 삼성이 힘겹게 따라간 모토롤라와 노키아 에릭슨이 모두 무너졌다. 그런 가운데 2008년 어느 날 삼성이 옴니아라는 놀라운 스펙의 스마트폰을 선보였다. 하지만 애플 앞에서 참패했다. 애플과 달리 삼성은 OS가 없었고 Window 체계는 스마트폰에 적합하지 않았기 때문이다. 보통 기업들은 여기서 쓰러졌겠지만 삼성은 이 뼈아픈 실패를 딛고 다시 일어섰다. 안드로이드를 채택한 갤럭시S를 시장에 내놓으면서 스마트폰 시장의 양강 구도를 만들었다. 이건희의 삼성이 아닌 어느 고용된 기업인이 끌고 가는 삼성이 할 수 있는 혁신이겠는가?

우리의 상속세율은 세계 최고 수준이다. 우리의 GDP를 책임지고 있는 기업들은 2세대를 버티지 못하고 주식이 분산되고 모든 기업들은 투자자 이익 중심으로 변할 것이다. 하루가 다르게 혁신을 요구하는 현대 산업의 성격상 우리의 주축 기업들이 얼마나 버틸 수 있을까?

  1960년부터 1980년까지는 국가와 기업, 그리고 국민이 한 몸이 되어서 세계시장에서 피눈물 나는 경쟁을 해 왔다. 그렇게 성장한 기업들에 대해서 2000년까지 정치권은 기업을 겁박하고 갈취해 왔다. 오죽하면 현대 정주영 회장이 대통령에 출마했을까? 그의 정치 입문의 변은 "정치자금 낼 돈으로 직접 대통령이 되겠다"라는 것이었다. 외환위기를 거치면서 기업들은 스스로의 힘으로 산업구조를 첨단화하면서 어느 정도 정부의 압력에서 벗어나고 있으나 여전히 정부는 각종 규제로 기업을 겁박하고 통제하려는 시도를 끊임없이 하고 있다.

  지금 우리의 대기업들은 각 영역에서 선두그룹에서 달리고 있다. 선두그룹의 어려움은 앞길을 예측하기 힘들다는 것이다. 누구도 가 보지 않은 길을 개척해 가야 하기 때문이다. 힘겹게 달려서 선두그룹에 들어선 우리 기업들이 얼마나 대견하고 자랑스러운가? 이들이 있음으로써 삶이 힘겨운 사람들에게 물질로서 삶의 길을 열어 주고 열심히 사는 사람들에게 풍요로움으로 삶의 가치를 더해 준다. 우리의 풍요로운 미래를 위해서 저 앞에서 열심히 싸우고 있는 우리 기업들을 응원하자.

교육
현대사

1960년대 – 대한민국 교육제도의 기초를 디자인하다

1970년대 – 고등학교까지 평준화 완료

1980년대 – 다양한 졸속 정책들로 인한 혼란, 실패한 많은 정책들

1990년대 – 선택적 교육 민주화

2000년대 – 독재정부에서 계승되는 정부의 교육 통제

2010년대 – 교육 자율과 통제의 반복, 교육독재는 아직도 계속된다

2024년에 "우리의 교육"을 생각한다

1960년대
– 대한민국 교육제도의 기초를 디자인하다

　인정하기 싫지만 우리의 현대 교육은 일제강점기 때 만들어졌다. 한반도를 일본화하여 섬나라 일본을 대륙으로 확장하려는 야욕을 가진 일본은 한국을 일본화시키는 데 적지 않은 노력을 했으며 그 결과 근대 교육 시스템이 도입되었고 해방 후 이승만 정부 시절이던 1950년 전 국민 대상 의무교육이 행해졌다.

　준비되지 않은 상태에서 해방을 맞은 대한민국은 일제에 의해서 만들어진 시스템을 계승할 수밖에 없었다. 그나마 제국주의 색체가 강한 수신과 대신 공민과(윤리)를 신설하고 한국사를 포함시켰으며 일본어 대신 한국어로 교육을 시행하는 정도의 변화가 있었다.

　1차 교육과정은 전쟁 후인 1954년 시행되었다. 이때 초등학교, 중학교, 고등학교 교과과정이 만들어졌다. "각 학교의 교과목 및 기타 교육활동의 편재"로 정의되었으며 이 시기가 우리 손으로 만든 최초의 교육과정이라는 데 의미를 두고 있다.

　1963년 제3공화국 출범과 함께 2차 교육과정이 문교부령으로 공포되었다. "학교의 지도하에 학생들이 가지는 경험의 총체"로 정의하는데 개념상 "생활중심 혹은 경험중심의 교육"으로 정의할 수 있다. 이는 5.16 이후 박정희 정부의 교육 이념을 반영한 것으로, "조국근대화"를 슬로건으로 이의 추진을 위한 작업이며 "교육을 통한 인간 개조"가 정부가 지향하는 방향이었다. 2차 교육과정 이전에 "학교에 관한 임시특례법"이 혁명정부의 지향성을 가장 잘 이해할 수 있다. 그 내용은 다음과 같다.

① 문교부 장관에 대한 학교, 학과 통폐합, 및 학급, 학생 정원 재조정 권한 부여
② 교육감 및 국공립대학교 총학장 임명제
③ 교수자격 심사제
④ 교원의 노동운동 금지
⑤ 학사자격 국가고시 실시

이 시기 교육의 특징은 1968년 중학교 무시험 진학제도와 대학입학 예비고사 제도를 들 수 있다.

당시까지 중학교는 치열한 입학시험을 거쳐서 들어가는 곳이었다. 1968년의 무시험 조치는 "7.15 어린이 해방"이라고 불릴 만큼 전폭적인 개혁이었다. 다음은 당시 문교부가 제시한 "중학교 입시제도 개혁의 취지"이다.

① 어린이의 정상적 신체발달 촉진
② 국민학교 교육의 정상화
③ 사교육비 부담 경감
④ 중학교 간 서열 격차 해소

여기에서 알 수 있듯이 60년대 가난하고 열악한 시절에도 교육에 대한 열기는 지금 못지않았다. 당시도 초등학생들의 중학교 입시를 위해서 사교육에 투자하면서 치열하게 경쟁했다.

이를 반영하는 당시의 사건이 하나 있었다. 무즙파동으로 알려져 있는 1964년 전기 중학교 입시 과목에서 일어난 일이다. 자연 과목 18번 문제는 다음과 같다.

다음은 엿을 만드는 순서를 차례대로 적어 놓은 것이다.

1. 찹쌀 1kg을 물에 담근다.
2. 이것을 쪄서 밥을 만든다.
3. 이 밥에 물 3L와 엿기름 160g을 넣고 잘 섞은 다음 섭씨 60도 온도로 5~6시간 둔다.

위 3번에서 엿기름 대신 넣어도 좋은 것은 무엇인가?

서울시 출제위원회는 정답이 보기 1번 디아스타제라고 했으나 2번 무즙을 답으로 선택한 학부모들이 초등학교 교과서에 "무즙에는 디아스타제가 들어간다"라는 내용이 있으므로 두 가지가 모두 정답이라고 주장한 것이다

결국 이 사건은 법정공방으로 이어져서 1점 차이로 명문중학교 입학하지 못하게 된 약 40명이 소송을 제기하였고 결국 학부모가 승소하여 이들 불합격된 학생들을 구제하라는 판결이 내려졌다. 경기중학교 30

명, 서울중학교 4명, 경복중학교 3명, 경기여중 1명이었다.

중학교 입시 폐지에는 이 사건이 영향을 미친 부분도 없지 않다. 아무튼 1960년대에도 교육에 대한 열기는 지금보다 못하지 않다는 사실을 보여 준다. 하물며 10대의 어린 초등학생들이 입시에 시달리며 사는 모습을 상상해 보라.

1970년대
- 고등학교까지 평준화 완료

　유신헌법의 군사독재가 교육에도 그대로 반영되는 시기이다. 물론 순기능이라고 얘기할 수는 없지만 군사독재 시절 정책의 특징은 국민들의 여론을 크게 의식하지 않아도 된다는 것이며 결과적으로 인기 없는 정책들도 강하게 밀고 나갈 수 있었던 시기이다.

　이 시기 교육정책 변화의 특징은 고교 평준화, 실험대학 제도 도입, 대학교수 재임용제 실시 등이다.

　1973년 발표된 고등학교 평준화 정책은 68년 중학교 무시험 진학 이후 5년 만에 도입된 제도이다. 서울과 부산의 고등학교 경우 자체 입학시험을 실시하지 않고 국가에서 관리하는 연합고사로 합격자를 선발 후 이들을 학군별로 추첨을 통해서 고등학교에 배치한다는 것이다. 서울 부산 외 지역은 그다음 해부터 시행한다. 당시 문교부는 개편에 대해서 다음과 같은 이유를 들었다.

① 과중한 학습 부담으로 인한 학생들의 신체발달 저하
③ 경쟁심 조성으로 인한 학생들의 심성 왜곡
③ 중학교 교육의 비정상화
④ 과중한 사교육비로 인한 가계 부담

⑤ 고등학교 간 서열 격차 심화

사유를 보면 그때나 지금이나 교육에 대해서는 변화가 없음을 알 수 있다. 특히 사교육에 대한 제도권 교육과의 충돌은 이후에도 끊임없이 일어난다.

실험대학 정책은 대학마다 자체적인 실험을 통하여 교육의 질을 자율적으로 관리하는 데 의미를 두었다. 자율적 관리란 대학 간 경쟁을 통해서 질을 높이자는 의도가 있었다. 하지만 이 역시 문교부가 정한 실험대학의 기준이 적용됨으로써 결과적으로는 규격화된 실험대학이 증가하는 반대 효과가 나타났다.

교수 재임용제는 당시 대학들의 엄청난 반발이 있었던 것으로 기억한다. 필자의 부친이 국립대학교 교수였고 특히 당시 처장이라는 보직을 맡고 계셔서 비록 어린 나이지만 당시 그 분위기를 잘 기억하고 있다. 당시나 지금이나 이 정책은 유신독재에 저항하는 교수들을 통제하기 위한 법으로 이해되었고 당시 아버지도 이러한 점을 무척 우려하신 것으로 기억한다. 물론 이 제도가 당시 교수들의 자발적 발전을 유도하는 목적도 분명히 있지만 당사자들인 대학교수들은 이에 대한 우려 부분만 언급될 수밖에 없었다.

미국도 Tenure 제도가 있어서 교수들의 인사권은 철저히 독립적이다. 하지만 당시 우리나라 대학과 미국대학은 상당한 차이가 있었다. 나는 이후 미국 유학까지 거치면서 이 차이와 변화를 명확히 확인할 수 있었다. 70년대 당시 우리나라 대학교수들 상당수는 고용이 철저히 보장되고 있었으며 이러한 안전장치는 학문적 투자를 보장하기보다는 안정적

생활을 보장하는 측면이 강했다. 교수들의 주 업무는 강의였으며 그 외의 시간은 연구 활동보다는 바둑과 테니스 등 여가 활동이었다. 물론 대학이나 국가의 부족한 제정이 충분한 연구 활동을 보장할 수 없다는 점을 감안하더라도 당시 대학교수에 대해서만 고용보장이라는 특례를 줘야 할 분명한 이유도 없었다는 것이 나의 판단이다.

이러한 제도가 있었음에도 불구하고 이후 내가 아는 한 정치적으로나 능력적으로나 어느 측면에서도 이 제도는 그리 효율적으로 적용되지는 않았던 것으로 안다. 그만큼 대학교수 직업군도 집단적 보호 장치가 꽤 강력했던 것이다.

1980년대

- 다양한 졸속 정책들로 인한 혼란,
  실패한 많은 정책들

80년대는 12.12 쿠데타로 시작된 군부독재 기간이다. 제5 공화국은 국민의 불만을 힘과 회유로 관리하였다. 교육의 경우도 비슷하게 운영되었다. 물론 군부독재라고 해서 모든 정책들이 독재 유지를 위한 것은 아니다. 비록 독재자라도 좋은 정치와 행정을 하고 싶었을 것이고, 나름 국정에 대한 책임감도 있을 것이다. 다만 그의 권력 유지에 방해가 되는 요소는 최대한 통제하면서 자연스레 독재 정권 유지를 위한 정책들이 끼어든다는 의심을 하지 않을 수 없는 것이다.

1980년 7월 30일 발표된 일명 7.30 교육개혁은 다음과 같다.

① 과외(사교육) 금지
② 대학본고사 폐지
③ 고등학교 내신 성적 및 예비고사 성적에 의한 입학생 선발
④ 대학 입학 정원 확대 및 졸업 정원제
⑤ 고등학교 교육과정 축소

당시 사교육 열기는 학교교육 정상화를 저해할 뿐 아니라 가계에도

상당한 부담을 주는 수준이었다. 한편 사교육이 국민 계층 간 위화감을 조성한다는 문제도 무시할 수 없었다. 이러한 분위기에서 행해진 사교육 금지는 위반 시 공무담임권, 파직, 세무조사 등 초법적 제재를 가함으로서 사실상 상당히 강력하게 유지되었으며 이 정책은 89년 노태우 정권 때 해제되었다. 그만큼 국민들의 공감을 받았다는 뜻이다. 하지만 이 정책은 의외로 대학생들의 유일한 수익원을 차단하는 결과를 갖고 오기도 했다. 당시만 하더라도 대학생들이 수익을 목적으로 할 수 있는 아르바이트는 거의 없었다. 이러한 상황에서 과외 금지 조치는 고학생들에게는 날벼락이었으며 대학 입학 시 사교육 금지를 통한 기회 균등의 효과와는 별도로 경제력에 의한 불평등이 야기되기도 했다. 하지만 이는 서슬 퍼런 군사정권의 큰 목소리와 함께 소수 약자의 작은 목소리로 묻혀 버렸다.

대학 입시 및 졸업과 관련된 조항들은 다분히 아마추어 군사정권이 급조한 느낌이 강하게 드는 정책들이었다. 지금도 내신 평가에 대해서 많은 논란과 부작용들이 있는데 하물며 당시 준비되지 않은 군사정권의 "국가보위비상대책위원회"가 급하게 발표한 내용들이 얼마나 검토되었을까? 결국 졸업정원제는 74년 이후 서서히 소멸되었다. 90일 만에 급조된 이 모든 정책들은 현실 적용 시 나타나는 많은 문제들에 부딪치면서 국민의 여론에 끌려 다니는 일관성 없는 운영으로 결국 실패한 정책으로 끝났다.

7.30 정책이 실패로 끝나면서 제5 공화국은 1985년 대통령 직속기구로 "교육개혁심의회"를 구성하여 교육 전반에 개혁을 시도했지만 구체적인 내용이나 성과 없이 1988년 정권이 교체되면서 함께 소멸되었다.

1990년대
- 선택적 교육 민주화

　90년대는 전체적으로 군사정권에서 문민정권으로 옮겨 오는 시기이다. 1988년 노태우 대통령이 집권한 후 92년까지는 비록 민주적 절차를 통해서 성립된 정권이기는 하지만 태생이 군사정권의 구성원들에 의한 것이다 보니 사회적으로 아직 국민들의 민주화 의식이 덜 갖춰진 면이 있다. 학교 역시 80년대 군사정권과 치열하게 싸우고 또 심하게 통제받다 보니 이 시기 자율성이 완전히 회복되지 못했다.

　하지만 1993년 김영삼 정권부터는 모든 국민들의 억눌린 요구들이 폭발하는 시기이다. 학교에서는 교사의 권리, 학생의 권리가 급격한 속도와 강도로 터져 나오고 사회는 폭발하는 각계각층 시민들의 요구에 혼란스럽고 정부는 이의 관리와 수용에 갈팡질팡하는 시기이다.

　각계각층에서 노조가 만들어졌다. 교사들도 예외는 아니었다. 6월 항쟁과 6.29 선언으로 인해서 촉발된 노동자 대투쟁의 영향으로 1989년 법외노조로 출범하였다. 전교조가 합법화된 것은 10년이 지난 1999년이다. 교사에 대한 국민정서가 교사를 "노동자"로 수용하기 힘들기 때문에 그만큼 사회적 저항도 컸고 전국교직원노동조합이 전교노가 아니라 전교조가 된 이유이다. 물론 당시 한국교원단체총연합회(교총)이라는 교원단체가 있었고 국제교육연맹에 가입되어 있기도 했다. 하지만 교총은 다분히 형식적인 단체였고 필요할 때 정부의 요구에 따라 움직이는 어용단체 성격도 있었다.

당시 전교조의 출발은 순수했다. 일단 학교에 만연한 촌지를 받지 않았다. 당시의 전교조가 무엇인지 이해하는 중산층의 분위기는 이렇다. 학부모들의 모임에서 "어느 선생님은 촌지를 거부하고 돌려보낸다더라" 하는 이야기가 나온다. 그럼 또 다른 학부모는 "그 선생님 전교조 아냐?" 라고 할 정도로 참 특이한 분위기였다. 90년대는 이미 경제적으로 살 만한 세상이 되어서 곳곳에 만연하던 뇌물은 많이 줄었으나 마지막까지 남아 있던 곳이 학교였으며, 이 문제를 가장 먼저 제기한 곳이 전교조였다. 하지만 무엇이 옳고 무엇이 그른지 충분히 이해할 만한 중산층 학부모들도 이런 분위기에 결코 우호적이지 않았다. 자식 교육에서만은 무슨 짓을 해도 괜찮은, 철저한 이기주의가 여전히 확고히 자리 잡고 있는 것이다. 초중고의 촌지가 완전히 없어진 것은 한참 후인 "김영란법"이 생기고 나서다. 아무튼 당시 전교조는 촌지를 비롯해서 학교에 뿌리 깊게 자라던 여러 문제들을 들춰내었다.

이후 전교조는 험난한 길을 걷는다. 99년 합법 노조가 되었으나 이후 해직 교원이 조합에 있다는 이유로 2013년 다시 법외노조가 되었다. 그러다가 2020년 대법원 판결 후 고용노동부의 법외노조 통보 취소 결정으로 다시 합법 노조가 되었다. 노조의 성격도 많이 바뀌어서 정치편향적인 많은 행사와 주장들, 페미니즘 등 급진주의적 주장 등 많은 비판을 받고 있는데 이는 "교육이라는 성역"에 대한 사회적 인식과의 충돌에 의한 것이라고 나는 해석한다.

1994년 "교육개혁위원회"를 설치하고 1995년 "5.13 교육개혁안"을 발표하였는데 이 개혁안의 제목은 "세계화, 정보화 시대를 주도하는 신 교육체제 수립을 위한 교육개혁 방안"이었다. 당시 제시된 교육체재의 목표는 "열린교육사회와 평생학습사회의 비전을 실현하고 학습자의 잠재능력을 최대로 계발하며, 세계적 수준의 학문과 과학기술을 창조한다"라는 것으로 오늘날 상당부분 현실화된 것의 선언적 시작이라고 평가할 수 있다. 물론 30년 후에 세계화, 정보화 사회가 이때의 교육정책으로 시작된 것이라는 해석은 좀 무리한 면이 있지만.

김영삼 정부의 "교육개혁위원회"는 이후에도 2, 3, 4차에 걸친 개혁안을 발표했는데 1997학년도부터 고등학교 생활기록부를 입시에 반영하고 모든 대학이 국어, 수학, 외국어 위주 필답고사를 폐지하도록 하였다. 이 밖에도 사교육 부담을 줄이는 방안으로 위성교육방송을 신설했는데 이는 오늘날 EBS로 발전했다.

2000년대
- 독재정부에서 계승되는 정부의 교육 통제

　김대중 국민의정부는 정부조직개편을 통해서 교육부를 교육인적자원부로 전환함과 동시에 장관을 부총리격으로 승격하였다. 그리고 이후 많은 개혁적 정책을 시도하였으나 교육개혁이란 것이 원래 그리 만만한 것이 아니었다. 어느 정부나 마찬가지였지만 시작은 요란했으나 결국 현실성 결여, 사회적 저항 등으로 흐지부지 끝나는 일이 많았다.

　당시 65세이던 정년을 60세로 단축했다. 이렇게 늘어난 재원으로 신임교사 충원을 확대하려는 의지였지만 기존 교사들의 반발에 부딪쳐서 결국 정년은 62세로 합의되고 결과적으로 교사들의 자존심에 큰 상처를 주었다.

　이 시기에 주목할 일 중 하나가 "과외금지에 대한 위헌판결"이었다. 이로서 사교육 증가를 막을 근거가 없어지고 7차 교육과정에서 "학생의 수준과 특성을 고려한 교육"은 우열반 편성으로 변질되어서 사교육 열풍을 일으키는 계기가 되었다. 2002년 개선안에 포함된 특기와 적성을 중시하는 "대학입학제도 개선안"역시 일선 학교의 특기, 적성 교육여건이 여의치 않아서 결국 사교육 폭발에 한몫을 보탰다. 이러한 사교육에 대한 부담은 제도권 교육에 대한 불신을 갖고 와서 당시 세계화 추세와 함께 대대적인 조기유학 사태가 발생한 것도 이 시기 특기할 만한 사건이다.

한편 국민의 정부는 "교육평등"이 빠질 수 없다. 3불 정책이라고 하였는데 대학본고사, 고교등급제, 기여입학제를 금지한다는 것이다. 이에 대해서 학교 현장에서는 입시 자율화라는 기본 취지를 저해하는 조치를 들어서 반대 목소리가 높았으며 사회적으로도 정책의 현실성을 놓고 논란이 많았다. 결국 이 3불 정책은 오늘날까지 논란이 되고 있다. 이 외에도 국민의 정부는 의무교육을 중학교로 확대하였으며 교원노조 합법화, 교원 성과금제 도입 등을 실현하였다.

노무현 참여정부도 예외 없이 교육개혁을 위해서 대통령 자문기구인 "교육혁신위원회"를 설치해서 여러 가지 개혁안을 내놓았다. 주목할 만한 것은 대학입시 개혁 방안이었다. 이미 박정희 정권 때 고등학교까지 입시 부담을 없앤 까닭에 학생이나 학부모들의 모든 부담은 대학입시에 몰려 있었다. 참여정부는 수능에 대한 학생들의 압박과 입시경쟁 대학들의 서열화를 해소하겠다는 이념을 앞세워서 개혁을 시도하였다. 하지만 역시 이상과 현실의 괴리는 컸다.

대학입시에서 내신을 주요 전형 요소로 하되 수능시험은 등급제로 전환·반영한다는 것은 학교 간 학력 차이가 엄연히 존재하는 현실에서 내신의 신뢰성 문제, 수능의 등급화로 변별력이 없다는 점에서 비판이 제기되었으며 이러한 정책에 대해서 대학에서는 변형된 형태의 논술시험 및 심층면접으로 우수 학생들을 선별하려고 하였다.

참여정부의 개혁안 중 하나는 사교육비 절감을 위한 EBS 수능방송이었는데 일선학교나 학원의 유명한 교사들이 담당하도록 하였으며 방송 강의 내용을 일정 비율로 수능 문제에 반영하는 것이었다. 이러한 개혁안은 저소득층에게 일부 도움이 되기는 했지만 사교육이란 것이 경쟁을 기반으로 한 것인 만큼 이러한 정책이 사교육비를 줄여 주기보다는 새로운 사교육 방법들을 개발하는 데 기여하는 역효과가 날 수밖에 없었다.

참여정부가 시도한 교육개혁 중 하나는 사립학교법 개정이었는데 이는 참여정부 전 기간 동안 논란의 대상이었다. 개방형이사제 도입을 핵심으로 하는 이 개정안은 사학단체들의 강력한 반발을 불러일으키는 것은 당연한 일이었으며 국민들의 여론까지 분열되어서 그 갈등은 끝없이 이어졌다.

2010년대
- 교육 자율과 통제의 반복, 교육독재는 아직도 계속된다

  2010년대 교육현장에는 몇 가지 키워드가 있다.

  2010년부터 진보 교육감이 대거 등장했다. 교육이란 영역이 원래부터 보수적인 색체가 강한 영역이라는 점에서 아이러니이기는 하지만 우리나라 교육을 경쟁 기반으로 해석하면 경쟁에서 성공할 소수보다는 경쟁에 자신이 없는 다수는 현재 교육시스템에 부정적일 수밖에 없다는 점에서 어느 정도 수긍이 된다. 교육을 정치 행위의 일부로 생각하는 다수의 국민들은 각자 정치적 성향에 따라서 교육감을 선택하는 그런 분위기도 작용했던 것으로 보인다.

(1) 학생인권조례

  2010년 경기도 의회에서 최초로 재정된 이후 2020년 전국 7개 지역에서 시행 중인 것으로 "학교교육과정에서 학생의 존엄, 가치, 자유, 권리가 보장되고 실현될 수 있도록" 교육청에서 제정한 조례이다. 학생인권조례에 대해서는 정치권과 연결되어서 말도 많고 탈도 많지만 미성년 학생들도 학교에서 인권을 보호받아야 한다는 원론적 가치에는 누구나 동의할 조례다. 과거 학교에서는 거의 폭력이라고 할 만한 일들이 당연하게 시행되었다는 점에서도 필요성을 부정할 수 없다. 하지만 문제는 이상과 현실의 괴리에 있다. 자유와 방종의 경계는 명확하지 않다. 그리고 나의 자유가 남의 자유를 침해할 경우 그 경계도 명확하지 않다. 학교처럼 명확한 목적을 가진 집단에서 목표를 위한 규제가 규제받는 학생들의 자유와 부딪칠 때 조율 기준도 명확하지 않다. 이러한 민감한 사안을 인권조례라는 이름으로 손쉽게 선언해 버리면 어떤 결과가 나타날까? 아직 미성년 학생들 중 일부는 이를 과도하게 해석하고, 교사는 일부 과도하게 해석하고 행동하는 학생들에 의해서 피해를 입는 경우가 생긴다. 물론 예외적일 수 있지만 교육의 영역이기에 이는 무시할 수 없는 일이다. 이러한 위험을 "교사라는 신성한 직업관"으로 감당하라는 요구는 시대착오적일 수밖에 없다. 결과적으로 체벌이 없어진 학교 내에서 자칫 교사에 대한 고소·고발이 빈번하게 일어나고 이 조례에 따라서 교사는 형사 처벌의 대상이 된다. 그 후과는 충분히 예상할 수 있는 것으로, 교사는 위험을 회피해야 하는 굉장히 위험한 직업, 심지어 학생은 교사를 범죄자로 만들 수 있는 무서운 존재다. 무조건 몸조심 하는 것이 현실적 방안이며 학생들은 통제나 가이드 할 대상이 아닌, 그들이 원하는 서비스를 제공해 주는 진상 고객이 된다. 건전한 다수의 학생들로부터 제도권교육이 외면받는 이유가 되고 학생들은 사교육으로 몰린다. 학교는 잠을 자는 곳으로 바꿔어 버린 2010년대의 교육 현장에 대한 이전과 차이점은 사교육이나 교사에만 있는 것이 아니다.

 2010년부터 학교폭력이 급증하고 있다. 물론 혈기 왕성한 젊은 미성년들이 모인 학교라는 공간에서 학생들 간의 충돌은 항상 있어 왔다. 또한 90년대까지는 학교폭력의 주체가 교사들인 경우가 많았던 만큼 학생들의 폭력이 크게 문제로 대두되지 않았다. 하지만 학생인권조례로 교사 체벌이 금지됨과 함께 학생 폭력은 서클 형태로 급격히 변했다. 일진회가 등장한 것은 2000년대 들어서다. 2005년 전농중학교 정세영 교사의 "일진회 폭로"를 통해서 일진회가 사회적 이슈가 되었으며 이후 일진에 의한 각종 폭력과 이에 따른 학생들이 자살 등이 수시로 일어났다. 이에 스쿨폴리스(이후 배움터 지킴이)가 도입되고 2012년에는 "117 학교폭력신고센터"와 "학교전담경찰관"이 도입되었다. 그럼에도 불구하고 학교폭력에 대한 인식은 여전히 "철없는 애들의 장난" 혹은 "그럴 만한 이유"라는 식의 합리화와 학생이라는 이유로 솜방망이 처벌로 심각성이 부각되지 않았다. 그러다가 2010년대 중반 유명 연예인들의 과거가 조명되면서 일부 학교폭력 가해 연예인들의 일들이 세상에 알려지고 그런 연예인에 대한 사회적 제재가 가해지면서 인식이 바뀌기 시작했다.

그럼에도 불구하고 학교폭력은 계속 확장되었다. 과거 가해자는 문제가 있는 소외된 가정의 자제들이 대부분이었지만 어느 시점부터는 사회 지도층이나 권력층 자제들까지 확대되었다. 한편 학교폭력을 범죄로 다루면서 자녀를 범죄자가 되지 않게 하려는 중산층 부모들의 노력은 학교폭력을 법률적 판단의 영역으로 끌고 가기 시작했다. 웃픈 현실이지만 최근 변호사들의 가장 큰 고객이 이혼과 학교폭력이 되어 버렸다.

이 시기에 두드러지는 요소 중 하나가 자율사립고다. 자율사립고는 학교운영의 자율성을 보장받는 대신 정부의 보조금을 받지 않고 스스로 교과과정을 운영하는 학교이다. 학생과 교사 선발, 그리고 교육비 책정 등에 정부의 간섭을 받지 않기 때문에 당연히 사회적으로 선택된 학생들을 위한 학교이다. 다양한 교육 수요를 수용하겠다는 이명박 정부의 정책에 따라서 만들어졌다. 우리와 비슷한 해외 선진국들은 대부분의 학교가 자율성을 보장받는다. 학교의 재정이 열악하여 정부나 지자체의 지원을 받을 경우 일정 부분 지자체의 정책적 방향성에 동조하기는 하지만 어디까지나 학교는 독립된 기관으로 인정받는다. 하지만 우리는 처음부터 학교는 국가가 관리하고 국가의 지침을 따르는 특이한 조직으로 시작되었는데 이는 일제 제국주의 교육의 후유증이며 이후 독재정부의 성향에 맞춰져서 이어 온 것이다. 하지만 문민정부가 들어선 지 20년이 지나서도 교육독재는 여전하며 이명박 정부 들어서 처음으로 이러한 자율고등학교가 시도되었다.

자유를 평준화라고 이해하는 진보적 교육감들은 자율사립고를 "민중의 적"으로 보는 시각이 강했다. 2017년 문재인 정부가 들어서면서 자사고는 폐지의 위기에 놓이기도 했다. 당시 여론에 따르면 자사고 유지 의견은 27.2%에 불과했다. 당연한 것 아닌가? 대부분의 국민들은 자사고와 관련도 없고 이에 관심도 없다. 또한 내 아이가 아닌 남들이 뭔가 다른 교육 서비스를 받으면 일단 불안하다. 원래 취지는 다양한 수요를 수용하는 것이므로 이러한 수요가 있는 소수의 국민들에게 해당되는 제도이다. 그런데 이를 국가균형시스템으로 이해해서 인민재판식의 여론조사로 문재인 정부는 이의 폐지를 추진했다. 우리 애가 못 가는 학교에 남들이 가는 것을 용납할 수 없다는 이유이다.

다만 이후 이 문제가 법원으로 갔고 대부분 행정처분 취소 요청이 받아들여짐으로써 결국 이 역시 무리하게 추진하다가 실패한 정책으로 귀결되었다.

민주주의가 뿌리내린 지 30년. 그런데 왜 교육에서만 제국주의와 군사독재주의를 계승하고 있을까? 교육이라는 이름으로 국민들을 통제할 수 있다는 그 달콤함 때문일까? 도대체 정부에 왜 아직 교육부가 있을까? 왜, 무엇을 위해서 정부가, 혹은 권력이 학교 단위까지 통제를 하는 걸까?

2024년에 "우리의 교육"을 생각한다

■ 교육의 2가지 기능에 대해서

대한민국 모든 정부는 예외 없이 집권과 동시에 교육개혁 위원회를 만든다. 그리고 여기서 다루는 교육개혁은 대체로 두 가지이다. 평준화나 사교육비 절감처럼 교육평등을 실현하는 방향의 개혁, 그리고 교원이나 사립재단 등에 해당하는 교육권력의 재분배.

국가가 관리해야 할 교육 기능 다음 두 가지이다.

① 대한민국 국민으로서 인간이 갖춰야 할 소양과 상식, 그리고 기능을 배우는 교육이다. 이는 국민의 전반적인 수준을 향상시켜서 건전하고 이성적인 사회와 국가를 만드는 데 필요한 것으로서 일반적으로 문맹 퇴치에서 시작한다.
② 우수한 자원을 찾아내고 이들을 소수의 전문인 혹은 사회 지도자로 양성하는 목적의 교육이다. 이는 국가 발전의 근간이 되는 것으로서 각 분야에 지도자급을 양성함으로써 정치, 경제, 산업, 교육 등 국가 전반의 발전을 도모할 수 있다.

우리나라의 전인교육 시스템은 잘 짜여 있다. 중등학교까지 의무교육으로 전 국민이 아무런 부담 없이 9년간 충분한 교육을 받을 수 있다. 여기에 어린이집과 유치원까지 무상지원이 되므로 사실상 3~4세부터 중학교까지 국가가 지원해 준다. 고등학교도 국가가 많은 부분을 부담함으로써 일반 국민들이 큰 부담 없이 수료할 수 있다. 결과적으로 최소 12년에서 15년 정도의 교육을 통해서 충분한 교육이 제공된다는 것이다. 이 과정은 경쟁이 필요 없기 때문에 60년대부터 70년대까지 모두 경쟁을 없애고 평준화 시스템을 만들어서 오늘에 이르렀다.

항상 논란이 되고 있는 문제는 각 영역의 한정된 전문가 혹은 지도자를 양성하는 교육이다. 이는 대부분의 나라에서 대학교에 이 역할이 주어져 있다. 대학 평준화 주장은 대학을 지도자 양성 기능에서 국민 기본 교육으로 기능을 바꾸자는 뜻이 된다. 국민 기본 교육에 이미 15년을 보장하고 있는데 더 이상 교육이 필요할까? 그리고 대학을 기본 교육 기능에 포함시키면 그 비용은 국가가 부담해야 하지 않을까?

그럼 왜 매번 이런 논쟁이 반복되는가?

내 자녀를 전문가 혹은 지도자로 만들고 싶은 욕구에서 시작된다. 왜 내 자녀를 전문 기술이 필요한 한정된 전문가나 지도자로 만들고 싶은가?

보상 때문이다. 자본주의에서는 그 역할의 중요성이나 희귀성에 따라서 직접 보상을 한다. 지도자가 되면 그에 따른 경제적 사회적 보상이 제공된다. 공산주의 국가들도 국가 지도자들이 필요하며 그래서 엘리트교육에 자본주의 이상으로 노력과 투자를 한다. 공산주의에서는 이에 대한 보상이 전 인민들에게 균등하게 돌아가는 것이 그들의 이념이지만 현실적으로는 그들에게도 좋은 주거 환경과 사회적 대우라는 보상이 있다.

보상에 따른 차별화 때문에 이러한 국가적 필요성 자체를 부정하는 국가는 아마 우리나라밖에 없을 것이다. 내 자식이 지도자로서의 보상을 누리면서 더 나은 삶을 살 수 없다면 차라리 국가 지도자를 만드는 시스템을 붕괴시켜 버리자는 것이 지금 대한민국이 끊임없이 시도하는 교육정책이 아닌가?

이러한 논리에 대해서는 "결과의 평등이 아닌 기회의 평등"이라고 주장한다.

여기서 기회는 여러 가지가 있다. 부모님으로부터 물려받은 유전자와 내가 태어난 국가와 지역, 부모님의 경제적 사회적 능력, 학교와 친구, 교육환경 등, 이 많은 요소들 중에서 부모의 경제적 능력만 뽑아서 경쟁교육을 통제하는 것이 과연 효과가 있을까?

자본주의 체제를 당연히 받아들이는 대한민국의 모든 정부가 사교육을 억제하고 경쟁을 부정하는 교육개혁을 시도하는 것이 현실적 모순인 이유이다. 돈 많은 사람이 비싼 사교육에 돈을 쓰는 것은 그들의 자유다. 하지만 사교육은 유전자를 이기지 못한다. 정책이 유전자를 통제할 수는 없다.

자사고나 강남 8학군 등의 이슈는 우리나라 교육시스템의 오랜 개혁과 그에 따른 교육 소비자들의 저항에 기인한다. 여기서 교육소비자는 의무교육 혹은 대한민국 국민의 기본 교육 소비자가 아닌 교육을 통해서 경쟁 환경에서 그들의 자녀를 좋은 위치에 두려는 부모들이다.

교육의 하나의 기능. 우수한 사회 지도자를 찾아서 키우는 기능에서 평준화는 심각한 하향평준화이다. 내 자식을 지도자로 키우고 싶은 부모는 평준화된 학교에 보내고 싶지 않다. 평준화된 학교는 오늘날 대한민국 도처에 존재한다. 학생인권조례를 통해서 학교에서 학생들이 자유가 보장된 학교, 교사는 체벌이 금지되고 학생에 대한 지적과 훈육조차 인권유린이 아닌지를 고민하다가 그냥 포기하는 학교. 어떤 모습일까? 공부는 하교 후 학원에서 이뤄지고 경쟁에 관심이 없거나 포기한 다수의 학생들은 학교를 그들의 놀이터로 만들고 공부 좀 하겠다는 학생들은 학교가 취침의 공간. 자칫하면 일진의 먹잇감이 된다.

내신이 대학입시에서 결정적인 영향을 주는 상황에서 강남 8학군은 결코 대학입시에 좋은 선택이 아니다. SKY 합격률이 일반 고등학교보다 3% 정도 높다. 전국에서 공부 좀 한다는 학생들이 모여 있는 학교에서 이는 엄청난 불리함이다. 이유는 당연히 내신에 있다. 그럼에도 불구하고 8학군에 몰리는 이유가 바로 "공부하는 학교를 찾아서"이다. 강남 8학군에는 수업시간에 상시 조는 학생이 없다. 그들은 학교가 끝나면 바로 학원으로 뛰어간다. 이러한 사교육의 천국임에도 학생들은 제도권 교육에도 충실하다. 일진도 없다. 8학군은 결국 모든 국민들을 평등하게 만들겠다는 정책이 만들어 낸 기현상이다.

■ 교육 권력의 통제 및 관리에 대해서

제국주의 시대 일본은 교육을 포함한 모든 영역을 국가가 통제하고 교육을 그들의 입맛에 맞는 인력을 양성하는 기능으로 생각했다. 이는 해방 후 군사정권에서도 비슷하게 이어 온다. 교육은 국가 재건을 위해서 존재하고 국가관을 확고히 하는 데 필수적인 기능이었다. 한편으로는 군부독재정권의 정당성을 가르치는 기능으로도 작동했다.

우리는 문민정부가 들어온 지 30년이 넘었다. 교육을 굳이 정부가 통제하고 관리해야 하는 이유, 군사독재 정부의 관행을 아직도 유지하는 이유가 뭔가? 만약 범죄가 있다면 법으로 다스리면 된다. 사학재단은 나름 철학을 갖고 사회에 봉사하는 마음으로 만들어진다. 민주주의 국가에서 그들을 범죄 집단으로 예단하고 항상 감시해서도 안 될 것이다.

이제 대한민국의 교육은 충분히 틀을 갖췄다. 교육을 정부의 입맛에 맞추겠다는 독재정부의 악습에서 벗어나야 한다. 정부 예산을 지원받는다는 것이 적극적인 간섭의 이유가 될 수는 없다. 하물며 정부 지원을 받지 않는 자사고는 5년짜리 정부의 입맛에 맞지 않다는 이유로 정부마다 폐지 얘기가 나온다. 백년대계 교육에 5년짜리 정부가 나설 일이 아니다.

문화 현대사

1960년대 – 가요와 영화가 국민의 위로가 되던 때

1970년대 – 가요가 젊어진다, 포크의 전성시대

1980년대 – 대학가요제, 그리고 영화에서 TV로

1990년대 – K-POP의 씨앗을 뿌리다, 영화의 독립시대

2000년대 – K-POP, K-Drama, 아시아를 휩쓸다

2010년대 – 세계 속에 자리 잡은 K-Culture

2024년에 "우리의 문화"를 생각한다

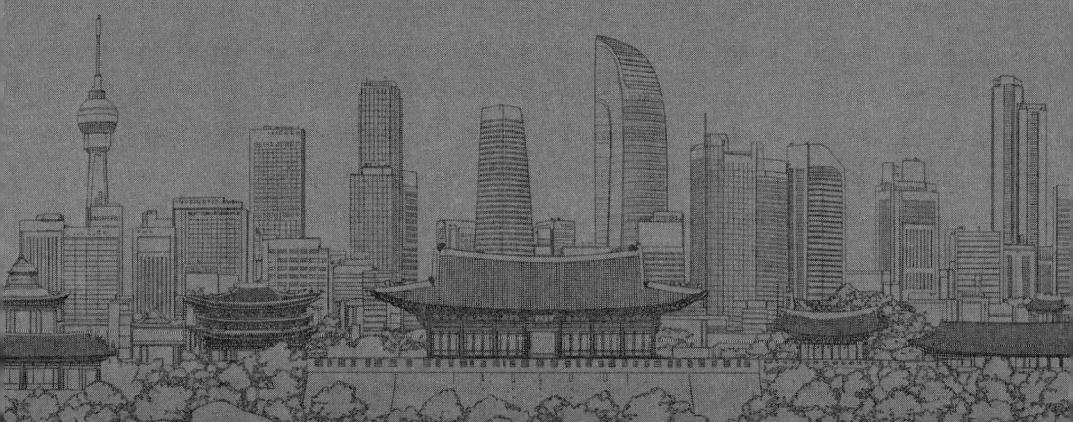

1960년대
- 가요와 영화가 국민의 위로가 되던 때

60년대는 아직 대중매체가 자리 잡기 전이다. 대중문화를 즐기는 매체로는 라디오가 있었고 아직 시골에는 유랑극단이 있었다. 그리고 부유층들은 전축으로 LP판을 통해서 대중가요를 즐기는 매우 제한적 시절이었다. 또한 중소도시에는 극장도 있었다. LP판은 이즈음 10인치에서 12인치로 확장되어서 앞뒤 6곡씩 12곡을 담을 수 있게 되었고 스테레오 음반이 제작되기 시작했다.

어린 나의 기억으로 60년대는 괜찮은 영화들이 많았다. 주요섭 원작을 영화화한 「사랑방 손님과 어머니」, 그리고 황순원 소설 원작의 「독 짓는 늙은이」, 이광수 원작의 「유정」 그리고 「마부」 같은 우리 정서가 묻어 있는 서정적이고 수준 높은 작품들이 꽤 있었다. 어린 나이였지만 당시 영화를 즐기셨던 어머니 손을 잡고 극장에 갔던 기억이 어슴푸레하다. 「독 짓는 늙은이」와 「유정」을 본 것 같은데, 지금도 몇몇 장면들이 떠오른다.

국민학교 때 어머니는 가끔 학교에 오셔서 나와 누나를 데리고 나가기도 했다. 그렇게 본 영화 중 기억에 남는 것이 「사운드 오브 뮤직」이다. 당시는 비록 국민학교라고 해도 영화를 보거나 여행을 위해서 조퇴 혹은 결석을 하는 일은 상상할 수가 없다. 아버지가 교육학자였기 때문인지, 아무튼 나의 부모님은 당시도 독특한 교육관을 갖고 계셨고 그런 이유에서 영화를 좋아하는 어머니와 꽤 많은 추억이 있다.

신상옥, 최하원, 김대진 같은 뛰어난 감독들이 있었으며 김승호, 신영균, 황정순, 황해, 엄앵란, 윤정희, 남궁원 등 기라성 같은 배우들이 있어서 당시 영화는 예술적으로나 대중적으로 모두 뛰어난 것들이 많았다.

예술성이 넘치는 작품들 외에도 「미워도 다시 한번」, 「저 하늘에도 슬픔이」 같은 최루탄 영화들과 「오발탄」, 「말띠 신부」, 「장마루촌의 이발사」 같은 코미디 영화도 꽤 인기를 끌었다. 달리 즐길 거리가 없었던 당시 영화는 대중들에게 일상의 고단함을 풀어 주는 좋은 친구였다.

외화도 가끔씩 들어왔다. 「태양은 가득히」, 히치콕의 「새」, 「나바론의 요새」, 「닥터 지바고」, 「남과 여」 같은 영화들이 이때 들어왔으며 이들은 명화라고 명명되면서 70~80년대 리바이벌 방영되곤 했다. 좋은 영화는 학교에서 추천하는 제도가 있었다. 이런 영화들은 이후 대부분 '문화교실'이라는 추천영화에 포함되어서 교복 입고 당당하게 극장에 들어가서 볼 수 있었던 것들이다. 하지만 막상 다음 날 조회시간에 추천영화를 본 사람을 거수하게 하고 "공부는 안 하고~"라는 선생님의 호된 꾸지람을 듣는 경우도 많았다.

대중가요는 50년대 전쟁의 고단함에서 벗어나 희망찬 미래를 그리는 분위기에서 신인들이 많이 등장한다. 당시 대중가요는 오늘날 트로트라고 불리는 정통 가요가 대부분으로 김부자, 김세레나, 이미자, 나훈아, 남진, 남일해, 문주란, 배호 등이 활동했다. 68년 데뷔한 펄 시스터즈가 자매가수로 유명했으며, 후반기에 미8군 무대에서 활동하던 패티김, 트윈폴리오, 조영남, 한명숙, 최희준, 현미 등이 팝송을 들여오면서 젊은 팬층을 형성하기도 했다. 한편 키 보이스 등 그룹 사운드가 처음으로 등장하는 시기이기도 하다.

60년대 후반 등장한 국산 TV가 빠르게 보급되고 있었지만 소프트웨어는 아직 단조로웠다. 방송도 저녁 시간대 제한 송출이었다. 영화를 위협하기에는 아직 TV는 부유층의 전유물이었다.

1970년대
- 가요가 젊어진다, 포크의 전성시대

　70년대 통기타 가수들이 대거 등장한다. 60년대 쎄시봉 가수들이 70년대 젊은이들의 우상으로 성장하면서 가요의 무게중심이 젊은 층으로 옮아 간다. 통키타 가수는 60년대 말 트윈폴리오의 성공으로 70년대 초 트윈폴리오 멤버인 윤형주, 송창식이 솔로로 독립하고 서유석, 뚜아에무아, 김세환, 양희은, 이장희, 김민기, 이연실, 라나에로스포 등으로 연결되면서 통기타의 붐을 일으킨다. 그들은 국내에서 작곡된 곡들뿐 아니라 다양한 외국 곡들을 갖고 와서 번안하여 부르기도 했다. 미국의 컨트리와 프랑스 샹송, 이탈리아 칸소네, 라틴음악과 비틀즈 등 거의 전 세계 온갖 곡들을 갖고 왔다. 심지어 태평양 섬나라의 민요도 그들 나름대로 해석해서 아름다운 노래로 변모시켰다. 나는 Bob Dylan의 「A Hard Rain´s gonna fall」을 번안하여 부른 이연실의 「소낙비」를 좋아한다. 이 두 곡을 비교해 보면 도저히 같은 곡이라고 할 수 없을 만큼 이연실의 해석은 독창적이다. 당시 가수들은 이처럼 외국의 아름답고 서정적인 혹은 강렬한 곡들을 자기 나름대로 해석해서 자신의 곡으로 정착시켰다. 대중들, 특히 포크송을 즐기던 젊은 층들은 이렇게 전 세계의 다양한 장르에 자연스레 녹아들어 갔다.
　유신헌법에 의해서 촉발된 민주화 운동은 군사정부의 검열과 탄압 속에서 저항가요인 민중가요를 등장시킨다. 건전가요로 지정된 「아침 이슬」이 학생들의 데모에서 불린다고 해서 금지곡으로 단속되는 일들이 발생한다. 서정가요를 작곡하던 김민기는 본의 아니게 민중가요 작곡가가 되고 젊은이들의 우상이던 많은 포크송 가수들은 검열로 인해서 몸을 사릴 수밖에 없는 분위기로 전개된다. 김민기의 「친구」라는 아름답고 서정적인 곡이 있다. 아침이슬과 함께 학생들의 시위 때 마다 자주 불리던 곡이며 그래서 열사를 "친구"로 묘사한 곡이라는 이유로 금지곡이 되었다. 하지만 김민기는 고등학교 친구들과 야영을 갔다가 불의의 사고로 친구가 익사하고, 돌아오는 기차에서 답답하고 안타까운 마음에 쓴 곡이라고 어느 라디오 프로에서 설명했던 기억이 난다. 아무튼 이 시기 민중가요는 의도치 않게 하나의 장르가 되었다.

　돌파구가 없던 젊은 예술가들의 좌절 때문이었을까? 70년대 말 불어닥친 대마초 사건은 대중예술계를 초토화시켰다. 공교롭게도 이 시기는 우리나라 대중예술의 황금기였다. 조용필, 김현식, 이장희, 윤형주, 신중현, 김추자, 김세환, 김정호, 임창재 등 이루 셀 수 없는 많은 대중예술가들이 대마초로 구속되거나 활동을 무기한 금지당했다. 일각에서는 유신헌법에 의한 공안정국의 저항을 대마초 사건으로 덮었다고 하지만 이들이 대마초를 피운 것은 사실이고, 그만큼 대마초가 대중들에게까지 파고들면서 그 자체가 심각한 사회 문제일 수밖에 없었다. 대마초 사건은 공안정국을 위한 의도적인 것이 아니라 오히려 이들 대중예술가들이 공안정국에 기여하는 꼴이 되어 버린 것이다. 대통령의 영식 박지만 씨가 대마초를 피운 것이 이런 사태를 만들었다는 소문들이 떠돌기도 했다. 아무튼 지금보다 훨씬 보수적인 사회의 그 시절 대마초는 분명히 철저한 단속이 필요했으며 그렇게 대중가요 시장은 기약 없이 무너져 갔다.

　대중예술의 암흑기를 최헌, 윤수일, 조경수, 어니언스, 혜은이, 이은하, 윤시내, 정태춘, 산울림 등이 채워 갔다. 이들은 대마초 사태로 촉발된 가요계의 엄중한 분위기 속에서도 TV의 대중화에 힘입어서 대중가요계를 탄탄하게 메꿔 나갔다.

　젊은이들의 대중가요는 70년대 말 MBC 「대학가요제」를 통해서 새로운 시대를 맞는다.

　한편 70년대 당시도 60년대의 트롯은 여전히 그 자리를 굳건히 지켜 왔다. 남진과 나훈아의 라이벌 경쟁이 트롯 시장을 뜨겁게 달궜지만 나훈아의 입대로 잠시 주춤했다. 하지만 혜은이와 이은하의 라이벌 경쟁도 뜨거웠고 현철, 태진아, 송대관 등이 등장하여 새로운 트로트 시대를 열어 갔다. 이처럼 70년대 대중음악은 포크와 트롯, 록, 팝 등 여러 장르들이 뒤섞이면서 80년대로 넘어간다.

　송대관의 "쨍 하고 해뜰날 돌아온단다…." 민중가요를 금지시켰듯이 이런 노래들은 건전가요로 권장했다. 물론 대중가요를 국가가 관여하는 자체가 불순하게 느껴지지만 온갖 영역에 국가적 간섭이 있던 시절이었다. 건전가요에 대한 권장은 굳이 독재와 연결시키기보다 그냥 활기차고 건전한 사회를 유지하기 위한 정부의 노력으로 해석해도 될 것이다. 모든 앨범에는 마지막에 건전가요 한 곡이 반드시 들어갔다.

　70년대는 TV 보급 속도가 빨라졌다. 72년 TV 수상기 보급 대수는 62만 대였다. 일반 서민들에게까지 보급되기에는 좀 더 시간이 필요했다. 인구 3천만, 600만 가구의 10% 정도가 TV 수상기를 보유하게 되었다. 대중가요의 대중적 인기 역시 TV 보급과 무관하지는 않았다. 그 시기, 대중문화는 TV 드라마 전성시대를 맞는다. 70년대 빠질 수 없는 드라마가 「아씨」와 「여로」이다. 「아씨」는 TBC에서 방영된 드라마로 TV의 보급에 절대적으로 기여할 만큼 대중적 인기를 얻었다. 다음해 KBS 드라마 「여로」는 전국을 뒤흔들었다. 당시는 시청률을 따로 집계하지 않았지만 여로가 방영되는 날이면 길거리가 조용했다. 요즈음도 가끔 개그맨들이 "맹구"라는 캐릭터를 갖고 바보 연기를 한다. 이 "맹구"가 여로의 남자주인공 "영구"에서 따온 것이다. 이를 연기한 배우는 장욱제였다. 이처럼 70년대는 TV를 통해서 힘든 일상에서 위로를 받는 한편 TV를 통해서 더 많은 정보를 더 빠르게 습득하는 시기이다. TV를 통한 대중예술의 전파는 빠르고 광범위했다.

60년대 후반 영화 르네상스가 70년대 초반까지 이어진다. 하지만 70년대 중반 들어서면서 TV 수상기가 급속히 보급되고 영화에 대한 대중적 열정은 TV 보급률에 반비례해서 식어 간다. 이와 함께 70년대는 10월 유신 후 정치적 억압이 강화되는 시기이며 영화에도 예외 없이 영화의 검열이 심해지면서 제작 환경은 악화되었다. 영화는 정치적 통제 수단이 되기도 혹은 정치적 홍보 수단이 되기도 했다. 이런 가운데 영화계는 영화의 가치를 지키기 위해서 노력했다. 당시는 급격한 경제성장과 도시의 발전으로 인해서 빈부격차가 심화되었으며 한편 사회적 변화는 한 번도 경험하지 못한 도덕적 혼란을 가져다주는 시대였다. 영화는 이런 시대적 변화를 배경으로 하여 다양한 스타일과 주제를 실험하며 새로운 지평을 열었다. 별들의 고향(1974), 겨울여자(1977) 등이 이 시대를 흔든 작품들이다.

이 시대의 또 다른 영화의 특징은 하이틴 영화의 전성시대이다. 「고교

얄개」, 「여고졸업반」, 「푸른 교실」 등이 고등학생들의 새로운 즐길 거리로 자리 잡기 시작했으며 임예진, 이승현, 이덕화 등 하이틴스타를 배출했다.

1980년대
- 대학가요제, 그리고 영화에서 TV로

　80년대는 MBC「대학가요제」와「강변가요제」등 가요제 출신들이 대거 활동하는 시기이다. 또한 대마초 사건으로 활동이 금지된 가수들이 해제되면서 70년대 막 피어오르다가 만 가요의 전성기를 누리게 된다. 거의 모든 장르의 가요가 이 시대에 대중들의 사랑을 받았다.

　80년대를 대표하는 가수 조용필은 대마초 사건에서 해제되면서 엄청난 대중들의 인기를 끌고 다니면서 "국민가수"라는 칭호를 받았다.「창밖의 여자」가 수록된 앨범의 전곡이 히트를 치는 진기록을 세우기도 했다.

　김현식과 김광석 유재하 등, 요즘도 천재성이 거론되면서 여전히 사랑을 받던 곡들이 당시에 등장했다. 소방차, 부활 같은 개성 있는 그룹들, 이문세, 정태춘, 해바라기 같은 서정적인 가수들, 김완선, 나미, 박남정 같은 댄스가수 등 다양한 장르의 가수들이 넓게 활동했다. 주현미, 현철, 문희옥 등 트로트도 여전히 탄탄하게 자리를 지키고 있었다. 들국화, 신촌블루스 등 록 계열 음악도 젊은 층의 많은 사랑을 받았으며 백두산, 시나위 등 하드록 헤비메탈도 이 시기의 특징으로 등장했다. 이선희, 변진섭, 이승철, 민혜경 등이 이 시대에 활동했다. 80년 후반에 등장한 서태지는 우리 가요사의 한 획을 긋는 사건으로 기억되고 있다.

　80년대 시대상을 반영한 민중가요도 여러 형태로 대중들에게 호감을 얻으며 전성기를 구가했다. 민중가요 대표 그룹인 노찾사가 등장했고 김광석, 안치환, 윤선애 등이 민중가요를 알렸다. 이러한 노래들은 공중파를 타거나 앨범을 통해서 알려질 수는 없었지만 그럴수록 대학생들의 MT 등을 통해서 널리 확산되었다.

1977년 우리나라 최초의 컬러TV 수상기가 등장했지만 수출용이었다. 1972년 상공부에서는 이미 컬러TV 시대를 준비하고 있었고 방송국에서는 모든 준비가 갖춰졌음에도 정부는 당시 사치풍조라고 해서 컬러TV 방영을 허가한 것은 80년 12월이었다. 대부분의 지표가 세계 선두를 달리고 있었지만 유독 컬러TV 방송만은 세계 81번째였다. 덕분에 당시 흑백TV 수출에 있어서는 세계 1위를 차지했다.

1980년 흑백TV 보급률은 전 가구 대비 80%에 달했다. 이미 TV는 전 국민에게 보급되었다는 뜻이며 그런 이유로 대중문화의 확산은 TV를 통해서 아주 순조롭게 진행되었다. TV 드라마의 전성시대였으며 국민들을 TV 앞에 몰아 놓다 보니까 영화계는 찬바람이 불던 80년대이다.

80년 「전원일기」가 방송되었다. 전원일기는 당시 농촌의 일상을 그린 드라마로서 산업화 과정에서 농촌에서 태어나서 도시에서 생활하는 많은 사람들에게 향수를 느끼게 함과 동시에 많이 개선된 농촌의 삶을 보여 주면서 꾸준히 인기를 유지했다. 전원일기는 2002년에 방송을 종영함으로서 22년간의 장기방송으로 기네스북에 오르기도 했다. 이 외에도 80년에 시작된 「TV문학관」은 97년에 종영되면서 7년의 장수 프로그램으로 꼽히기도 했다.

70년대 급변하는 사회에서 도시생활의 갈등을 표현한 영화나 드라마가 많았던 반면 80년대 들어서면서 도시 서민들의 일상을 따뜻하게 그리는 드라마들이 인기를 끌었다. 80년「달동네」, 82년「보통 사람들」, 86년「한지붕 세가족」등이 대중의 사랑을 많이 받았다. 당시는 공중파 밖에 없던 시절이라서 시청률이 50%를 넘곤 했는데「달동네」는 비공식 시청률이 50%,「보통 사람들」은 63%,「한지붕 세가족」은 60%였다. 이 외에도 70%의 시청률을 달성한「사랑과 진실」,「사랑과 야망」(76%) 등이 방영될 때는 거리가 한산한 정도였다.

「삼포 가는 길」,「배따라기」,「토지」등 예술성 있는 작품들도 꽤 많았고「호랑이선생님」처럼 어린이들을 소비자로 한 프로그램들도 등장했다. 당시까지 어린이 프로들은 주로 일본에서 수입한 만화영화가 고작이었다.

TV가 소비자들을 끌어가는 바람에 영화는 TV와 차별화되어야 했다. 당장 준비가 안 된 우리나라 영화계 대신 할리우드 영화와 홍콩영화가 그 자리를 채우던 시기였다.「스타워즈」는 가뭄에서 영화관에 큰 바람을 일으켰으며「ET」,「백 투 더 퓨처」,「탑건」,「터미네이터」등이 이 시기 많은 관객을 모았던 할리우드 영화이다.「영웅본색」을 비롯한 홍콩 느와르 영화도 인기를 끌었으며「천녀유혼」,「가을날의 동화」등이 이 시대 홍콩에서 들어온 영화이다. 주윤발, 왕조현, 장국영 등이 국내 연예인들 못지않은 인기 스타였다.

80년대 TV 전성시대에 TV 드라마를 피해서 새로운 영화시장을 형성할 수 있는 것이 아마도 에로 쪽이었던가 보다. 할리우드 영화처럼 제작비로 블록버스터를 만들 상황도 못 되었다. 굳이 한국영화를 말하자면 에로 전성시대였다. 특히 전두환 정권이 들어서면서 대중의 관심을 일상의 즐김으로 끌어들이려는 3S 정책(Sports, Screen, Sex)은 이러한 영화계의 방향과 어느 정도 들어맞았다. 검열이 여전히 심하던 시절이지만 TV 드라마보다 영화 쪽의 에로물에 대해서는 관대한 편이었다.

당시 에로물의 전성기는 「애마부인」이 그 시발점이었다. 82년 국내 최초로 심야영화로 상영된 「애마부인」은 개봉 당일 수많은 인파가 몰리면서 서울극장 유리창이 깨지는 정도의 폭발적 반응을 일으켰다. 당시로서는 엄청난 숫자인 31만 명의 관객을 동원했다. 이후 「물레야 물레야」, 「무릎과 무릎 사이」, 「깊고 푸른 밤」, 「변강쇠」 등 제목만 봐도 짐작이 가는 영화들이 뒤를 이었다. 한편 애마부인은 1995년까지 12편의 시리즈가 제작되었다.

이런 가운데 87년에는 영화 「씨받이」가 개봉되면서 그런 가운데서도 작품성 높은 영화를 보여 주기도 했다. 이 영화는 강수연이라는 걸출한 배우를 탄생시키기도 했다. 베니스영화제에서 강수연은 아시아 최초로 여우주연상을 받았다.

12.12 쿠데타에 의해서 들어선 전두환 정권은 국민적 저항을 관리하는 데 3S 정책에 의지했으며 그중에서 전두환 대통령의 개인적 취향과 맞는 스포츠에 비중을 두었다. 그중 하나가 프로야구의 출범이다. 당시까지 고교야구가 출신 지역을 대표하면서 많은 인기를 구가하고 있었는데 70년대 중반 고교 평준화가 되면서 출신 고등학교에 대한 애착이나 학연의 중요성이 떨어짐과 함께 고교야구도 서서히 식어 가고 있는 중이었다. 그때 고교야구의 열기를 프로야구로 끌고 온 것이다. 당시 고교야구의 최강자 대구의 경북고와 대구상고, 서울의 선린상고 등의 출신 야구선수들이 실업팀에서 활약하고 있었으며 이들이 프로야구의 주축이 되었다.

1981년 프로야구 KBO가 창설되고 서울을 대표하는 MBC청룡과 경북, 대구를 대표하는 삼성라이온스가 동대문야구장에서 프로야구 개막 경기를 했다. 당시는 고교야구를 휩쓸던 대구의 삼성이 압도적이었고 MBC청룡은 일본에서 활약하던 백인천 감독을 중심으로 탄탄한 팀을 짜고 있었다. 경기 초반은 삼성의 압도적 우위였다. 1회 2점 2회 3점을 획득한 삼성은 6회까지 7:4로 승기를 잡고 있었다. 하지만 MBC 청룡은 7회 3점을 따라잡으면서 동점을 이루고 연장 10회 만루 홈런으로 경기를 뒤집었다.

　이후 프로야구는 많은 스타를 배출하면서 프로 스포츠계를 열어 갔다. 1983년에는 프로축구 K리그가 창설되었다.

1990년대
- K-POP의 씨앗을 뿌리다, 영화의 독립시대

90년대는 80년대의 포크 열풍이 급속도로 식고 "서태지와 아이들"을 시작으로 댄스음악의 부흥기라 할 수 있다. "서태지와 아이들"을 필두로 듀스, 노이즈, 솔리드 등 댄스그룹들이 우후죽순 등장하기 시작했으며 이들이 대중음악의 주류로 떠오르기 시작했다.

90년대 후반 등장한 H.O.T와 G.O.D. 젝스키스, 신화 등 1세대 아이돌 그룹이 등장한다. 핑클, 베이비복스, S.E.S. 등 여성 보컬의 등장도 이어졌다. 김건모, 신승훈, 조성모, 유승준, 김현정, 엄정화 등 솔로가수들과 쿨, 룰라, 투투 등 혼성그룹들의 인기도 엄청났다. 컬러TV가 대중화되면서 이들의 화려한 무대는 시각적 화려함과 함께 대중가요의 새 시대를 준비하고 있었다.

대중가요계가 젊은이들의 영역으로 완전히 자리매김하면서 주류에서 밀린 트로트는 태진아와 송대관, 현철 등이 명맥을 이어 갔다.

이 시기 주목할 만한 사건 중 하나는 95년 SM 엔터테인먼트의 설립이다. SM을 설립한 이수만은 1972년 데뷔했으나 그저 그런 가수였고 차라리 MC 활동이 많았던 것으로 기억한다. 서울대 농대 동아리 샌드 페블즈 출신이었으며 샌드 페블즈가 대학가요제 1회 대상을 받을 때 대학가요제 MC를 맡았다. 그 후 「별이 빛나는 밤에」, 「젊은이의 음악캠프」 등의 진행을 맡기도 했다. 그러다가 갑자기 미국 유학을 떠났다는 소식이 들렸다. 그리고 나서 이수만이란 이름은 H.O.T., S.E.S, 등이 유명해지면서 SM엔터테인먼트가 등장하는 즈음에 다시 들려왔다.

이수만은 K-POP의 대부라고 해도 모자람이 없을 것이다. 물론 오늘날 K-POP은 많은 예능인들과 이들을 지원하는 시스템들의 공동 작품임에는 틀림이 없다. 하지만 당시 그는 그룹사운드 활동을 하면서 MIDI 프로듀싱 방식을 도입하는 등, 가수로서 보다 새로운 도전에 훨씬 적성이 맞았던 듯하다. 그러면서 H.O.T.와 같은 그룹, 혹은 보아 같은 특출한 가수를 만들어 내면서 K-POP의 싹을 틔웠다. 이와 함께 그의 큰 업적 중 하나가 연예기획사의 기업화이다. 당시까지 연예기획사는 거의 개인사업자들이며 그러다 보니 기업으로서 관리를 받지도 않았다. 한편 우리나라 연예인 프로듀싱 시스템은 당시도 의상부터 마케팅까지 모든 비용을 올인하는 방식이었다. 그러다 보니 기획사가 이를 감당하는 대신 연예인에게 많은 부분을 부담하게 하고 여기서 적지 않은 잡음과 비리가 발생했다. SM 엔터테인먼트는 이러한 연예기획 사업을 제도권에 올려서 초기 자본으로 연예인을 키우고 그렇게 얻은 수익 자본으로 후배를 키우는 새롭고 건전한 시스템을 정착 시켰다는 데서 또 다른 가치로 평가하고 싶다.

90년대는 컬러TV 시대로 여전히 대중문화에서 TV의 비중은 클 수밖에 없다. 안방극장 드라마는 여전히 인기 있는 장르였으며 「사랑이 뭐길래」, 「여명의 눈동자」, 「젊은이의 양지」, 「목욕탕집 남자들」, 「첫사랑」 등이 50% 이상의 시청률을 기록하면서 드라마 시장을 탄탄하게 밀어주고 있었다. 한편 95년에 방영된 「모래시계」는 64.5%의 높은 시청률

뿐 아니라 군사정부가 막을 내린 후 처음으로 광주민주화운동을 다뤘다는 데서 많은 사람들로부터 공감을 이끌어 냈다.

80년대 암흑기를 거치면서 90년대는 영화 산업이 기지개를 켜는 시대이다. TV와 차별화하면서 재대로 영화의 독자적인 시장을 만들어 가는 시기로 해석된다. 88올림픽 이후 90년대 들어서면서 거의 모든 가정에서 비디오플레이어는 필수 가전으로 자리매김했다. 슈퍼마켓만큼이나 비디오 대여점이 생겼다. 이제 영화는 TV 드라마만큼이나 가까워졌고 TV 드라마가 하지 못하는 선택적 개인화가 가능했다. 퇴근길에, 하굣길에 신작 영화 혹은 과거 영화들을 입맛대로 선택해서 볼 수 있었다.

1995년에는 케이블 방송이 개관했다. 영화 산업에 대기업이 참여하는 계기가 되었다. 돈이 넘쳐흘렀다. 대기업이 화제작을 싹쓸이하고 있다는 소문이 돌았다. 당시 「쥬라기공원」 한 편의 수익이 현대자동차 한 해 수익보다 많다는 얘기들과 함께. 80년대 천덕꾸러기이던 영화산업에 젊은 피들이 몰려들었고 기획, 제작, 연출을 비롯한 기술 스태프들의 세대교체가 빠르게 진행되었다.

이 시기에 소극장의 등장은 주목할 사건이다. 당시까지만 해도 60년대 극장들이 대도시와 중소 도시들의 영화시장을 리드했다. 지역 유지들이 소유주였던 이들 극장은 일단 규모가 컸고 시설은 그만큼 낙후되어 있었다. 이후 소극장은 상업성에 반발한 연극인들의 실험적, 이념적 공간으로 자리매김하고 이들이 대학로를 중심으로 새로운 시장을 형성하지만 이는 이보다 이후의 일이다. 90년대 소극장이란 기존의 대형 극장이 시대에 맞지 않다는 점에서 나름 최적화된 규모의 극장을 의미하며 CGV가 1996년 법인을 설립하고 2년 후인 1998년 서울 구의동 테

크노마트에 1호점을 열었다. 머지않은 영화산업의 엄청난 부흥을 예견하고 있다.

「장군의 아들」은 35만의 관객을 모았다. 이문열 소설을 영화화한 「우리들의 일그러진 영웅」은 몬트리올 영화제에서 제작상을 받았다. 이외에도 「투캅스」, 「은행나무 침대」, 「공동경비구역 JSA」, 「고스트 맘마」, 「넘버 쓰리」, 「초록 물고기」, 「여고괴담」 등이 흥행에 성공했거나 강렬한 인상을 남긴 영화들이었다.

이 시기 가장 주목할 만한 영화는 「서편제」와 「쉬리」다. 판소리꾼의 애환을 담은 임권택 감독의 「서편제」는 1993년 단성사에서 단관 개봉으로 113만 명의 관객을 동원하는 기적을 이뤄 냈다. 영화 산업에서 가능성과 미래를 보여 준 엄청난 사건이었다. 1999년 「쉬리」는 700만 명의 관중을 끌어모았다. 당시 타이타닉 관객이 470만이었다. 100만 관객 시대가 열렸다면서 영화계 모두가 흥분했다. 「보디가드」, 「록키」, 「타이타닉」, 「라이언 일병 구하기」 등 할리우드 영화도 영화 시장 활성화에 한몫했다.

한편 부산 영화제가 1997년 개막했다. 모든 상황이 조만간 다가올 영화계의 대형 사고를 예견하고 있다.

프로야구는 여전히 인기가 있었다. 프로야구의 장이 커지면서 선수들도 실력이 세계적 수준에 이르렀다. 박찬호가 1994년 미국 메이저리그에 데뷔, 총 476 경기에 출전해서 124승을 기록했다. 1998년 박세리는 LPGA에 참여하여 US오픈 우승을 시작으로 통산 25승을 기록하면서 한국여자골프의 전성기를 예고했다. 1997년 프로농구가 출범했으며 허재, 우지원, 이상민 등 선수들은 연예인 못지않은 팬들을 몰고 다니면서 농구를 인기 종목으로 끌어 올렸다. 92년 바르셀로나 올림픽에서 황영조가 마라톤 금메달을 목에 걸었다. 91년 세계탁구선수권대회에서 남북 단일팀 단체 탁구팀 우승했다. 한편 바둑에서 1990년 이창호는 스승 조훈현 9단을 이기고 사상 최연소 국수 타이틀을 획득했다.

2000년대
- K-POP, K-Drama, 아시아를 휩쓸다

2000년대 대중가요는 1세대 아이돌의 전성시대를 거쳐서 2세대 아이돌 시대로 돌입하는 시기이다. 이는 우리 역사에서 상상할 수 없었던 문화강국, K-POP의 시작을 알리는 신호탄이라는 데서 큰 의미가 있다. 이와 함께 2000년대의 또 다른 특징은 발라드가 강세를 보인 시기이다.

음반이 사라지고 음원으로 바뀌는 시기도 바로 이때이다. 가수들이 앨범 하나를 채우는 데 부담을 느끼고 소비자는 한두 곡을 위해서 10곡 이상을 사야 하는 앨범 대신 원하는 노래만 저렴한 가격으로 즐길 수 있는 음원시장을 환호할 수밖에 없으며 이는 그만큼 대중가요 시장을 활성화하는 데서 공급자와 소비자 모두에게 환영받는 환경이었다.

2000년대 초반은 1세대 아이돌 H.O.T.나 G.O.D, 핑클, 신화 등의 황혼기였으며 쿨, 조성모 같은 새로운 가수들이 등장한다. 음반이 음원으로 바뀌면서 전체적으로 음반의 판매량이 현저히 줄었지만 당시 최고 인기 가수들은 여전히 밀리언셀러를 기록한다. 그러나 이때가 밀리언셀러 앨범의 마지막 시기였다. 생방송 음악캠프 등 음악방송에서는 라이브 비중을 높였지만 소비자들은 방송보다는 음원 쪽으로 관심을 옮겨 간다.

이 시기에서 주목할 사건으로 2002~2003년 SM의 보아가 일본에서 전성기를 맞고 2세대 아이돌 동방신기가 등장한 것이다. 가요 시장은 세계로 뻗어 나갈 준비를 하고 있다. 이미 G.O.D와 H.O.T.는 아시아에 나름 팬덤을 형성해 가고 있던 시기이기도 했다.

2000년대 초반에서 중반으로 넘어가던 시기 가요계는 약간의 침체기를 겪는다. 이는 1세대 아이돌이 활동을 중단하면서 나타나는 상대적 현상으로 발라드가 다시 시장을 끌어 올린다. S.G워너비가 소몰이창법이라는 독특한 창법으로 대중의 관심을 끌었으며 김종국이 발라드 시장을 끌어올렸다. 짧은 기간이었지만 거북이의 독특하고 개성 있는 노래도 시장에 적지 않은 충격을 주었다.

2000년대 후반은 2세대 아이돌이 무섭게 성장하는 시기이다. 2005년 슈퍼주니어가 등장하고 2006년 빅뱅과 브라운아이드걸스, 2007년 소녀시대와 원더걸스, 카라가 데뷔를 했다. 이들은 국내뿐 아니라 활발한 해외 활동을 통해서 K-POP의 기초를 닦는다. 이들의 활동 무대는 일본과 중국, 동남아까지 확장되었다.

조성모와 S.G워너비 등에 의해서 성장한 발라드 시장은 2000년대 말 완전히 자취를 감추고 다비치, 엄정화 등이 활동하면서 2000년대는 장르의 다양성에서 전무후무한 기록을 세운 시기이다.

TV는 케이블 시대로 확대되면서 소비자 선택의 폭은 급격히 확대되었다. 이 시기 드라마의 특징은 진화와 다양성으로 정의할 수 있다. 이는 2000년대 들어서면서 기술적 발전도 한몫했다. 한편 「겨울연가」, 「대장금」 등이 해외에서 히트 치면서 글로벌 시장을 염두에 두고 다양한 문화적 배경에서의 공감을 끌어내려는 노력과 함께 제작되는 경우도 많았다. 해외에 본격적으로 한국 드라마를 알리고 공감을 얻기 시작한 시기이다.

「겨울연가」와 「천국의 계단」, 「대장금」, 「태조 왕건」, 「지붕 뚫고 하이

킥」,「대조영」,「가을동화」,「아내의 유혹」,「커피프린스」,「꽃보다 남자」 등이 이 시기에 특히 높은 시청률을 차지했다.

이런 환경에서 2000년 초반「겨울연가」와「대장금」은 일본과 동남아를 거의 충격에 빠트렸다. 이후「가을동화」와「천국의 계단」,「꽃보다 남자」등이 뒤를 이어 동남아 시장을 연속적으로 강타했다. 특히「대장금」은 한국의 드라마를 동남아에서 전 세계로 확장시키는 파워를 보여 줬다.

2000년대 방화(한국영화) 시장 점유율은 2000년 이후 매년 50%를 넘었다. 점유율이 10% 이하로 떨어진 1991년 이후 10년 만의 변화된 현상이다. 이러한 변화의 저변에는 90년대 편에서 언급했듯이 충무로의 세대교체 결과이다. 충무로의 자본이 몰락하고 기관투자 자본이 몰려들어오는 시기이다. 제작자들이 젊어지면서 감독과 스태프들도 젊어졌다. 투자자본의 성격과 젊음의 패기가 맞물려서 다양한 도전과 시험을 할 수 있는 시대가 되었다.

불과 4년 전에 100만 관객 시대가 열렸다고 흥분을 했는데 2003년에는 천만 관객 영화「실미도」가 출현했다. 그 이후「태극기 휘날리며」,「왕의 남자」,「괴물」,「해운대」등이 천만 관객 영화의 기록을 썼다. 2009년 할리우드 영화「아바타」도 유일하게 외화로 천만 관객을 달성했다.

2001년에는「친구」가 기존의 기록인「쉬리」를 뛰어넘어 800만 관객을 기록했다. 아직 CGV 극장이 막 자리를 잡아 가던 시기라서 당시 인프라 환경을 고려하면 이는 거의 1,500만 관객에 육박하는 기록이었다. 이후「살인의 추억」,「올드 보이」등이 흥행을 끌고 가다가 드디어 최초의 천만 영화「실미도」가 나왔다. 그러다가 2000년대 말 세계금융위기로 투자가 위축되면서 대작은 일시적으로 사라졌다. 매년 나오던 천만 관객 영화도 2007, 2008년에는 사라졌다. 그런 가운데 2009년 독립영화「워낭소리」가 300만 고객을 끌어들였다. 저예산 독립영화로는 상상을 초월하는 기적이었다.

봉준호, 박찬욱, 류승완, 김기덕, 이준익, 이창동, 홍상수 등 걸출한 감독들과 송강호, 한석규, 최민식, 정우성, 전도연, 이병헌 등 기라성 같은 배우들이 2000년대를 화려하게 장식 하면서 서서히 다음 시대를 열어 간다.

2000년대 천만 관객 시대에는 CGV 등 멀티플렉스 체인들이 결정적 역할을 했다. 1990년 후반 등장한 CGV는 CJ의 자본력을 바탕으로 빠르게 극장을 늘려 나갔다. 2001년에는 부산과 대전, 2008년에는 대구까지 시장을 넓혔다. IMAX와 4D도 도입했다. 메가박스와 롯데시네마 등이 CGV와 경쟁 하면서 영화시장의 확장 속도를 높였다.

2000년대 스포츠계의 사건은 단연코 2002년 월드컵이다. 2002년 서울과 동경에서 공동 개최된 월드컵은 한국을 열기에 도가니로 만들었다. 월드컵 역사상 최초로 4강에 진출하면서 전 국민이 한마음이 되는 경험을 했다. 거리응원이 생활화되고 붉은악마가 한국 응원단의 고유명사가 되었다. 이후 많은 선수들이 유럽으로 진출했으며 박지성, 손흥민 같은 스타를 낳게 된 시발점이기도 하다.

2010년대
- 세계 속에 자리 잡은 K-Culture

　2010년은 K-Culture가 세계 속에서 자리 잡기 시작하는 시기이다. 이미 K-Culture의 선두를 달리는 가요는 K-POP이라는 이름을 먼저 전 세계에 각인시켰으며 「대장금」과 「겨울연가」 등으로 서서히 세계를 달구던 드라마도 K-Drama로서 전 세계를 달구기 시작했다. 영화계도 이미 한국 영화들이 서서히 전 세계로 파고들고 있었으나 2019년 「기생충」으로 한국 영화의 진수를 보여 주었다.

　대중가요 영역에서 2010년대는 세계화로 정의할 수 있다. 한편 이 시기는 2000년대의 다양성에서 장르의 획일화라는 변화를 주목한다. 이 시기는 K-POP 열풍이 전 세계로 확산되는 시기이다. H.O.T, GOD, 신화, 보아 등 1세대 아이돌에 의해서 1990년대 후반 처음 동남아와 일본에 알려진 K-POP은 2000년대, 빅뱅, 슈퍼주니어, 소녀시대, 원더걸스 등 2세대에 의해서 K-POP이라는 하나의 장르를 만들었다. 2010년에는 다양한 3세대 아이돌들이 등장하면서 그들의 퍼포먼스와 가창력, 중독성 있는 멜로디와 멤버들의 개인적 개성까지 더해서 한국 대중음악의 세계화에 결정적인 기여를 하게 된다. 이 시대는 힙합이 크게 유행하기도 하였다.

　2012년은 싸이의 「강남스타일」이 세계를 강타한 해이다. 이미 K-POP

이 동남아 등지에서 자리를 잡고 있었지만 싸이의 「강남스타일」은 유튜브 시대에 그의 개성 있는 음악으로서 전 세계로 전파되었다. 그 덕에 동남아 등 한정된 지역에서 알려진 K-POP 아이돌들을 전 세계로 확산시킬 수 있었다. 이후 K-POP은 지구촌 모든 곳에서 팬들을 몰고 다니는 글로벌 문화가 되었다.

이 시대를 대표하는 가수로 아이유와 방탄소년단(BTS)을 들 수 있다. 티아라, 씨스타, 원더걸스, 소녀시대, 2NE1, 샤이니, 인피니트, 비스트 등 2세대 아이돌들은 여전히 건재했다. 이와 동시에 EXO, 에이핑크, 블랙핑크, 트와이스 등 3세대 아이돌들이 출현하면서 K-POP 시장은 더욱 탄탄해져 갔다. 데뷔 초기에는 크게 관심을 끌지 못했지만 2013년 결성된 방탄소년단(BTS)이 2010년대 후반 서서히 존재감을 드러내고 있었다.

드라마도 세계로 뻗어 가는 시기이다. 2000년대 「겨울연가」, 「대장금」 등으로 한국의 드라마를 동남아와 중국, 일본 등지에 소개한 이후 「해를 품은 달」, 「상속자들」, 「별에서 온 그대」, 「태양의 후예」, 「도깨비」 등이 잇따라 전 세계를 강타하면서 K-Drama의 분위기를 뜨겁게 달궜다.

채널들이 확장되면서 그만큼 드라마 수도 늘어났다. 국내 시청자들은 각자의 기호에 맞게 볼 수 있도록 선택의 폭도 현저히 넓어졌다. 「제빵왕 김탁구」가 시청률 49%를 넘기면서 이 기간 최고의 인기를 누렸으며 「해를 품은 달」, 「시크릿 가든」, 「추노」, 「동이」, 「낭만닥터 김사부」, 「상속자들」, 「싸인」, 「대물」, 「뿌리깊은 나무」, 「신사의 품격」, 「너의 목소리가 들려」 등이 시청률 20%를 넘기면서 대중의 사랑을 받았다. 케이블 시대에는 시청률 10%를 넘기면 성공 드라마로 평가되는, 과거와 다른 기준을 적용한다.

　기존 지상파에서 채널의 다양화로 케이블에서도 좋은 드라마가 많이 나왔다. 이렇게 분산되면서 시청률의 기준은 성공한 드라마의 시청률이 10%대로 떨어졌으며 지상파에서는 MBC의 몰락이 이 시기에 눈에 띄는 현상이다. 물론 JTBC 등 케이블의 분발 영향이겠지만 상대적으로 KBS는 그런대로 선방한 시기이다. 군부독재시절 언론검열이 있었지만 거꾸로 MBC는 자체적으로 드라마나 오락까지 정치적 색채를 띠면서 이런 결과가 나온 것으로 평가하고 있다.

　한편 TV에서 예능 프로그램이 급격히 늘어났다. 물론 TV는 보도국, 시사국, 예능국, 드라마국으로 나눠져서 예능은 나름 오랫동안 하나의 독립된 영역으로 자리매김해 왔다. 하지만 2000년대 중반 「무한도전」, 「1박 2일」 등 예능이 성공을 거두면서 2010년대는 예능의 전성시대를 맞이하였다. 이러한 예능 프로그램의 성공에는 유재석 MC와 나영석 PD 등 몇몇 천재들의 활약 결과이기도 한 것으로 보인다. 특히 K-Culture의 해외 인기에 편승해서 「런닝맨」, 「복면가왕」 등 예능 프로그램도 해외에서 더 인기가 있는 경우도 많다.

　2010년대 영화계는 2000년대를 천만관객 시대를 일상화하면서 세계를 바라보는 시기이다. 천만 관객 영화는 2012년 「도둑들」과 「광해, 왕이 된 남자」를 시작으로 2013년 「7번방의 선물」, 「변호인」, 2014년에는 「명랑」, 「국제시장」, 2015년 「암살」, 「베테랑」, 2016년 「부산행」, 2017년 「택시운전사」, 「신과 함께: 죄와 벌」, 2018년 「신과 함께: 인과 연」, 2019년 「극한직업」, 「기생충」 등 매년 몇 개씩 기록을 갱신해 왔다. 이 가운데 할리우드 영화들도 천만 관객 영화 속에 들어왔는데 「겨울왕국」,

「인터스텔라」, 「어벤저스」, 「알라딘」 등이 그 예다.

영화에서 특히 주목할 사건은 2019년 등장한 「기생충」이다. 국내를 넘어서 전 세계를 강타한, 한류에 영화가 포함되게 한 큰 사건이었다. 제작비 1,100만 불에 월드박스 오피스 2억 6천만 불, 북미 박스오피스 5천3백만 불로 전 세계 7개국에서 개봉되었다. 넷플릭스를 통한 확산은 훨씬 많았다.

한편 2016년 넷플릭스 한국어판이 오픈되면서 넷플릭스는 영화의 확산에 크게 기여했으며 이후 넷플릭스 영화로 만들어진 「오징어 게임」이라는 역사적 사건이 기다리고 있다.

2024년에 "우리의 문화"를 생각한다

　대한민국의 문화가 전 세계로 확산되는 시대에 우리는 살고 있다. 과거 비틀즈나 아바 등이 전 세계적으로 팬을 끌고 다녔고 한때 홍콩의 느와르 영화를 많은 국가들에서 즐겼다. 할리우드 영화가 전 세계 영화계를 휩쓸고 있다. 하지만 문화라는 넓은 차원에서 한 국가의 문화가 전 세계의 관심을 집중시키는 사례는 유사 이래 없었다. 전 세계가 한 번도 경험하지 못한 '문화 파워'라는 독특한 현상이 신기하고 또 한편으로 미래가 궁금하다.

　대한민국의 존재감을 높이는 데는 함께 기여하였겠지만, 그리고 SNS라는 새로운 매체의 도움으로 확산된 메커니즘은 서로 공유하겠지만 대중가요와 드라마, 영화는 각각 독립적으로 한국 장르를 만들어서 전 세계로 확산되었다.

　K-POP은 보아가 일본을 휩쓸면서 시작되고 잇따라 H.O.T.와 G.O.D, 동방신기 등이 동남아와 중국 시장에서 팬덤 문화를 만들었다. 이후 「강남스타일」이 K-POP을 전 세계로 확산시켰다. 그런데 이 K-POP이라는 장르는 박자나 리듬에 있는 것이 아니다. 역사적으로는 80년대 대학가요제에서 등장하는 온갖 장르가 보편화되고 이후 레

게, 소울, 힙합 등 블랙뮤직이 섞인다. 여기에 댄스가 함께하면서 서서히 K-POP이 만들어진다. 세계적으로 유례가 없는 우리나라 연예기획사의 독특한 훈련 제도도 한몫한다. 기획사가 전사적 지원에 상응하는 권리를 갖는 제도는 결국 합숙하면서까지 혹독한 훈련을 감당해야 하는 기약 없는 연습생 시스템으로 발전한다.

「겨울연가」가 일본 전역을 강타한 이후 「대장금」이 아시아와 중동까지 확산되면서 K-Drama의 포지션을 만들었다. 이후 TV의 강력한 매체성과 복사 기술의 발달로 한국의 다양한 드라마들이 전 세계로 확산되었다.

우리나라 영화는 충무로에서 발전해 왔지만 역설적으로 영화가 충무로에서 탈출 하면서 힘을 받게 되었다. 외환위기가 지나고 자본시장에서도 구조조정이 일어났다. 영화가 투자 상품이 되고 초기에 조심스레 투자한 영화들이 투자 이익을 만들어 주는 모습을 보여 주면서 영화는 확실한 투자 상품으로 자리매김한다. 천만 관객 영화가 만들어지는 시기이다. 적극적인 투자가 이뤄지면서 감독뿐 아니라 스태프들까지 세대교체가 되고 젊은 팀으로 구성된 영화계는 다양한 시도를 하게 된다.

물론 이러한 혁신이 일어나기 전이기는 하지만 나는 1993년 「서편제」를 보면서 영화의 미래를 확신했다. 90년대 영화산업의 암흑기에 별다른 투자도 없이 단지 임권택이라는 천재 감독이 만든 단관 100만 영화를 보면서 여기에 제대로 된 투자가 이뤄지면 큰 사고를 칠 것 같은 느낌이 있었다. 그리고 정확히 10년 후 천만 관객 영화 「실미도」가 나왔다. 할리우드(콜롬비아사)가 투자한 최초의 영화였다. 이후 사모펀드나 문화상품 투자회사 등이 참여하면서 천만 관객 영화들이 줄줄이 등장한다. 이러다가 드디어 봉준호 감독의 「기생충」이 전 세계를 강타하면서 한국영화의 진수를 보여 준다.

사실 미국 할리우드 영화가 전 세계 영화계를 장악해 왔다. 우리도 한때 비슷한 상황이었지만 TV가 생활화되면서 굳이 돈 주고 극장을 찾지 않는다. TV 드라마와 차별화할 수 있는 가장 쉬운 방법이 대규모 투자다. 블록버스터 영화로 TV와 차별화한 것이 할리우드다. 영화 한 편의 제작비는 1억 달러를 넘어선다. 이런 영화계에서 자국의 방화로 할리우드와 맞서는 나라는 우리나라와 인도 두 나라뿐이다. 인도는 자체적인 독특한 영화 장르가 있어서 할리우드 영화와 굳이 경쟁하지 않으면서 방화가 일정 부분 자리매김하고 있지만 그건 어디까지나 독특한 인도인들의 문화에 국한된다. 발리우드라고도 얘기하는 인도영화는 그 장르에 익숙하지 않은 해외에서는 별 관심을 끌지 못한다. 하지만 한국 영화는 그 영화가 뿜어내는 정서나 메시지가 매우 보편적이다. 그러면서 섬세하다. 거대 자본으로 풀 수 없는 섬세함. 천재 감독들과 우수한 배우의 콤비로만 만들어 낼 수 있는 그런 섬세함이 세계 영화계를 강타하고 있다.

물론 그 전에도 세계 유명 영화제에서 한국의 천재 감독들의 존재감은 충만했지만 이는 어디까지나 영화계 내부에서의 현상이다. 「기생충」으로 한국 영화가 세계 관중들에게 존재감을 확실히 정착시킨 후 다시 넷플릭스를 통해서 「오징어 게임」을 등장시키면서 한국 영화의 또 다른 실체를 보여 주었다. 이렇게 한국의 영화는 또 다른 K-Culture를 전 세계 관객들을 매료시킨다.

문화가 글로벌화 되면 그건 단지 문화가 아닌 엄청난 세력이며 힘이란 것을 확인하고 있다. 전 세계 각국의 국민들이 한국 문화에 빠지면 그 나라와의 외교는 아주 쉬워진다. 그렇게 국력이 커진다. 수출을 많이 해서 우리 물건이 많이 퍼지면 그만큼 국력이 커지는 것으로 알아 왔다. 경제력이 커지면 원조도 하고 관광도 가면서 우리 국력이 성장하는 것을 보아 왔다. 하지만 이 모든 것을 다 합쳐도 문화를 통한 국력의 팽창은 상상을 초월한다. 한글을 배우고 한국 역사를 배우고, 한식을 즐기고 한국으로 관광을 온다. 국가 간 이슈가 생기면 맹목적으로 한국 편이 된다. 이것이 문화의 힘이란 사실을 확인한다.

돈이 되면 투자는 항상 따라간다. 문제는 천재 감독, 천재 배우, 천재 기획 및 천재 가수들이다. 이유는 모르겠지만 우리는 다양한 영역에서 천재들이 많다. 특히 K-Culture가 계속 힘을 받기 위해서 이러한 천재들이 계속 나올 수 있는 플랫폼이 유지되어야 할 것이다.

농업 현대사

1960년대 - 암담한 시절, 보릿고개의 농업국가

1970년대 - 먹고사는 문제를 해결하다

1980년대 - 새마을 운동, 농촌 환경을 개조하다

1990년대 - 세계 속의 한국 농업, 경쟁이 힘겹다

2000년대 이후 - 노인들의 농촌

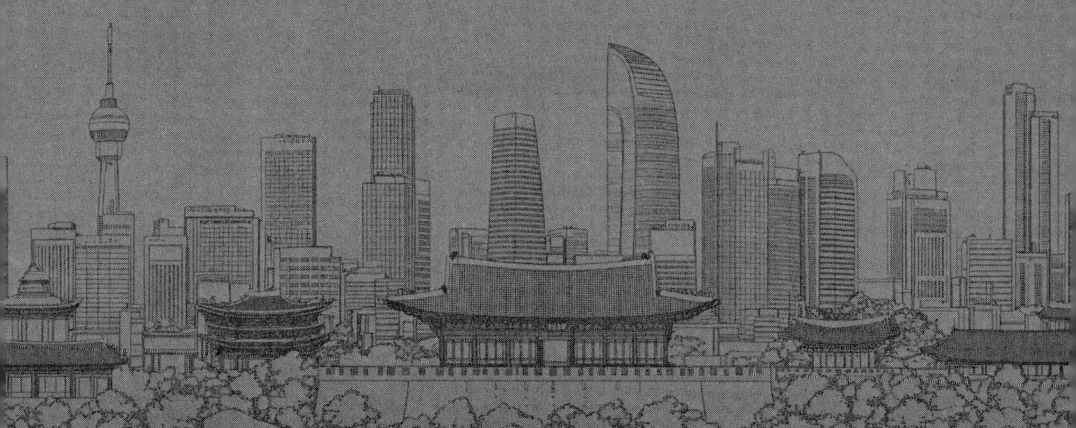

1960년대
- 암담한 시절, 보릿고개의 농업국가

　60년대 농어업의 GDP 비중은 37%, 인구의 60%가 종사하는 전형적인 농업 국가다. 하지만 전후 극심한 빈곤과 기아, 정치적, 사회적으로 불안정한 국가였으며 경제성장과 함께 안정된 사회구조를 만드는 것이 시대적 과제였다.

　농업의 비중은 높았지만 농업 생산성은 낮았고 자원은 부족했다. 식량의 상당 부분은 외국으로부터의 원조로 충당했다. 농지 개혁을 했지만 그렇게 새로 생겨난 자작농 체제도 안정적이지 않았다.

　땅을 많이 가진 자가 권력이 되는 전통 농업국가에서 농지에 대한 집착은 당연했으며 그런 정치적 이유에서 농지 개혁은 환영할 만한 일이었지만 가난했던 자작농민들에게 분산되어서 제공된 농지는 노동력 외에는 투자할 여력이 없었다. 협동조합에 대한 이해도 낮아서 그들 스스로 어떤 발전을 기대할 수는 없는 상황이었다.

　61년 군사정부 출현과 함께 종합농협이 출범했지만 국가도 농민만큼이나 가난하던 시절, 농협이 할 수 있는 일도 많지 않았다. 당장 비료와 농약이 급했고 이의 공급이 당시 농협의 우선 과제였다. 60년대 박정희 정부는 비료 수급에 심혈을 기울였다. 61년에 충주비료, 63년에 조선비료, 64년에 호남(나주)비료, 66년에 경기화학 67년에 영남화학(동부한농), 풍농비료, 진해화학, 한국비료를 건설했다. 요소비료가 급했고 진해화학에서는 복합비료도 생산했다. 한편 모자란 비료는 수입을 통해서 공급했다. 정부가 수입하고 농협중앙회는 수입 가격보다 낮은 가격으로 농민들에게 공급했다. 이로 인해서 농협중앙회의 비료 적자는 62년에서 87년까지 1조 249억 원을 기록한다. 농약과 제초제 등의 공급은 여력이 별로 없었다.

62년에 시작된 1차 경제개발 5개년 계획에서 농업부분의 주요 목표는 "농업 증산"과 "생산 근대화"로 설정되었다. "농업 증산"정책의 구체적인 실행 목표는 식량자급을 위한 양곡증산, 그리고 수출용 농산물의 증산이었다.

이 기간 정부는 비료생산 외에도 농지 확대를 위한 개간 및 간척 사업, 생산 기반을 위한 경지정리, 관배수 사업, 연구지도 보급 사업 등을 실시했으며 농업구조 개선 정책의 일환으로 시범 협업농장 개설, 자립안정농가 조성 등을 실시했다.

하지만 자연 의존도가 높은 농업 특성상 이러한 소극적인 정책만으로는 한계가 있었다. 62년 미곡 대흉작, 63년 하곡(보리)대흉작 등으로 곡물 가격은 크게 오르고 식량 자급율도 급격히 떨어졌다. 한해와 병충해도 심심찮게 일어났다. 당시 식량 자급률은 70~90% 선에서 들쭉날쭉했다. 식량은 다른 공산품과 달리 자급률 90%면 인구의 10%가 굶어 죽을 수 있다는 뜻이다.

이러한 다양한 노력에도 불구하고 71년 양곡생산은 66년보다 오히려 감소했으며 67년 -10%, 68년 -0.5%, 69년 13.9%, 70년 -3.3%로 이 5년간의 기간 동안 양곡 생산량은 -3.5%에 그쳤다. 여전히 허약한 정책보다는 자연환경에 지배되는 농업이었다.

1970년대
- 먹고사는 문제를 해결하다

70년대의 농업은 60년대와 달리 정책의 실효적 효과가 강하게 나타나고 결과적으로 식량 자급을 성취 하는 시기였다.

70년대 농업의 최대 화두는 쌀의 자급이었다. 이제 겨우 보릿고개를 극복해 가는 듯 했지만 전쟁 후 미국의 옥수수와 밀 원조가 급감하면서 쌀 부족 문제가 부각되었다. 공립 국민학교 중 아직도 옥수수빵을 급식으로 주는 학교도 있었지만 시골에서는 도시락을 못 싸 오는 학생들도 상당수였다. 정부는 이 문제 해결을 위해서 여러 가지 정책을 도입했다.

1. 70년 다수확 품종인 통일벼가 나왔다. 필리핀 국제미작연구소 초청 연구원이던 허문회 박사가 개발한 품종으로서 기존의 벼 품종보다 생산성이 30%가 높은 획기적인 품종이었다. 재배가 까다롭고 맛이 좋지 못하다는 이유로 90년 이후 농가에서 자취를 감추기는 했지만 쌀이 부족했던 70년대 초 통일벼는 식량의 혁명을 갖고 왔다. 이후 유신벼 등 새로운 품종들이 계속 개발되었다
2. 70년 1월 26일 오후 6시 "전국 쥐잡기 운동"이 전개되었다. 당시 쥐로 인해서 소실되는 곡물이 총 생산량의 8%에 달했다. 쥐는 인구당 3마리, 한 집에 18마리가 살고 있는 꼴이었다. 물론 당시 쥐

들의 극성에 집집마다 쥐약이나 쥐덫을 사용하는 경우가 흔하긴 했지만 전국이 동시간에 약을 놓아야 효과가 있다는 이유로 "쥐 잡는 날"이 정해지고 전국 가구에 쥐약이 배포되었다. 이러한 행사는 이후 몇 차례 더 있었으며 이와 별도로 학교에서는 학생들에게 쥐 잡기 과제로 쥐꼬리를 잘라서 내는 과제들이 할당되었다. 이러한 과제는 이후 파리 등으로 확장되어 생활위생을 학교에서 학생들을 통해서 강제하는 일들이 일상화되기도 했다.

3. 분식 혼식 장려운동이 사회적으로 일어났다. 한 주에 하루는 분식을 하는 날이 정해져서 학교에서는 도시락 대신 빵을 싸 갔다. 역시 학교에서는 혼식이 강제되어서 매일 도시락 검사를 했다. 보리쌀을 섞는 것을 싫어하신 어머니는 냉장고에 삶은 보리쌀을 넣어 두셨다. 우리 남매는 아침 도시락을 받으면 냉장고의 보리쌀을 한 숟가락 떠서 도시락 위에 얇게 펴서 얹는 만행을 저지른 기억이 있다. 하지만 시골에서는 아직 보리쌀 도시락조차 갖고 오지 못하는 애들이 있었던 시기다.

이러한 노력을 통해서 70년대는 식량자급을 실현한다. 양곡 생산에서 71년에는 678만 톤, 76년에는 818만 톤을 기록했다. 당시 가장 중요했던 미곡의 경우 같은 기간 400만 톤에서 526만 톤으로 늘었다. 한편 식량용 곡물 수요는 정부의 양곡 소비절약 시책에 의해 1인당 양곡 소비량이 1971년의 224.3kg에서 1976년에는 203.5kg으로 감소하였다. 그 결과 인구가 증가하였음에도 쌀의 자급률이 82.5%에서 100.5%로 높아지고, 보리의 자급률 또한 91.8%에서 97.9%로 높아졌다. 드디어 주곡의 자급을 달성하고 해방 후 30여 년간 지속되던 외국산 쌀 도입을 중단함으로써 당시 우리 민족의 숙원인 먹는 문제를 해결하게 되었다.

69년 농촌근대화촉진법의 시행 일환으로 70년 4월 "근면, 자조, 협동"을 모토로 한 농촌 계몽운동이 정책적으로 수립되었다. "새마을 운동"이었다. 홍수나 가뭄, 비료 공급 등은 정부 주도로 이뤄졌지만 농민들이 직접 감당해야 하는 일들에 대한 내용들이 강조되었다. 농촌의 빈농 출신이던 당시 박정희 대통령은 농촌 문제를 누구보다 잘 알고 있었다. 가장 먼저 시작했던 것이 지붕 계량이었다. 이에 물정 모르는 야당 일각에서는 우리 전통문화를 강조하면서 여름에 시원하고 겨울에 따뜻한 초가지붕을 왜 바꾸느냐는 반대도 있었지만 "매년 가을 짚으로 지붕을 엮어 봤느냐"라는 대통령의 한마디가 농촌 주민들의 공감을 받으면서 반대의 목소리는 사라졌다. 하지만 초가지붕을 슬레이트 지붕으로 바꾸는 데 대한 비난도 없지 않았다. 알록달록한 시각적 효과의 전시행정이라는 비판이다. 당시 막 개통된 고속도로 주변이 우선 대상이었던 것도 이러한 비판의 이유가 되었다. 하지만 잇따른 경지 정리, 농로 개선, 농한기 활용 등의 정책들과 이후 농민 저리대출을 통한 경운기 도입 등은 우리나라 농촌을 완전히 탈바꿈하는 시작이었다. 어느 정도 가시적 효과를 확인한 정부는 73년 새마을중앙협의회를 발족해서 본격적으로 지원하게 된다. 농촌의 새마을 지도자들은 이러한 정책을 현장에서 실현하는 첨병이었다.

당시 토지의 경계는 매우 복잡했다. 농업국가 농민들의 토지에 대한 집착은 자기네 논밭의 경계를 거의 기하학적으로 만들었다. 또한 농로

조차 최소한으로 하고 가능한 공간들을 경작지로 만들어 버렸다. 결국 농토의 경계를 직선화하고 농로에는 경운기가 들어갈 수 있는 정도로 넓히는 문제가 시급했다. 또한 가을걷이가 끝나면 다음 해 농번기 전까지 농촌은 도박판으로 변하기 일쑤였다. 농촌에 농공단지를 만들어서 농한기 일거리를 만들고 도시로 나가는 청년들을 흡수하는 정책을 펴기도 했다. 95년 WTO 가입과 함께 농민지원에 제동이 걸리기 전까지 정부는 농촌 자율적 운동으로 각색된 새마을 운동을 위해서 많은 지원을 아끼지 않았다. 트랙터 대신 좁은 농로와 농경지에 맞는 경운기가 대량 보급되어 나중에는 집집마다 경운기 한두 대는 갖추게 되었다. 가을에는 고가의 콤바인(수확기)를 이용해서 수확을 하게 되면서 역설적으로 노인들도 기계로 농사를 지을 수 있는 환경이 되고 농촌은 노인들만 남는 부작용이 시작되기도 했다.

  70년대 중반 들어서면서 새마을 운동의 성과가 서서히 나타난다. 물론 모든 농업정책과 농업 현장이 새마을 운동으로 해석되지는 않았지만 농민들은 금융지원이나 농업기술지원 등 정책적 지원을 통한 도움을 느끼기 시작한 것이 당시의 변화였다. 물론 아직 국가경제가 튼튼하지 못해서 금융시스템의 지원도 충분치는 않았겠지만 농촌 역시 수작업 노동이 중심이라서 비료와 종자 지원을 기대하는 정도였다. 하지만 이 시기 50%의 보조금을 지급했음에도 경운기는 20호당 한대 정도였으며 여전히 소를 이용한 경작이 주를 이뤘다. 이유는 아직 농로나 농지가 정리되지 못한 까닭에 경운기의 용도가 제한적이었다. 아직은 운반 수단으로 인식되었다. 농촌가구의 현대화는 지붕 개량 수준에 머물렀다.

  오히려 새마을 운동은 농민과의 직접적인 지원보다는 정책적으로 손쉽게 할 수 있는 농촌 환경사업이 선행되었다. 71년부터 5년간 새마을 사업으로 건설된 다리가 전국에 65,000개로 평균 마을당 2개였다. 홍수때 쉽게 무너지던 하천의 둑도 보강되고 도로 보수나 확장도 적극적으로 이뤄졌다. 71년부터 8년간 확장되거나 포장 혹은 정비된 도로만 총 8만 5천800km였다.

새마을 운동은 70년대 중반까지 농촌 주거환경 개선과 마을 환경미화 등에서는 상당한 수준의 성과를 보였지만 본질적 농업 생산부분에서는 속도가 그리 빠르지 않았다. 경지 정리와 농로정리는 차근차근 진행되고 있기는 했지만 개인들의 재산권 침해 요소가 있었고, 농촌 기계화는 아직 자본이 충분치 않았다. 특히 70년대 벼 생산 주력정책과 그 결과 보급된 통일벼는 미질이 좋지 않고 경작이 까다로웠으며 78년 도열병 피해가 극심해지면서 보급이 급속히 쇠퇴했다.

70년대 후반기에도 인프라 투자에 의한 농가 생활환경 개선은 꾸준히 발전해 갔다. 농촌에 수도가 보급되면서 우물을 대체하게 되고 난방과 취사에 연탄을 공급하면서 연료 혁명이 일어났다. 1960년대 중반 12%였던 전기 보급률이 77년에는 98%로 늘어났다. 전기 끌어오는 데 소요되는 비용은 80%를 장기 저리로 지원하였다. 이러한 농촌의 인프라 개선은 70년대 후반기에 빠르게 이뤄졌다.

70년대의 성공적 정책 중 하나는 삼림정책이었다. 우리나라 산은 전반적으로 산성토질인 데다가 6.25 전쟁 때 폭격으로 산은 많이 붕괴되었다. 결정적으로 난방과 취사에 나무를 사용하는 전통에 의해서 산에는 나무가 남아나지 않았다. 그래서 산은 수시로 사태가 일어나고 홍수 조절 기능도 거의 상실했다. 결과적으로 매년 홍수와 산사태로 인해서 농업 생산성에도 치명적인 손실을 가져왔다.

  박정희 정부는 삼림녹화에서도 놀라운 성과를 거두었다. 오늘날 이러한 푸른 산을 만들기까지 여러 정책들이 동시에 집행되고 또 가끔씩은 강제되기도 했다. 삼림녹화에 얼마나 기여했는지는 모르겠지만 우리 세대는 초중등학교 때, 즉 60~70년대 봄이면 매년 학교에서 단체로 산에 가서 묘목을 심고 송충이를 잡았다. 하지만 이보다 훨씬 더 정교하고 적극적인 정책들이 시행되었다. 오늘날 UN이 인정한 가장 성공적인 삼림녹화를 위한 정책들로는 대략 다음과 같은 것들이 동시에 집행되었다.

1. 식목일을 정해서 민관 합동으로 매년 봄에 식목을 해 왔다. 학생들과 공무원들이 중심이 되었으며 심는 것 못지않게 관리도 철저해서 산에서 나무를 자르는 행위에 대해서 엄격한 처벌로 통제했다. 한편 솔잎혹파리 등에 대한 방역작업에도 적극적이었다.
2. 우리나라 산에서 잘 뿌리 내릴 수 있는 수종 개발과 조사에도 적극적이었다. 특히 박정희 대통령의 특명으로 현신규 박사가 개발한 현사시나무는 우리나라 토질과 지형에 적합하여 전국의 산에 조림되었다. 현박사의 성을 따서 현사시나무로 명명되었다. 이 외에도 많은 수종들이 개발되었다.
3. 전국의 산에서 사방공사를 적극적으로 시행했다. 토목공사와 잔디 심기 등을 통해서 하절기 홍수 등으로 일어나는 사태에 적극적으로 대응했다.
4. 난방과 취사용으로 나무를 쓰던 오랜 전통에서 벗어나기 위해서 연탄을 적극적으로 공급하였다. 80년 후반기에는 전 국민의 80%가

연탄을 사용할 정도로 개선되었으며 특히 연탄보일러 등을 개발함으로서 연탄의 효율성을 극대화 하는 노력들도 경주되었다.
5. 나무를 사용할 수밖에 없는 시골과 같은 지역에는 화목단지를 개발해서 땔나무를 공급했다. 이로 인해서 주변 산에서 나무를 훼손하는 행위를 철저히 차단했다.

이처럼 민관의 적극적인 노력의 결과, 80년대부터 전국의 산은 푸른 색으로 바뀌기 시작했다. 산사태가 거의 통제되면서 삼림녹화 정책에 대한 비판도 일어나기 시작했다. 아카시아 등 빠르게 성장하는 수종들을 심다 보니 산이 또 다른 측면에서 황폐화된다는 주장과 기왕이면 유실수를 심어서 경제적 효과를 기대할 수도 있지 않느냐는 등의 비판이 잇따랐다. 하지만 60~70년대 우리나라의 산은 이러한 고려의 여유가 없었으며 이후 수종들은 점차로 개선되었다. 하지만 유실수로 밤나무들로 많이 교체되고 나니 인건비가 올라가면서 밤을 따는 데 경제성이 없어지는 바람에 거의 방치되고 있기도 하다. 어쨌든 우리나라는 가장 짧은 기간에 가장 효과적으로 삼림녹화에 성공한 케이스로 전 세계가 벤치마킹하고 있다.

1980년대
- 새마을 운동, 농촌 환경을 개조하다

80년대는 가장 급한 문제인 식량 자급이 해결되면서 다음 단계인 농어촌의 질적 개선에 초점이 맞춰진다. 그러다 보면 기존의 급하게 진행된 과정에서 나타나는 부작용과 함께 이제 상황이 좋아지면서 나타나는 다음 단계의 기대가 생긴다. 80년대는 이러한 분위기에서 농업정책이 맞춰진다.

농업에는 다음 몇 가지 주요 이슈가 발생한다.

(1) 이중곡가제

양곡관리 특별회계의 적자가 누적되고 이로 인한 재정적자와 인플레이션이 발생됨에 따라서 이중곡가제 폐지에 관한 논의가 많았던 것으로 안다. 이중곡가제는 농민을 위한 정책이라기보다는 소비자인 일반 국민들을 보호하는 측면이 강했으므로 이에 대한 논의는 크게 진전이 없었다. 하지만 이런 주장이 구체화된 것이 이 시기이며 이는 시사하는 바가 크다 하겠다.

(2) 품종 고급화

자급 목표가 달성되고 나서는 이제 양이 아닌 질이 중요해 졌다. 통일벼에 대한 부정적인 여론이 높은 가운데 78년과 80년에는 통일벼에 냉해 피해가 발생하여 식부면적이 감소하면서 쌀을 다시 수입하는 사태가 발생했다. 이 과정에서 통일벼 품종을 중심으로 하는 정책에서 양질성, 다수성 품종으로 전환을 서두르게 되었다. 이미 80년대 전체적인 경제상황이 좋아진 상황에서 시장은 가격이 다소 비싸더라도 밥맛이 좋은 쌀을 선호하는 분위기가 되었다.

(3) 소득 작물 위주 전환

80년대 계속된 풍작으로 쌀 적정 생산량인 600만 석을 초과하게 되고 89년에는 천만 석을 돌파하였다. 이에 미곡중심의 생산정책에서 소득 작물 위주 농업으로 정책의 방향이 바뀌었다. 정책의 변화와 함께 농촌 일손 부족도 영향을 미쳐서 농민들도 손이 많이 가는 미곡 생산에 대한 관리를 소홀히 하는 현상이 일어나면서 쌀 생산량은 다시 줄고 특용작물의 생산이 급증하였다.

70년대 지상최대의 목표이던 식량자급을 달성한 이후 80년대는 미곡 생산에 있어서 상당한 혼란이 있어 왔다. 전술한 대로 80년대 초기에는 통일벼의 한계로 통일벼 생산량이 줄어들면서 쌀 생산량이 급감하고 다시 쌀 수입 상황이 되었다. 하지만 잇따른 풍년으로 다시 쌀은 생산 과잉이 되고 이제 정책은 품종 변경과 소득 작물 전환 정책을 지원하면서 다시 쌀 생산량은 200만 석까지 급감했다. 이 과정에서 정부는

1995년 쌀 생산 종합대책을 수립하고 96년 농지 보전 기능을 다시 강화하는 내용의 농지법 시행령을 개정하였다.

농촌 환경은 많이 개선되었음에도 80년대 농촌은 심각한 이농현상으로 노동인력 부족이 시작되는 시기다. 아직 기계화 진도는 느려서 여전히 노동력에 의존하는 농촌에 농공 산업단지가 들어서고 가까운 도시의 산업화는 농촌의 젊은 인력들을 빠르게 흡수해 갔다. 이렇게 일자리를 찾아서 도시로 이동하는 젊은 층이 많다 보니 이 시기 농촌은 예상치 못한 문제들이 발생하기 시작했다. 무엇보다 노동력 부족과 임금 인상이 당면한 문제였다. 청장년층이 떠나면서 노인들만 남은 가정들이 많아졌고 결과적으로 농촌 고령화를 가져오게 된다. 또한 여성들은 농촌의 힘든 일들을 기피하면서 도시로 떠남에 따라서 농촌 총각의 결혼문제가 이때부터 심각한 사회 문제로 대두된다.

70년대까지 새마을 운동은 정부 주도로 진행되었으나 80년대부터는 체제 정비 단계로 민간주도 체제로 전환되었다. 80년 12월 사단법인 새마을 운동 중앙본부가 창립되었으며 동월 13일 "새마을 운동 조직 육성법"이 제정되었다. 하지만 79년 박정희 대통령의 서거로 이 조직은 정치적으로 오염되고 지나친 독주와 이에 따른 운영 부실 및 비리로 많은 지탄을 받으며 운영상 정체에 빠지기도 했다. 지도자들의 의욕도 많이 위축되었고 결과적으로 이 시기부터 새마을 운동은 실질적인 성과를 확인할 수 없었다. 85년부터 새마을 운동 중앙본부 회장은 전두환 대통령의 동생 전경환이었으며 그는 공금 76억을 횡령한 혐의로 징역 7년 벌금 22억을 선고받기도 했다.

한편 80년대 말부터 경운기 보급이 빠르게 진행되었다. 경운기는 트랙터 축소형으로 개발되어서 미국이나 유럽에서는 정원용으로 많이 사용되었지만 1950년대 일본에서 농업용으로 보급되면서 우리나라에도 소개되기 시작했다. 70년대부터는 정부가 50%의 보조금을 지급하면서 보급 사업에 앞장서게 되고 20호에 한 대꼴로 보급되어 있던 경운기는 빠르게 확산되어서 80년대부터는 거의 한 가구에 한 대꼴로 보급되었다.

당시는 농로가 좁고 비포장이었던 까닭에 경운기는 운송 수단으로 유용했으며 다양한 작업기를 부착함으로써 농사에도 효율적이었다. 일반적으로 경운기는 6마력이었지만 우리나라에서는 8~10마력을 개발·보급했다. 이로서 논밭을 갈던 소들은 거의 육우로 전환되면서 한편으로 목축 발달에도 기여하였다.

1990년대
- 세계 속의 한국 농업, 경쟁이 힘겹다

　시장개발 이후 한국경제의 성장은 더욱 빨라졌지만 내수시장에 의존해 온 농업 부분은 소외되었다. 90년대 초반까지만 해도 농가의 수익이 도시민과 비슷했지만 90년대 중반 들어서면서 농가수익은 도시민의 60%에 불과할 정도로 소득 격차가 커졌다. 농촌 인구의 도시로 이탈은 70년대 산업화 과정에서 시작되어서 80년대는 본격화되었다. 그러던 것이 90년대 들어서면서 농가 호수의 급감과 특히 전업농가 비율도 현저히 줄었다.

　90년대 들어서면서 농가 총 호수는 1,767천 호로 60년대와 비교해서 25%가 줄었으며 2000년에는 41%가 줄었다. 전업농가율도 91%에서 60%로 줄었는데 이는 70년대 이후 새마을 운동의 일환으로 농한기 활동을 위한 많은 지원의 결과이기도 하다. 이 시기부터 농가 소득은 호당 천만 원을 넘어섰으며 이 중 농업 외 소득이 25%를 넘어섰다.

　새마을 운동은 이제 그 역할을 다했으며 농촌 환경도 많이 개선되어서 농로의 포장이 본격화되고 농촌 가정도 현대화되었다. 기계화도 많이 진행되어서 경운기뿐 아니라 트랙터와 이양기, 수확기 등이 보편화되었다.

　한편 이 시기 우루과이라운드 협상결과로 체결된 WTO 협정 중 농업

협정은 무역 관점에서 새로운 틀을 마련한 전기가 되었지만 농촌 현장은 적지 않은 걱정거리를 만드는 결과를 갖고 왔다. 비록 농촌이 현대화되고 농경 활동 역시 개선되었지만 도시에 비해 상대적으로 발전이 느렸고 교육 및 문화적 환경 문제로 청장년들이 거의 사라진 상황에서 새로운 무역질서는 농가의 위협이란 문제를 등장시켰다. 당시 협정의 주요 내용은 다음과 같다. 무역 질서를 의미하는 것으로서 우리 농산물을 수출하는 경우 농가의 보호를 제한함과 동시에 농산물 수입 시 자국산 농산물 보호 역시 제한적으로 변화한다.

(1) 시장개방

농산물 교역에는 예외 없이 관세를 적용한다. 가격차를 관세 상당치로 전환함으로써 관세 상당치로만 자국 농업을 보호할 수 있다. 달리 표현하면 이 외에 자국 농업을 수입농산물로부터 보호하는 것이 여의치 않다는 뜻이다.

(2) 국내 보조

허용 보조금과 감축 대상 보조금을 구분하여 감축 대상 보조금은 향후 6년간 20%를 감축한다. 즉 국내 보조금 지원이 어느 정도 통제를 받는다는 뜻이다.

(3) 수출 보조

수출 보조금은 재정지출 기준 36%, 물량 기준 21%를 감축한다.

(4) 위생 검역

각 국가별 자의적 위생 및 검역 조치를 최소화하고 이에 대한 별도의 협정을 체결한다.

	총 농가/천호		가족규모		호당 경지면적/ha			농가소득/천원	
	총 호수	전업 농가율	가구원	영농 종사자	경영지	자작지	임차비율	총액	농외 소득율
1960	2,349	91%			0.86	0.74	14%		
1965	2,507	91%	6.31	3.15	0.9	0.75	16%	112	21%
1970	2,443	68%	5.81	2.91	0.93	0.77	18%	256	24%
1975	2,285	81%	5.57	2.86	0.94	0.81	14%	873	18%
1980	2,155	76%	5.02	2.49	1.02	0.8	21%	2,693	35%
1985	1,926	79%	4.42	2.48	1.11	0.77	31%	5,736	19%
1990	1,767	60%	3.77	2.2	1.19	0.75	37%	11,025	26%
1995	1,501	57%	3.23	2.08	1.32	0.79	42%	21,803	32%
2000	1,383	65%	2.91	2.16	1.37	0.77	44%	23,072	32%

2000년대 이후
- 노인들의 농촌

    2000년대 이후 수입 농축산물이 급증함에 따른 반대급부로 식탁의 안정성은 떨어졌다. 광우병 파동으로 수입 쇠고기에 대한 불신이 높아졌고, 멜라민 분유 파동, 잔류 농약, GMO 등으로 먹거리에 대한 불안이 가중됐다.
    농협은 농가 개선 혹은 농촌 환경 개선 등의 역할이 완성됨에 따라서 농업과 농촌의 지속가능한 발전을 위해 사업 역량을 강화해 왔다. 인력 지원, 농기계 은행 등 농업인 지원 사업을 확대하고, 농업인 맞춤형 복지 서비스를 강화했다. 또 지자체 협력사업, 농촌 관광 등을 통해 농촌 경제 활성화를 위해 노력했다.
    농촌 인구의 고령화로 청장년층을 보기 힘들며 특히 여성들이 부족하여 동남아 여성들과의 결혼을 통한 다문화 가족들이 급증했다. 그럼에도 불구하고 농촌 인구의 심각한 감소는 개선될 여지가 보이지 않는다. 한편 도시의 경쟁 환경 등에 환멸을 느낀 일부 도시민의 귀농이 하나의 유행으로 자리 잡고 있지만 이 역시 농촌 인구 문제를 해결할 수준은 아닌 것으로 보인다.

사회간접자본 현대사

전기

원자력

다목적 댐

강남 개발

도로 건설

지하철

전화 및 통신

철도

전기

해방 당시 우리나라의 전기는 대부분 공업지대인 북한지역에서 생산되고 있었다. 1948년 5월 14일 북한은 일방적으로 남한으로 송전하던 모든 전기를 차단하였다. 당시 북한은 수력 160만 KW, 화력 14만 KW로 당시 산업기반이 약했던 한반도에서는 충분한 전기용량이었다. 그렇지만 이 전기의 대부분은 공업지대인 북한에서 생산되고 있었고 남한에는 약 10% 정도, 그것도 소규모 수력발전과 아주 낡은 화력 발전이 고작이었다.

당시 남한을 책임지고 있던 미군정은 급히 당인리, 영월과 부산에 있는 화력발전소 시설을 보수하고 2만 KW급 발전함을 부산에, 6,900KW급 발전함을 인천에 들여와서 우선 급한 전력 부족을 해소하기 위해 노력했다. 그러나 곧 6.25가 발발하고 전기 자급은 전후 사업으로 밀리게 되었다.

1961년 조선전업, 경성전기, 남선전기 3사를 통합하여 한국전력 주식회사를 발족했다. 그리고 그 해 11월 전원개발 5개년 계획을 발표했다. 이 계획에 따라서 전기 공급 용량을 확충하는 데 노력한 결과 1964년 4월 1일 드디어 제한 송전을 전면 해제했다. 이때 우리나라 총 발전량은 531,354KW였다. 한편 1965년에는 농어촌 전기화 사업을 통해서 당시 전기를 공급받기 어려웠던 농어촌과 산골마을까지 전기를 공급할 수 있도록 했다. 물론 생산 발전량이 충분하다고 모든 문제가 해결되는 것은 아니다. 특히 송배전망의 확충도 중요한데 이러한 인프라 전반의 한계로 사실상 이 당시까지는 전기 문제가 전국에 완벽하게 해결된 것은 아니었다.

전기의 안정적 공급을 위한 노력 과정에서 주목할 만한 정책은 1973년에 시작된 220볼트 승압 사업이었다. 우리나라는 일제 강점기 때 전기가 들어오면서 가정용 전력이 110볼트로 맞춰져 있었다. 1973년 박정희 정부는 한국전력공사 주도로 220볼트로 올리는 작업을 시작한 것이다. 승압으로 가장 큰 장점은 송배전 과정에서 전기의 손실을 줄일 수 있다는 것이다. 전압을 2배 높이면 전력손실은 1/4로 줄어든다. 이 외에도 변압기 비용 절감 등 여러 가지 장점이 많았다. 하지만 승압을 하고 싶지만 인프라 투자나 국민들의 불편 감수 등 많은 문제들로 인해서 엄두를 못 내는 국가들이 아직도 많다. 군사독재에 대한 비판이 여전히 있지만, 지금이라면 대중적 합의가 필요했고 그래서 추진이 어려웠던 많은 일들이 당시 일사분란하게 이뤄질 수 있었던 것도 어느 정도 강압적인 분위기에서 정책 추진을 했기 때문에 가능했던 것이라 본다. 오늘날 전기나 통신 등 인프라의 많은 부분들이 당시에 이뤄질 수 있었던 것도 바로 이러한 환경이 기여를 했을 것이다. 미국과 일본은 승압사업에 실패했다.

물론 당시에도 불편에 대한 국민적 저항이 없었던 것은 아니다. 하지만 그럼에도 불구하고 박정희 정부는 강력하게 이를 추진했다. 가정마다 보유 가전제품만큼의 변압기가 무상으로 제공되었다. 그리고 그때부터 가전제품들은 220볼트에 맞춰서 생산되었다. 다행히 당시는 지금만큼 가전제품들이 많지 않았다. 일본제 가전제품들이 많았는데 이후 트랜스를 사용해야 한다는 불편 때문에 일본 가전제품의 사용이 줄어들고 결과적으로 국산 가전산업의 육성에도 도움이 되었다.

승압정책을 추진한 시기도 적절했다. 이때부터 국가경제의 발전으로 소비자 경제도 좋아져서 가정의 전기 사용량은 급증했다. 특히 전자레인지나 전기밥솥 등 순간전기를 많이 소비하는 가전과 에어컨 등 전기 소모가 큰 제품들이 많이 보급되면서 전기 부하가 커지고 가정에는 두꺼비집 퓨즈가 터지는 일들이 흔했던 시기다. 당시는 가정의 전기 배전반에 차단기가 아닌 납으로 된 선이 연결되어서 과전류가 흐르면 납 선이 녹아서 전기가 차단되는 방식이었다. 플래시를 켜고 납선을 교환하는 일들이 수시로 있었다. 220볼트로 2배 승압을 함으로써 전국의 모든 가정에 별도 설비작업 없이 두 배의 전기를 쓸 수 있게 되었다.

이후 73년 20만 KW 용량의 소양강댐을 건설하는 등 산업화에 따라서 급증하는 전기를 부족함 없이 공급할 수 있도록 노력해 왔으며 78년 국내 최초로 587,000KW 용량의 고리 원자력 1호기를 준공했다. 원자력이 보급됨에 따라서 에너지 의존적이던 화력에서 벗어나서 충분한 전기를 공급할 수 있었고 한때 전기의 과생산이 문제가 되기도 했다. 하지만 경제의 지속적 성장으로 전기 소비도 급속히 증가하면서 2011년 전후로 예비전력 부족으로 여름 잠깐씩 전기가 블랙아웃 되기도 했다.

2022년 기준 우리나라 전기 총 발전량은 594,400GW이다. 이 중 화력 58.8%(석탄 37.6%, 석유 4.8%, LNG 16.4%), 원자력 30%. 신재생에너지 9%, 수력은 1.7% 구성으로 되어 있다.

원자력

1945년 일본에 원자탄이 투하된 이래 1953년 미국 아이젠하워 대통령이 UN총회에서 "평화를 위한 원자력"을 제안하고 1957년 국제원자력기구(IAEA)를 독립기구로 설치하면서 원자력을 평화적으로 이용하기 위한 시대가 열린다. 우리나라는 IAEA 창립총회 55개국 중 하나로 참여하였다. 이후 1959년 한미원자력 협정을 체결하고 원자력연구소를 개설하면서 원자력 기술 습득을 위해서 237명의 유학생을 미국으로 파견했다. 이와 함께 1962년 국내 최초로 연구용 원자로 트리거마크II를 가동하였다. 이 연구용 원자료는 이후 우리나라 원자력 기술 연구와 개발에 지대한 기여를 하면서 95년에 가동이 중단되었다. 한편 이때 IAEA 장학생 204명을 유학생으로 파견하기도 했다.

70년대 두 차례에 걸친 오일쇼크는 에너지를 100% 수입하는 우리나라에 치명적이었다. 앞으로 얼마든지 발생할 수 있는 이러한 유류 가격의 폭등 등 불안정성은 에너지 문제 해결을 위한 근본적인 대책을 요구하고 있었다. 이러한 상황에서 원자력은 우리에게 좋은 솔루션이었다.

국내 최초의 원자력발전소는 고리 1호기로 1978년 상업운전을 개시하였다. 미국 웨스팅하우스를 통해서 턴키 베이스로 도입했으며 당시 1,560억이 투입되었는데 이는 경부 고속도로 건설비용의 3배이다. 이때부터 원자력 발전소 건설과 더불어 기술 자립에 힘을 기울였다.

우선 원료 국산화부터 시작되었는데 1987년 월성 1호기 중수로 핵연료 국산화에 성공했으며 이듬해 1988년은 경수로 핵연료까지 국산화하였다. 한편 1996년 한빛4호기를 건설 하면서 미국의 컨버스천 엔지니어링(CE)를 통해서 기술 이전을 받았다. 이후 1998년 한울 3호기에 한국 표준형 원자로 OPR1000을 설치했다. 2006년에 수출용 차세대 원전 APR1400을 개발해서 본격적인 원자력 수출을 준비했으며 그 결과 2009년 UAE 바라카 원전을 최초로 수출했다. 2002년에는 이집트 엘바디 원전 2차측 건설 사업을 수주했으며 2024년 체코 원전 우선협상자로 선정된 상태이다.

원전 수출이 가능한 국가는 미국, 중국, 러시아, 프랑스, 일본 정도로 매우 제한적이며 한편 공산국가들은 수출에 절대적으로 불리하다. 일본은 후쿠시마 사태 이후 경쟁에서 배제되었다. 결국 미국, 프랑스와 3개국 간의 경쟁이다.

유류가격의 급격한 변동과 특히 탄소중립 정책에 의해서 원전의 수요는 당분간 급격히 늘어날 것이다. 이에 한수원을 중심으로 한 우리나라 원전 팀은 세계 최고 수준의 안전성과 경제성을 무기로 앞으로 전 세계 시장에 원전을 공급할 준비를 갖추고 있다. 또한 소형 모듈 원자로 i-SMR을 개발하였는데 이는 대형원자로의 1/100 수준으로 안전하고 저렴하며 다용도로 유연하게 적용할 수 있는 원자로로서 전기를 집중적으로 쓰는 IT 산업 등이나 생산의 안정성이 떨어지는 신재생에너지의 보완시설로도 유용할 것으로 보고 있다.

구분	호기	상업운전 개시	원자로형	설비용량 (KW)
고리	고리 1호기	1978-04-29	가압경수로 (PWR)	58만 7천
	고리 2호기	1983-07-25	가압경수로 (PWR)	65만
	고리 3호기	1985-09-30	가압경수로 (PWR)	95만
	고리 4호기	1986-04-29	가압경수로 (PWR)	95만
	신고리 1호기	2011-02-28	가압경수로 (OPR-1000)	100만
	신고리 2호기	2012-07-20	가압경수로 (OPR-1000)	100만
새울/고리	새울 1호기	2016-12-20	가압경수로 (APR-1400)	140만
	새울 2호기	2019-08-29	가압경수로 (APR-1400)	140만
	새울 3호기	2024-10-예정	가압경수로 (APR-1400)	140만
	새울 4호기	2025-10-예정	가압경수로 (APR-1400)	140만
월성	월성 1호기	1983-04-22	가압중수로 (CANDU)	67만 9천
	월성 2호기	1997-07-01	가압중수로 (CANDU)	70만
	월성 3호기	1998-07-01	가압중수로 (CANDU)	70만
	월성 4호기	1999-10-01	가압중수로 (CANDU)	70만
	신월성 1호기	2012-07-31	가압경수로 (OPR-1000)	100만
	신월성 2호기	2015-07-24	가압경수로 (OPR-1000)	100만
한빛/영광	한빛 1호기	1986-08-25	가압경수로 (PWR)	95만
	한빛 2호기	1987-06-10	가압경수로 (PWR)	95만
	한빛 3호기	1995-03-31	가압경수로 (System 80)	100만
	한빛 4호기	1996-01-01	가압경수로 (System 80)	100만
	한빛 5호기	2002-05-21	가압경수로 (KSNP)	100만
	한빛 6호기	2002-12-24	가압경수로 (KSNP)	100만
한울/울진	한울 1호기	1988-09-10	가압경수로 (PWR)	95만
	한울 2호기	1989-09-30	가압경수로 (PWR)	95만
	한울 3호기	1998-08-11	가압경수로 (KSNP)	100만
	한울 4호기	1999-12-31	가압경수로 (KSNP)	100만
	한울 5호기	2004-07-29	가압경수로 (KSNP)	100만
	한울 6호기	2005-04-22	가압경수로 (KSNP)	100만
	신한울 1호기	2022-12-07	가압경수로 (APR-1400)	140만
	신한울 2호기(시운전)	2024-4-예정	가압경수로 (APR-1400)	140만
	신한울 3호기(건설 예정)	2032-10-예정	가압경수로 (APR-1400)	140만
	신한울 4호기(건설 예정)	2033-10-예정	가압경수로 (APR-1400)	140만

다목적 댐

　전통적으로 농경국가였던 우리나라는 치수에 많은 노력을 기울여 왔다. 삼국시대에 이미 대규모 저수지를 개발하였으며 전국 곳곳에 크고 작은 물을 담는 곳들이 많았다. 이처럼 물을 상시 확보하는 문제는 농업에서는 매우 중요한 문제였다.

　59년 사라호 태풍은 850명이 사망 혹은 실종되고 이재민 37만 명을 만들었다. 72년의 태풍 배티는 550명의 사망자를 기록했다. 당시는 사회 인프라가 취약했던 관계로 매년 태풍 피해가 컸고 사망자나 이재민뿐 아니라 한 해 농사를 모두 망치기도 했다. 이후에도 매년 8~9월이면 크고 작은 태풍들로 인해서 적지 않은 피해가 있어 왔다.

　물이 넘칠 때는 가둬 두고, 물이 모자랄 때는 가둬 둔 물을 쓸 수 있는 방안이 필요했다. 이에 대한 대책 중 하나가 다목적 댐이었다. 다목적 댐은 홍수 방지뿐 아니라 대량의 물을 담아 둠으로써 가뭄 극복에도 도움이 되었다. 한편 낙차를 이용해서 전기 생산을 하기도 했다. 70~80년대에는 이 모든 문제들이 절박했다.

　당시 최대 규모의 토목공사였던 소양강댐은 67년에 시작해서 73년 10월에 준공되었다. 71년에는 안동댐을 착공했으며 77년에 완공되었다. 다목적 댐은 이후 환경파괴 등을 이유로 90년대 이후로는 거의 개발이 뜸해졌지만 당시에는 환경을 고려하기에는 민생이 그만큼 절박했으며, 그래서 이러한 대규모 토목공사에 대해서 국민적 저항은 없었다.

90년대 들어서면 사회 전반적으로 민주화 바람 안에서 모든 분야에서 다양한 소리를 내는 분위기였다. 환경 문제도 예외가 될 수 없었다. 특히 환경단체는 성격상 진보적 성향을 띠고 있으며 그런 진보당과 정치적으로도 목소리를 높였다. 이와 별도로 90년대는 이미 한강, 낙동강, 금강 등에 다목적 댐의 건설이 거의 완료된 시절이었다.

수계	댐	완공일	저수량/백만 톤
한강 수계	소양강댐	1973년 10월	2,900
	충주댐	1985년 10월	2,750
	횡성댐	2000년 10월	86
낙동강 수계	안동댐	1977년 05월	1,248
	임하댐	1992년 05월	595
	합천댐	1988년 12월	790
	남강댐	1969년 10월	309
	밀양댐	2001년 11월	
	군위댐	2010년 12월	48
	부항댐	2013년 11월	54
금강 수계	대청댐	1981년 06월	1,490
	용담댐	2001년 10월	815
섬진강 수계	섬진강댐	1965년 12월	466
	주암조절지댐/상사댐	1991년 12월	
직소천 수계	부안댐	1996년 12월	
웅천천 수계	보령댐	1998년 10월	116
탐진강 수계	장흥댐	2006년 06월	191
섬강 수계	횡성댐	2000년 11월	86
내성천 수계	영주댐	2016년 12월	180

강남 개발

아직 강남 개발이 기획 단계에 머물렀던 70년대는 여의도와 영등포 지역 개발이 한창 이뤄지던 시기였다. 71년 여의도 시범아파트 입주를 시작으로 여의도 주거 및 금융 지역으로 개발이 진행되었다. 75년에는 여의도 국회의사당도 건물이 준공되었으며 76년에는 KBS 사옥이 준공되었다. 이와 함께 여의도 남쪽 영등포도 이 시기에 개발되었다. 이후 강남 개발 시 강남을 영동이라는 이름으로 불리기도 했는데 이는 이전에 개발된 영등포의 동쪽이란 의미로 사용된 것이다.

강남 개발은 60년대 서울 인구수가 폭발적으로 증가한 게 그 원인이다. 60년대 강북을 중심으로 서울 인구가 빠르게 증가하면서 인구 분산 정책이 필연적이었다. 1965년 서울 인구는 350만이었으며 포화된 서울은 슬럼화 되면서 각종 범죄와 도시 문제로 심각해졌다. 주택 문제도 그중 하나였지만 주택을 지을 땅이 턱없이 모자랐다. 한편 인구의 강북 집중은 안보 문제에서도 큰 과제였다. 6.25 때 한강철교 폭파로 많은 피란민들이 한강에 막혀서 서울을 탈출하지 못했던 사태도 한강 남쪽으로의 인구 이동을 기획한 또 다른 이유였다. 63년 경기도 광주의 일부를 서울 성동구로 편입했다. 당시는 강남이라는 개념이 없었다. 영등포 쪽이 먼저 개발되었기 때문에 영등포 동쪽이란 의미의 영동이라고 명명되었고, 이후 계속 동쪽으로 확장되면서 영동의 동쪽을 잠실로 불렀다. 한편 1969년 제3 한강교(한남대교)가 개통되면서 나룻배로 이동하던 시기가 끝나고 한강 북쪽과 남쪽이 연결되었다. 그리고 제3한강교는 1970년 경부선이 개통되면서 경부선과 서울 중심부를 연결하는 다리가 되었다.

강남 개발은 이렇게 시작되었다. 우선 지주들로부터 땅을 기부받아서 토지를 구획하고 정리를 한다. 이후 감보율을 적용해서 개발된 땅의 일부를 지주들에게 돌려준다. 지주들은 땅의 일부만 반환받지만 결국 개발을 통해서 가치가 올라가기 때문에 그 전체 가치는 월등히 높아진다. 사실 당시 영동지구(지금의 강남구) 땅은 거의 버려진 땅으로 가치는 평당 500원이 안 되었다. 그런데 70년대 경부 고속도로가 개통되면서 가치는 10배로 올랐고 아파트가 들어서면서 다시 100배가 올라서 결국 10년 만에 천배가 오른 셈이었다. 말죽거리(지금의 양재역 부근)에는 복덕방들이 들어서면서 본격적인 땅 투기가 일어났다.

한남대교와 경부선이 들어서면서 70년대 본격적인 강남 개발이 시작되었다. 한남대교를 중심으로 압구정 쪽을 현대건설이 맡았다. 당시 이곳은 거의 늪지대로 택지로 개발 후 대단지 아파트가 들어섰다. 우리나라 최초로 건설회사 이름이 들어간 아파트. 압구정 현대아파트가 개발되었다. 한편 구 반포와 잠실은 주택공사가 맡았다. 역시 늪지대를 택지로 개발하여 대단지 아파트들이 들어섰다. 제3 한강교(한남대교)가 개통된 이후 강남 개발에 따라서 한강 다리가 하나씩 추가 개통되었다. 70년 마포대교, 72년 잠실대교, 73년 영동대교, 76년 천호대교와 잠수교, 79년 성수대교, 82년 반포대교, 84년 동작대교와 동호대교가 개통되었다.

70년대 초 강북 도심을 특정시설 제한구역으로 지정했다. 유흥시설이나 백화점, 학교 등의 신설을 금지시켰다. 반면에 영동지구를 개발촉진지구로 지정하고 등록세, 취득세, 재산세, 도시 계획세 등을 모두 면제하는 파격적인 혜택을 주었다. 이로써 경기고를 비롯하여 서울의 명문고 15개가 강남으로 이전하면서 오늘날 8학군이 이렇게 형성되었다. 한편 신사동을 중심으로 유흥가들이 들어서기 시작했다. 1976년 강남 고속터미널을 건설하고 77년에는 강북 터미널까지 강남으로 이전하면서 강남 개발은 더욱 활성화된다.

 75년 강남구가 신설되었을 때 인구는 32만 명이었다. 78년 강남과 강북을 순환하는 지하철 2호선을 착공하고 84년 완공되면서 강북 인구의 강남 이전은 눈에 띄게 늘어난다. 85년에는 82만 명으로 늘어난다.

 74년 8월 15일 서울 지하철 1호선이 개통되었다. 서울 인구 폭발에 의한 대중교통의 확대 필요성에 의한 것이겠지만 당시는 모든 영역에서 북한과의 체재 경쟁이었다. 북한이 군사적 목적과 교통수단 이중의 목적으로 평양에 지하철을 건설한다는 소식에 서둘러서 지하철을 건설했다는 말이 많았다. 평양보다는 1년 정도가 늦긴 했다. 하지만 지하철은 버스 의존도가 높던 서울 대중교통의 새로운 대안으로 등장했으며 이후 빠르게 확장되었다.

도로 건설

70년대 새마을호 등 고급화된 철도교통의 고속도로들을 서로 연결하면서 "전국 단일 생활권"이란 슬로건이 널리 광고되었다. 당시 빠르게 발전하는 인프라는 거의 빠짐없이 정부 홍보물로 만들어져서 보급되었다. 그리고 고속도로는 이후 계속 확장되어서 거미줄같이 전국을 하나로 엮는 작업이 진행된다.

70년대 한국 경제에서 공업화 속도가 빨라지면서 낙후된 물류 인프라가 산업의 발전을 저해하고 있었다. 초기 물류는 철도가 담당했는데 해방 후 전쟁을 거치면서 철도 현대화가 늦어졌다. 이에 박정희 정부는 고속도로에 투자를 집중 하면서 자동차 물류로 이를 대신하는 쪽으로 방향을 선회한다.

경부 고속도로가 개통된 이후 75년 영동 고속도로와 동해고속도로가 개통되었다. 77년 12월 구마 고속도로가 개통되었다. 대구와 마산을 연결하는 산업도로였다. 이로서 68년 경인 고속도로가 개통된 이래 8번째 고속도로가 개통되었다. 내륙에는 경부, 호남, 영동 고속도로가 동서와 남북을 연결하고 해안선을 따라서 남해 고속도로, 동해 고속도로가 연결되었다. 여기에 더해서 남해 고속도로상의 마산과 경부 고속도로상의 대구가 연결되어서 도로 교통은 더욱 치밀하게 연결되었다. 이후 서해 고속도로와 서울-양양 고속도로가 개통되면서 한반도의 순환 고속도로가 완성되었다.(동해 일부가 아직 미개통) 그리고 한반도에서 가장 지형이 험준한 강원도와 경북 북부를 관통하는 중앙 고속도로와 내륙 간 고속도로가 개통되면서 경부선이 전담하던 남북 종단이 3개의 고속도로로 분산되었다.

고속도로뿐 아니라 국도와 지방도로까지 포장률을 최대한 빠르게 높여 나갔다. 1965년 한국의 도로 총 연장은 2만 8천 km에 포장률은 5.8%였다. 하지만 2023년 총 연장은 11만 6천 km에 포장률은 96%로 전국 대부분의 도로가 포장되었다. "한강의 기적"이라고 불리는 우리나라 산업발전의 원동력이 바로 이 도로의 빠른 확장에 있었다는 점을 확인할 수 있다.

모든 산업은 서로 연결될 수밖에 없다. 도로의 발달은 80년대부터 빠르게 증가한 자동차 보급에 절대적으로 기여하였는데 1965년도 인구 600명당 한 대꼴로 보급된 자동차가 2023년 인구 2명당 한 대꼴로 늘었다. 이는 국민들의 생활수준이 빠르게 향상되었다는 의미와 함께 70년대 국산자동차 개발 후 수출뿐 아니라 내수가 충실히 받쳐 주면서 오늘날 세계 2, 3위를 달리는 자동차 대국이 되는 데도 도로가 적지 않은 기여를 했다는 의미로 받아들여진다.

연도	인구/만 명	자동차 대수/만	보급률	연도	인구/만 명	자동차 대수/만	보급률
1966	2943.6	5	588.72	1995	4509.3	847	5.32
1967	3013.1	6	502.18	1996	4552.5	955	4.77
1968	3083.8	8	385.48	1997	4595.4	1,041	4.41
1969	3154.4	11	286.76	1998	4628.7	1,047	4.42
1970	3224.1	13	248.01	1999	4661.7	1,116	4.18
1971	3288.3	14	234.88	2000	4700.8	1,206	3.90
1972	3350.5	15	223.37	2001	4737	1,291	3.67
1973	3410.3	17	200.61	2002	4764.5	1,395	3.42
1974	3469.2	18	192.73	2003	4789.2	1,459	3.28
1975	3528.1	19	185.69	2004	4808.3	1,493	3.22
1976	3584.9	22	162.95	2005	4818.5	1,540	3.13
1977	3641.2	28	130.04	2006	4843.8	1,590	3.05
1978	3696.9	38	97.29	2007	4868.4	1,643	2.96
1979	3753.4	49	76.60	2008	4905.5	1,679	2.92
1980	3812.4	53	71.93	2009	4930.8	1,733	2.85
1981	3872.3	57	67.94	2010	4955.4	1,794	2.76
1982	3932.6	65	60.50	2011	4993.7	1,844	2.71
1983	3991	79	50.52	2012	5020	1,887	2.66
1984	4040.6	95	42.53	2013	5042.9	1,940	2.60
1985	4080.6	111	36.76	2014	5074.7	2,012	2.52
1986	4121.4	131	31.46	2015	5101.5	2,099	2.43
1987	4162.2	161	25.85	2016	5121.8	2,180	2.35
1988	4203.1	204	20.60	2017	5136.2	2,253	2.28
1989	4244.9	266	15.96	2018	5158.5	2,320	2.22
1990	4286.9	339	12.65	2019	5176.5	2,368	2.19
1991	4329.6	425	10.19	2020	5183.6	2,437	2.13
1992	4374.8	523	8.36	2021	5177	2,491	2.08
1993	4419.5	627	7.05	2022	5167.3	2,550	2.03
1994	4464.2	740	6.03	2023	5171.3	2,595	1.99

	합계		고속도로		일반국도		지방도로	
	총연장/km	포장률	총연장/km	포장률	총연장/km	포장률	총연장/km	포장률
2000	88,775.00	76%	2,131	100%	12,413	98%	74,230	76%
2001	91,396.00	77%	2,637	100%	14,254	97%	74,506	78%
2002	96,037.00	77%	2,778	100%	14,232	97%	79,027	78%
2003	97,253.00	77%	2,778	100%	14,234	97%	80,240	79%
2004	100,278.00	76%	2,923	100%	14,246	97%	83,109	79%
2005	102,293.00	77%	2,968	100%	14,224	97%	85,101	80%
2006	102,061.00	78%	3,103	100%	14,225	97%	84,733	80%
2007	103,340.00	78%	3,368	100%	13,832	97%	85,819	81%
2008	104,236.00	88%	3,447	100%	13,905	100%	86,884	89%
2009	104,983.00	89%	3,776	100%	13,819	100%	87,388	89%
2010	105,565.00	89%	3,860	100%	13,812	100%	87,893	90%
2011	105,931.00	90%	3,913	100%	13,797	100%	88,221	90%
2012	105,703.00	91%	4,044	100%	13,766	100%	87,893	91%
2013	106,414.00	91%	4,112	100%	13,843	100%	88,459	91%
2014	105,673.00	92%	4,139	100%	13,950	100%	87,584	92%
2015	107,527.00	92%	4,193	100%	13,948	100%	89,386	92%
2016	108,780.00	92%	4,438	100%	13,977	100%	90,365	93%
2017	110,091.00	93%	4,717	100%	13,983	100%	91,391	93%
2018	110,714.00	93%	4,767	100%	13,983	100%	91,964	93%
2019	111,314.00	94%	4,767	100%	14,030	100%	92,517	94%
2020	112,977.00	94%	4,848	100%	14,098	100%	94,031	94%
2021	113,405.00	95%	4,866	100%	14,175	100%	94,364	94%
2022	114,314.00	95%	4,939	100%	14,200	100%	95,175	96%
2023	115,878.00	95%	4,973	100%	14,220	100%	96,685	96%

지하철

 우리나라 지하철은 1974년에 그 역사가 시작되어서 오늘날 서울 지하철은 세계 8번째로 긴 철도망을 형성하고 있다. 또한 역사가 오래된 유럽 등과 비교할 때 시설이 현대화되어 있고 관리가 철저하며 특히 전 지하철에 스크린 도어가 설치되어 있어서 공기가 쾌적한 등 세계적으로 모범적 자하철로 알려져 있다.

 1974년 1호선이 개통된 이래 2024년 현재 수도권 지하철은 총 24개 노선을 운영 중이며 총 노선 길이는 1,350.6km이다. 역은 환승역 중복을 제외하고 총 651개이다. 이 외에도 현재 14개 노선이 신설이나 증설 중에 있으며 아직 공사가 시작되지 않았지만 확정된 노선도 12개에 이른다.

 서울의 1호선이 개통되던 시기는 냉전의 한복판, 모든 국가적 사업들이 북한과 비교되던 시기였다. 지금도 북한의 자랑인 평양 지하철이 1973년에 개통되었다. 우리는 1년 늦은 74년에 개통되었으며 이때는 다분히 북한의 지하철을 의식하였으리라 짐작할 수 있다. 하지만 50년이 지난 오늘날 평양 지하철은 2개 노선 20개 역으로 구성되어 있다. 서울 지하철과 비교할 수준은 아닌 듯하다.

 수도권 지하철은 74년 이후 빠르게 발전해서 오늘날 거미줄처럼 촘촘하게 수도권 전역을 엮고 있으며 가장 중요한 대중교통 수단으로 자리 잡고 있다. 특히 이명박 서울시장 시절 구축된 수도권 통합 환승제를 통해서 수도권 지하철은 버스와 연동하면서 서울을 세계에서 가장 잘 만들어진 대중교통의 모델로 자리매김 있다. 수송 분담률은 1호선이 개통된 1974년 1.1%에서 2019년 41.6%까지 올라갔다. 현재는 30% 내외이다.

부산 지하철은 1985년 7월에 1호선을 개통한 이래 현재 2, 3, 4호선 총 4개 노선을 운영 중이며 총 연장은 108.5km이다. 이 외에도 부산은 김해와 연결하는 경전철과 울산과 연결하는 광역전철과 연계해서 운영 중이다. 대구 지하철은 1997년 11월에 1호선을 개통한 이래 현재 3호선까지 총 3개 노선이 운영 중이다. 2023년 현재 4호선이 건설이 확정되었다. 대전은 2006년 3월에 최초로 운행을 시작했는데 현재 1개 노선 22개역 연장 22.74km를 운영 중에 있다. 2호선이 착공되었으며 3호선은 계획 중에 있다. 광주 지하철은 2004년 4월에 1호선 1구간을 개통했으며 현재 2구간을 건설 중에 있다. 이와 함께 나주와 연결하는 2호선도 건설 중에 있다.

물론 이러한 지하철의 우수한 기능에는 그만한 대가가 따르며 그런 이유로 지하철 적자 운영이 심각한 상황에 처해 있기는 하다. 서울시내 요금이 1,500~2,000원 선으로 매우 저렴하며, 65세 이상 노인층에게 무료 요금을 적용하는 등, 시장 경제에 맞추기보다는 정치적인 요구에 맞춰져서 매년 요금 인상이 물가 상승률조차 따라가지 못하는 문제는 시급히 해결해야 할 문제로 남아 있다. 물론 우리나라 지하철은 공공자본으로 시작되어서 오늘날도 공공성 인프라로 이해되고 있다. 이러한 측면에서 국민들의 편의를 고려한 요금 책정은 나름 명분이 없지는 않지만 문제는 대책을 수립하지 않고 적자를 누적시키는 무책임에 있다고 보인다. 결국 조만간 이 문제를 해결하지 않으면 국민 편의가 국민 부담으로 바뀔 것은 자명한 일이다.

전화 및 통신

통신은 사람과 사람 간의 소통을 의미한다. 그리고 이 통신 발달 과정을 보면 이는 국가나 개인에게 필수 수단이며 동시에 사람의 본능에 기인한 기능이다. 그러다 보니 통신의 발달은 매우 빠르고, 또 그만큼 사회적 요구도 강력했다.

전통적인 통신 수단은 파발과 봉화가 될 것이다. 파발은 현대에 와서 우편으로 발전하다가 21세기 들어서 전자통신에 흡수되어 버렸고, 봉화는 전신과 전화 통신에서 무선통신으로 발전한다.

우리나라 통신의 역사는 매우 일찍 시작되었다. 우정국은 1882년 통리아문에서 설치되어서 일본, 영국, 홍콩 등과 우편물 교환 협정을 체결하고 1984년 최초로 근대 우편 업무를 시작했다. 한편 전신은 1885년 서울과 인천 간에 최초로 가설되고 이를 위해서 한성전보총국이 개국되었다. 전화는 이보다 늦은 1896년 경운궁(현재 덕수궁)과 인천 사이에 개통되어 공무로 사용되었다.

우리나라의 현대 통신 발전의 시작은 1962년 경제개발 4개년 계획이 추진되면서 시작되었다고 보는 것이 타당하다.

1959년 ICA 원조자금으로 시내전화 자동교환기 15,000회선이 신설되었고 61년에는 부산 5,500회선과 대구 5,000회선이 개통되었다. 한편 1962년 독일로부터 통신기기와 통신시설 확충을 목적으로 3,500

만 마르크의 차관을 도입하였다. 이 차관으로 영등포에 전자식 교환기 EMD를 설치하면서 전자교환기 시대가 열렸다. 하지만 그럼에도 불구하고 당시의 전화는 자석식 수동 교환 전화였다. 즉 전화 수화기의 오른쪽 손잡이를 빠르게 돌리면 전기가 발생해서 교환수에게 연결된다. 그러면 교환수는 원하는 상대방을 수동으로 연결해서 전화 통화가 되는 방식이다. 이러한 방식의 전화가 70년대 초반까지 보급되었고, 시골에는 80년대에도 이러한 수동식 전화기를 사용했다.

한편 서울을 비롯한 부산, 대구 등 대도시는 60년대 중반부터 빠르게 전자식 교환기로 전환되었지만 여전히 회선은 절대적으로 모자랐을 뿐 아니라 시외전화는 여전히 수동으로 교환수를 거치는 방식이었다. 개인들의 전화회선은 여전히 확장이 느렸다. 개인 소유인 백색전화는 가격이 천정부지로 치솟았으며 전화국에서 개통하는 신규 청색전화는 신청해도 대기 시간이 2~3개월이었다. 그나마 공개 추첨을 통해서 할당했다.

71년 3월에는 서울-부산 간 자동전화가 개통되었다. 자동전화는 자동 교환기를 설치해야 하는데 당시 자동교환기를 만드는 나라는 세계에서 몇 안 될 정도로 귀한 장비였다. 가난한 우리나라에서는 대도시 몇 개에 교환기를 설치했을 뿐 전화 수화기를 손으로 돌려서 전기를 일으키면 교환수가 앉아서 전화를 받고 원하는 번호로 코드를 꽂아 주면 통화가 이뤄지는 방식이었다. 도시 간, 심지어 자동 교환기를 통해서 자동전화가 가동되는 서울과 부산 같은 경우도 도시 내에서만 자동전화였을 뿐 도시 간에는 교환수가 받아서 상대방에 전화를 걸어서 확인 후 다시 요청한 사람에게 전화를 걸어서 서로 연결해 주는 방식이었다. 전화가 끝나면 교환수는 초당으로 계산되어서 꽤 비싼 통화료를 알려 주면서 시외 전화는 마무리되었다. 이러한 방식의 전화에서 서울과 부산 간 시외전화는 교환수를 통하지 않고 직접 전화를 걸 수 있는 방식으로 가능하게 된 것이다. 하지만 당시 개통 가능한 전화 대수가 제한적이다 보니(고가의 교환기 용량의 문제) 전화기 설치하는 비용이 만만치 않았고 그래서 한번 확보한 전화번호는 웃돈을 올려서 재판매되기도 했다. 이를 백색전화, 청색전화라는 이름으로 구분했다. 전화국에서 직접 신청하는 전화를 청색전화라고 했는데 대기를 엄청 해야 했다. 하지만 이미 개인이 소유하던 전화는 양도가 가능했는데 희소가치 때문에 청색전화보다 훨씬 비쌌고 이를 백색전화라고 했다. 사실 당시 전화 수화기가 주로 흑색과 백색이긴 했지만 청백 색깔은 전화 개통 방법을 구분하는 용어일 뿐 색깔과는 무관했다. 대신 공중전화는 꽤 많았는데 주황색 공중전화는 지역 내에서만 통화가 가능했고 도시 간 시외전화가 되는 공중전화는 아직 등장하지 않았다.

전자식 교환기 개발이 가장 좋은 해결책이었지만 당시 통신 불모지인 우리나라에서 전자교환기를 개발한다는 것은 꿈같은 얘기였다. 외국 업체들은 한국의 교환기 국산화는 불가능하다고 공공연히 떠들었고 국내에서도 무모한 국책사업에 막대한 돈을 쏟아붓느니 건설에 하나라도 더 투자는 것이 낫다는 시민단체와 야당의 비난도 만만찮았다. 하지만 항상 그랬듯이 박정희 정부의 의지는 결연했다. 후일 "전자 교환기 개발에 실패할 경우 어떤 처벌이라도 달게 받겠다"라는 혈서가 알려지면서 당시의 결연했던 분위기를 짐작할 수 있었다.

1976년에 한국전기기기시험연구소(KERTI)가 발족했고 구미에서는 반도체 중심의 한국 전자기술연구소(KIET)가, 1977년 KSTI 부설 한국

통신기술연구소가 통신 분야 전문 연구소로 독립했다. 당시는 대중적 관심을 가질 만한 사건은 아니었지만 이후 이상의 연구소들이 통합된 ETRI가 등장 하면서 우리나라 통신 산업을 세계적 수준으로 올리는 결정적 공신으로 역할을 했다는 사실에서 이 시기는 우리나라 통신사에서 주목할 시대라고 할 수 있다.

　1979년 10.26 사태로 어수선한 분위기에도 불구하고 전자 교환기 국산화 작업의 의지는 꺾이지 않았다. 특히 1981년 5차 경제개발 5개년 계획으로 더욱 급물살을 타기 시작했다.

　1983년 드디어 용인군 송전 우체국에 500회선 규모로 국산 교환기 시험 운용에 들어갔다. 이때 교환기 이름을 TDX라고 명명하면서 이후 전자 교환기의 이름이 TDX가 되는 계기가 되었다. 이렇게 세계에서 10번째로 자국의 교환기를 가진 나라가 되면서 전화선은 하루가 다르게 늘었다. 한편 백색전화 한 회선이 집 한 채 값이던 상황에서 오전에 전화 신청을 하면 오후에 개통이 되면서 드디어 백색, 청색 전화 개념이 사라졌다. 83년부터 매년 100만 회선씩 늘었고 87년에는 천만 회선을 넘어서 드디어 1가구 1전화가 달성되었다.

　전자교환기 국산화는 이후 통신혁명의 거대한 신호탄이 되었다. 이후 CDMA, 초고속정보통신, 이동통신 강국이 된 원동력이 여기서 시작된 것이다.

철도

우리나라 철도의 역사는 슬프게도 침략의 역사에서 시작된다. 식민지 시대 철도부설권은 그 나라의 침략도구로 매우 효율적인 수단이었으며 그런 이유로 1882년부터 영국과 일본 등으로부터 우리나라 철도 부설권을 요구받는다. 1894년 청일전쟁에서 승리한 일본이 당시 김홍집 내각으로 하여금 철도국을 신설하게 하고 철도부설에 관한 조약을 맺는다. 그리고 다음 해 평양-진남포 간 철도가 개통된다. 이후 미국과 프랑스 등이 철도부설권을 획득하지만 결국 모두 일본에 양도되고 이후 일본에 의해서 철도관련 표준이 정해지고 1900년대 전국에 철도가 부설되기 시작한다.

해방과 전쟁을 거치면서 철도 상황은 1960년대부터 정상화의 길을 걷는다. 60년대는 기존 철도의 정상화 작업 기간이다. 살아남은 철도를 어떻게든 복구하고 열차 운행을 정상화하기에도 힘겨웠던 시기이다. 60년대 후반 경제가 살아나면서 철도가 국가의 중요 인프라로 인식되고 이 시기부터 본격적으로 철도의 확충에 들어간다.

60년대 1차 경제 개발 5개년 계획이 예상보다 빠르게 공업화가 진행되면서 물류의 수요가 증가하고 철도는 이를 수용하지 못하면서 매년 철도파동이 일어났다. 매년 수송하지 못한 화물들이 쌓이면서 창고 비용이 증가하고 이 때문에 파산하는 기업들이 생겨날 정도였다.

70년대 들어서면서 고속도로가 개통되고 자동차 물류 시대로 접어들었지만 정부는 철도 투자도 게을리하지 않았다. 특히 당시 물류 수요가 많았던 강원도 탄광은 지형적 특성상 아직 고속도로 개통이 늦어지고 여전히 철도물류 의존도가 높았으며 70년대부터 이러한 물류 수요를 철도가 감당하는 수준까지 도달했다.

　한편 이 시기부터 본격적인 자동차물류 시대가 도래한다. 산업 동력으로서 철도 역할은 약화되었다. 반면에 인구가 폭발적으로 늘어나고 산업화/도시화로 이동이 잦아지면서 교통수단으로서 철도가 중요해 졌다. 경부선부터 전철화를 단계적으로 해 나갔다. 또한 74년에는 인구가 집중된 수도권 전철을 개통했다. 이는 이후 지하철과 연결되어서 도시철도로서의 기능을 오늘날까지 하고 있다.

　교통수단으로서 철도는 69년 고급 등급의 열차 관광호의 운행을 시작으로 물류 쪽에서 고객 서비스 쪽으로 확장했다. 당시 관광호는 시속 90km에서 120km로 일단 속도가 빨랐으며 서울에서 부산까지 5시간대에 주행하는 기차였다. 이후 관광호는 새마을호로 개칭되어서 오늘날에 이르고 있다. 이 외에도 70년대에는 새마을호 아래 단계인 우등열차를 운행했는데 이는 이후 무궁화호로 개칭되어 오늘날까지 운행되고 있다. 이처럼 70~80년대는 철도가 대중교통 수단으로 활용되었다. 하지만 철도는 항상 자동차 교통과 연계될 수밖에 없다. 70년대부터 빠르게 성장하는 고속도로로 인해서 물류 철도의 기능이 약화되고 80년대부터 자동차 보급이 빨라지면서 대중교통으로서 철도 역할도 약화되었다.

　이후 1990년대 KTX가 등장하면서 철도는 다시 대중 교통수단으로서 자리를 회복한다. 서울 부산을 3시간 이내로 줄이면서 고객들이 다시 몰려들고 한국철도공사는 만성적인 적자에서 탈출한다.

Epilogue
- 이 글은 왜?

　미국의 오늘이 있기까지 많은 일들이 있었고 또 많은 사람들이 있었다. 미국 사람들은 오늘의 미국을 만든 초기 지도자들을 "건국의 아버지"라고 부른다. 그리고 그 이후, 오늘날의 미국 뒤에는 많은 영웅들이 있었다.

　미국의 초대 대통령이자 세계 최초의 대통령. 대륙군 총사령관으로 영국과의 독립전쟁을 승리로 이끈 전쟁 영웅이자 독립 운동가. 한편 젊을 때 영국군에 입대해서 네세시티 전투에서 패배하고 프랑스군에게 항복한, 미국 민병대를 이끌면서 인디언들과 스무 번의 전투에서 대원의 1/3을 잃은 무능한 군인. 또한 법적으로 금지된 땅을 개척해서 재산을 불리기도 한 편법의 대가.

　국가 통합을 이루고 흑인 노예를 해방시킨 흑인 노예의 아버지 링컨. 그는 도망간 흑인 노예를 잡아서 처벌하려는 지주들을 대변한 변호사였으며 정계 입문 후 그의 정치적 입장에 따라서 흑인에 대한 평가를 수시로 바꾼 포퓰리스트였다. 그리고 북군이 남군에 밀리자 전쟁 중 흑인 노예 해방을 선언해서 남군에 종군한 흑인 노예의 반란을 유도하여 전략적 승리를 거둔 인물이다.

　미국인의 영원한 우상 John F. Kennedy. 그의 아버지는 M&A와 부동산 투자로 부를 축적했으며 이 부를 이용하여 아들이 대통령이 되는 데 기여한 사람이다. 그리고 대통령이 된 후 피그만 침공 작전 실패, 터키에 핵무기를 배치함으로써 쿠바미사일 위기의 원인 제공, 남베트남에 군사고문단을 파견하여 베트남 갈등 유발 등 정책적 오류와 실패가 적지 않았다.

　루즈벨트 대통령은 뉴딜정책을 통해서 미국을 대공황으로부터 구출한 위대한 대통령으로 알려져 있다. 하지만 뉴딜정책은 후버 대통령에서 시작되었고 대공황이라는 통제 불능의 사태로 인해서 밀려난 후버 대통령의 후임으로 들어왔다는 것이 진실이다. 그럼에도 경제공황에 어떤 역할도 하지 못하고 결국 공황은 2차 세계대전을 통해서 막을 내렸다.

　미국을 위대하게 만든 많은 대통령들. 그들은 한편으로는 위선자였고, 무능했고, 바람둥이였고, 포퓰리스트였고 심지어 권력을 사적으로 이용한 범죄자들이었다. 하지만 미국인들에게 미국 대통령이라는 위대한 자리와, 대통령이 된 자연인들은 철저히 구분되었다. 그들의 위대한 업적은 미합중국 대통령의 업적이며 그들의 부도덕하고 무능한 많은 행위들은 자연인의 실수였다. 그렇게 미국은 영웅들의 나라가 되어 갔다.

　해방된 지 불과 80년 만에 세계 10대 선진국에 올라선 대한민국, 우리 문화로 전 세계를 휩쓰는 대한민국. 이러한 대한민국을 만드는 데 얼마나 많은 위인들이 있어 왔을까?

　우리 현대사에는 독재자, 친일파, 빨갱이, 위선자, 축재자들뿐이다. 어디서부터 잘못된 것일까?